Ina Hartwig

WER
WAR
INGEBORG
BACHMANN?

Eine Biographie
in Bruchstücken

S. FISCHER

Erschienen bei S. FISCHER
3. Auflage Dezember 2017

© 2017 S. Fischer Verlag GmbH, Hedderichstr. 114,
D-60596 Frankfurt am Main

Satz: Dörlemann Satz, Lemförde
Druck und Bindung: GGP Media GmbH, Pößneck
Printed in Germany
ISBN 978-3-10-002303-2

Inhalt

Krieg am Sterbebett 7

Bildermaschine 21

Der Mann mit dem Mohn 35

Körperwerk der Politik 64

Ein Kritiker 101

Berlin, Germany 111

Orgie und Heilung 140

Guter Vater, böser Vater 162

Gespräche mit Zeitzeugen 180

Epilog 261

Anmerkungen 269

Chronik 295

Dank 309

Bildnachweis 311

Namensregister 312

Krieg am Sterbebett

Ingeborg Bachmanns furchtbares Lebensende hat schon viele Deuter auf den Plan gerufen, und auch wenn die Todesursache vermutlich nie vollständig geklärt werden kann, sind die im Herbst 2014 in der Zeitschrift *Sinn und Form* erschienenen Tagebuchaufzeichnungen von Christine Koschel doch bemerkenswert. Die römische Freundin und spätere Herausgeberin der Bachmann-Werke im Piper Verlag (zusammen mit Inge von Weidenbaum) protokollierte in ihrem Taschenkalender die Geschehnisse Tag für Tag, beginnend am 26. September, einem Mittwoch, und endend am 17. Oktober 1973, dem Todestag Bachmanns. Eine Veröffentlichung der Aufzeichnungen, schreibt Koschel, sei nicht vorgesehen gewesen. Gut vierzig Jahre danach hat sie es sich anders überlegt.[1]

Am 27. September 1973 sollte Christine Koschel, damals siebenunddreißig Jahre alt, ihre um zehn Jahre ältere Freundin Ingeborg Bachmann zu einem Kuraufenthalt in Bad Gastein begleiten, das war der Plan. Doch am 26. September erhielt sie gegen 13 Uhr 30 einen dringenden Anruf: La Signora Bachmann bitte la Signora Koschel ins Krankenhaus Sant'Eugenio zu kommen, Abteilung für schwere Brandverletzungen.

Dass Ingeborg Bachmann drei Wochen später dort gestorben ist, weiß die literarische Welt. Woran sie gestorben ist, darüber herrschte bis gestern weitgehend Einigkeit: an den Folgen eines Unfalls, ausgelöst durch eine glühende Zigarette, die das Kunststoffnachthemd versengt und die Haut verbrannt hat. Schon Ende Dezember 1980 hatten Christine Koschel und Inge von Weidenbaum in einem Artikel für die *Süddeutsche Zeitung* darauf aufmerksam gemacht, dass Drogenabhängigkeit als Todesursache ebenfalls zu berücksichtigen sei;[2] worauf der *Spiegel* gleich im Januar 1981 mit einer merkwürdig gereizten, fast zynisch anmutenden Replik reagierte: Die »auftrumpfenden« Freundinnen würden es der Bachmann wohl nicht verzeihen, »mit einer brennenden Zigarette einzuschlafen und so alltäglich zu sterben, wie sie selber sind«.[3]

Sofort nach dem Anruf fährt Koschel mit dem Bus in das römische Krankenhaus, wo sie die Freundin aber nicht sehen wird. Stattdessen wird sie in eines der schwarzen Wandtelefone sprechen, die sich in einer separaten Kammer befinden und mit den Krankenzimmern verbunden sind. Bachmanns Stimme sei »ganz normal« gewesen, als sie sagte: »Christine, wir werden unsere Reise lange nicht machen können«. Über die feste Stimme ist sie erleichtert, aber eine Krankenschwester versichert ihr, die Signora sei »ein sehr schwerer Fall«.

Das Krankenhaus stelle ich mir, in Koschels Aufzeichnungen lesend, wie eine Bühne vor, auf der hintereinander, teilweise auch durcheinander, die Familienmitglieder, diverse Freunde und Freundinnen, die sich offenbar zum Teil nicht leiden können, sowie natürlich verschiedene Ärzte auftreten. Ans Bett der Schwerverletzten tritt Koschel auch in den folgenden Wochen nie. Jene liegt, abgeschottet, auf der Intensivstation; das Telefon bleibt die einzige Verbindung. Doch deren Stimme wird bald versagen, sie wird das Bewusstsein verlieren, ihr Zustand verschlimmert sich rasant, und das stellt die Ärzte vor Probleme, deren Lösung sie nicht finden.

Am 13. Oktober spricht der Arzt Prof. Ciarpella mit Christine Koschel und Inge von Weidenbaum. »Er spricht besorgt über die epilepsieartigen Anfälle der Patientin. Er sagt wörtlich: ›Der Körper reagiert gut, aber der Kopf macht nicht mit‹.« Am selben Abend äußert sich ein weiterer Arzt, Dr. Guida, auch er lässt wenig Hoffnung aufkommen: »›Es ist nicht die Schwere der Verbrennungen. Da ist ein x, das sich nicht aufklären lässt, es gibt vielerlei Spekulationen bei dieser Frau!‹«

Dieses »x« meint Christine Koschel einen Tag vor Ingeborg Bachmanns Tod gefunden zu haben, ein Medikament, das die schwer Drogenabhängige in Mengen eingenommen hat; und das zu kennen den Ärzten den Schlüssel für die richtige, womöglich lebensrettende Behandlung ihrer Freundin in die Hand gegeben hätte. Einen ganzen Korb voll mit Medikamenten hätten sie aus Bachmanns Wohnung ins Krankenhaus getragen, doch brachten sie keine Antwort. Drei Wochen hätten sie nach dem Namen des einen Medikaments gesucht. Endlich meldet sich Freddy Grisel aus Malta, ein guter Freund Bachmanns, bei dem sie noch im August für mehrere Wochen zu Gast war, und gibt den Namen des Medikaments telefonisch durch.[4]

Als sie den Namen haben, »Seresta«, ein stark abhängig machendes Beruhigungsmittel, ist es zu spät: Das ist eine

9

der brisanten Botschaften dieser Aufzeichnungen. Und es sind Schuldzuweisungen damit verbunden, gerichtet gegen Heidi Auer, eine Arztgattin mit Wohnsitz in St. Moritz, die zusammen mit ihrem Mann im Krankenhaus in Rom ebenfalls ihren Auftritt bekommt. Christine Koschel ist diese selbstbewusste Dame von Herzen unsympathisch. Der Vorwurf lautet: Heidi Auer habe den Namen des Medikaments gewusst, es womöglich sogar für Ingeborg Bachmann besorgt und dennoch verschwiegen. Die Vorwürfe Koschels sind nicht neu, waren schon 1980 geäußert worden; der *Spiegel* hatte sich damals entschieden, Koschel und ihre Freundin Inge von Weidenbaum der Lächerlichkeit preiszugeben, warum auch immer.

Im Deutschen Literaturarchiv in Marbach, wo das Suhrkamp-Archiv aufbewahrt wird, befindet sich ein Brief von Heidi Auer an Siegfried Unseld, datierend vom 13. Juni 1967, der eine gewisse Distanzlosigkeit dieser Persönlichkeit durchaus nahelegt. (Es geht in dem Brief um die prekäre finanzielle Situation der Schriftstellerin.) Das Verhältnis Ingeborg Bachmanns zu dem St. Moritzer Ehepaar Auer dürfte jedoch komplex gewesen sein. Sofern man Christine Koschels Aufzeichnungen Glauben schenkt, haben sich die Auers in Rom ziemlich aufgespielt. Unter dem Datum des 15. Oktober lesen wir: »Obschon keine Ärztin, kommt sie [Heidi Auer, I.H.] im Ärztekittel mit Dr. Lombardi aus der geschlossenen Abteilung. Dem behandelnden Ärztepersonal erzählt sie (in Englisch) gerade vom Whisky und den Schlafmitteln, die Ingeborg zusammen einnehmen würde.«

Augenzeugin dieser Szene ist, neben Christine Koschel, Sheila Bachmann (geb. Peskett), die englische Ehefrau von

Ingeborg Bachmanns Bruder Heinz. Die Schwägerin ist als einziges Familienmitglied noch zugegen. Isolde Moser, Ingeborg Bachmanns jüngere Schwester, musste abreisen, weil ihr Mann tödlich mit dem Motorrad verunglückt war, ausgerechnet als seine Frau sich in Rom bei der in Lebensgefahr schwebenden Schwester aufhielt. Ein doppelter Schicksalsschlag für Isolde Moser. Heinz Bachmann, der zu jener Zeit im Senegal arbeitet, ist ebenfalls schon wieder abgereist; seit der Einlieferung seiner Schwester ins Ospedale Sant'Eugenio sind immerhin fast drei Wochen vergangen.

Neben den schon Erwähnten reisen an und treten im Krankenhaus auf: Toni Kienlechner, eine römische Freundin, Roberto Calasso (Bachmanns italienischer Verleger) und seine Frau Fleur Jaeggy, Nani Demus aus Wien; Max Frisch schickt aus der Schweiz Geld über Heidi Auer, es wird von der Familie zurückgewiesen, auch Siegfried Unseld bietet eine Unterstützung für die hohen Krankenhauskosten an, die ebenfalls abgelehnt wird.

Das alles ist wie ein Theaterstück mit menschlich, allzu menschlichen Zwischentönen. Die Flure des Krankenhauses dienen als Bühne, die Telefone als medientechnisches Dekorum, die Ärzte als Chor. Verhandelt wird das Leben und Sterben einer großen Dichterin, deren Geist schon halb entrückt ist, während die irdischen Freunde und die Familie sich eifersüchtig in Fragen des Ruhms und Nachruhms, der Deutungshoheit, beäugen. Neben echter Verzweiflung liegen Eitelkeit und Überforderung in der Luft. Die Kranke bleibt in diesem Stück unsichtbar.

Die brisanteste Information der Aufzeichnungen muss

man aber wohl in folgendem Detail sehen. Die Schwester Ingeborg Bachmanns habe darauf bestanden, dass die Polizei »nichts von Ingeborgs Psychopharmaka-Abhängigkeit erfahren« dürfe: »Sie besteht auf der Verheimlichung, schämt sich ganz offenbar ihrer Schwester, die Abhängigkeit könnte ihrem Ruf schaden.« Und Christine Koschel ist, besser: *war*, »solidarisch«. Unter dem Datum des 2. Oktober notiert sie: »Gegen Abend gebe auch ich meine Aussage beim Distretto di Polizia in der Piazza del Collegio Romano 3, zu Protokoll, richte mich nach Isolde Mosers Wunsch, auf die Frage nach einer möglichen Psychopharmaka-Abhängigkeit bei Ingeborg Bachmann mit Nein zu antworten.« Dann fügt sie, nachträglich, in eckigen Klammern das Entscheidende hinzu: Im Rückblick habe »die protokollierte Lüge zur unaufhaltsamen Mythenbildung« beigetragen; »nicht die schwere Tablettensucht, sondern der Brandunfall gab Anlass, über Ingeborg Bachmanns Tod zu spekulieren«.

Das kann man als Eingeständnis eines – auch eigenen – Fehlers verstehen. In dem ganzen Drama um die schwerverletzte Ingeborg Bachmann ist übrigens nicht nur die eifersüchtige Spannung innerhalb der Freundesschar auffällig, sondern auch der Riss zwischen Freunden und Familie. »Der Wunsch von Hans Werner Henze und Siegfried Unseld, Ingeborg auf dem protestantischen Friedhof an der Cestius-Pyramide zu bestatten, wurde von der Familie Bachmann nicht geteilt«, resümiert Koschels kurzer Nachbericht. Tatsächlich liegt sie nicht in Rom begraben, wo sie so lange gelebt hat, sondern in ihrer Geburtsstadt Klagenfurt.

Ob Ingeborg Bachmann jedoch wirklich zu retten gewesen wäre? Fragt man heute praktizierende Mediziner, wie sie die geschilderten Vorgänge im Krankenhaus einschätzen, ergibt sich ein ambivalentes Bild. Einigkeit herrscht darin, dass die Behandlung auch dann sehr schwierig gewesen wäre, wenn die damaligen römischen Ärzte von der Psychopharmaka-Abhängigkeit der Patientin Kenntnis gehabt hätten. Denn dies hätte bedeutet, Benzodiazepin (den Wirkstoff aller Sedative, der auch in Seresta vorhanden ist) in abnehmenden Dosierungen weiter zu verabreichen, um eine allmähliche Entwöhnung, auch das Nachlassen der Krämpfe, zu bewirken. Bei Patienten in komatösem Zustand aber, und dies war bei Ingeborg Bachmann offenbar gegeben, sei das nicht angezeigt. Es wäre, als gäbe man einer Schlafenden ein Schlafmittel; unterlässt man aber die Gabe des Mittels, kommt es zu schlimmsten Entzugserscheinungen, wie eben bei Ingeborg Bachmann: ein Dilemma. Andere Ärzte sehen die Behandlungsmöglichkeiten positiver, erwägen beispielsweise die Verabreichung ausschwemmender Medikamente; so wäre eine Entgiftung des Körpers in Gang gekommen. Unabhängig von der Einschätzung konkreter Behandlungsmöglichkeiten ergibt sich der Eindruck, dass die Brandwunden trotz ihrer Schwere nicht allein für den Tod verantwortlich waren.[5]

Ob Hans Werner Henze, wie er in seiner Autobiographie schreibt, wirklich zusammen mit seinem Lebensgefährten Fausto zu der sterbenskranken Ingeborg Bachmann vorgelassen wurde? In den »Isolierraum« habe eine nette Krankenschwester sie geführt, schreibt er viele Jahre später. »Da waren wir auf einmal mit dem Anblick der Vernichtung konfrontiert, mit dem ganzen Ausmaß der Katastrophe. […] ich sah alles und stürzte hinaus, laut schreiend und in unbeschreiblicher Verzweiflung.«[6]

Man muss es ihm wohl glauben, obwohl leise Zweifel an der Darstellung der Szenerie erlaubt sind. So verwechselt er beispielsweise den Namen des Krankenhauses; statt Sant'Eugenio spricht Henze von dem »Unfallkrankenhaus San Camillo«. Überhaupt: Warum sollten er und Fausto hineingelassen worden sein, nicht aber die damals der Patientin vertrautere Christine Koschel? (Die für Henze bloß »eine deutsche Sekretärin« war.) Henze, der einer gewissen Theatralisierung nicht abgeneigt war, schreibt, er habe den Anblick der Zerstörung nicht ertragen. Christine Koschel hingegen will nicht einmal die Tote in der Morgue des Hospitals anschauen. Sie bleibt, wie sie berichtet, auf dem Weg zur Leiche wie angewurzelt stehen. Was Henze im Zimmer der Intensivstation erblickt hat, behält er wiederum für sich; sind es die Brandwunden gewesen, die ihn so schockiert haben, oder der gänzlich zerstörte Eindruck seiner einst so lebhaften Freundin, die im Koma vor ihm lag? Physische oder psychische Zerstörung – beides liegt im Bereich des Möglichen, und vielleicht war es, sofern er sie wirklich gesehen hat, auch eine Überlagerung von Anblick und Erinnerung.

Ein juristisches Nachspiel ergab sich, weil Freunde der Dichterin, darunter Hans Werner Henze und die erwähnte Heidi Auer mit ihrem Mann, Anzeige wegen Mordverdachts gestellt haben; verdächtigt wurde offenbar das Drogenmilieu.[7] Darauf weist Hans Höller in seiner Rowohlt-Monographie über Ingeborg Bachmann hin. »Nach der Einvernahme einiger Personen aus der näheren Bekanntschaft Ingeborg Bachmanns wurde der Akt 7006/1-32 am 15. Juli 1974 mit der Feststellung abgeschlossen, dass kein Fremdverschulden vorliege, ›deceduta a seguito di gravi ustioni riportate accidentalmente‹ [gestorben infolge schwerer, durch Unfall verursachter Brandverletzungen]. Es war kein Mord, sondern ein Unfall«, folgert Höller in Anspielung auf den letzten Satz des Romans *Malina*.[8]

Wenn Ingeborg Bachmann am Tag nach dem Unfall in Begleitung Christine Koschels zu einer Entziehungskur nach Bad Gastein aufbrechen wollte, so ist vorstellbar, dass sie am Abend zuvor noch einmal, sozusagen ein letztes Mal, die beruhigenden Tabletten eingenommen hat, in Kombination mit Alkohol, und mit fatalen Folgen durch eine brennende Zigarette.

Nein, ein Mord war es nicht. Und doch, die Vorwegnahme der eigenen Todesart in einer Passage in *Malina*, wo konkret vom Verbrennen die Rede ist, bleibt ein quälendes Rätsel. Alles zusammengenommen, ist wohl tatsächlich davon auszugehen, dass die Abhängigkeit und der konkrete Drogenkonsum der Patientin für den Brandunfall in ihrer Wohnung, wegen eingeschränkter Reaktionsfähigkeit und verminderten Schmerzempfindens, mit verantwortlich waren. Und dass die Behandlung der Schwerverletzten an ebenjener Drogensucht beziehungsweise der unverschuldeten Unkenntnis der Ärzte scheitern musste.

Koschel und Weidenbaum äußerten schon in ihrem Bericht in der *Süddeutschen Zeitung* die Vermutung, dass Heidi Auer Tabletten an Bachmann geliefert hat. Heidi

Auer kann nicht mehr nach ihrer Sicht der Dinge befragt werden. Aber es ist mir gelungen, in Kontakt mit Eva Stocker-Auer zu kommen, einer Tochter des Ehepaars Auer. Als Vermittlerin fungierte die Schriftstellerin Ulrike Kolb, deren Eltern in St. Moritz ein Ferienhaus in unmittelbarer Nachbarschaft der Familie Auer besessen haben. Das bemerkte sie nebenbei auf einer Berliner Party, und so ergab sich eines aus dem anderen. Eva Stocker-Auer und Ulrike Kolb kennen einander seit ihrer teilweise gemeinsam in St. Moritz verbrachten Jugend.

Ingeborg Bachmann tauchte zunächst mit Max Frisch, später dann auch oft allein im Umfeld der Auers auf; damals war Eva noch ein Kind. Als junge Erwachsene hat Eva Auer sich der 68er-Bewegung in Berlin und dann in Zürich angeschlossen. Ihr Patenonkel, niemand anderes als Max Frisch, hatte sie darin bestärkt. Die Freundschaft zwischen Max Frisch und ihrem Vater geht auf Zeiten zurück, als Fred Auer noch als Dorfarzt am Zürichsee praktiziert hatte. Später hat Eva Stocker-Auer sich als Psychotherapeutin in Norddeutschland niedergelassen.

Am Telefon ist sie erstaunlich offen und erstaunlich kritisch. Den gegen ihre inzwischen verstorbenen Eltern erhobenen Vorwurf, Ingeborg Bachmann mit Stoff versorgt zu haben, will sie gar nicht ausräumen. Ihre Eltern seien »maßlos im Umgang mit Tabletten« gewesen, bestätigt sie vielmehr die Vorwürfe.[9] »Meine Eltern waren freizügig mit Barbituraten.« Ging es einem nicht gut, habe es in ihrem Elternhaus immer geheißen: »Nimm doch ein Librium.« (Beruhigungsmittel zur Linderung von Angst- und Spannungszuständen.) Ihre Mutter beschreibt Eva

Stocker-Auer als warmherzige und outrierte Grande Dame. Sie könne sich durchaus vorstellen, dass sie sich im Krankenhaus in Rom wie geschildert aufgeführt habe. Außerdem bestätigt Eva Stocker-Auer, dass ihre Mutter in der Praxis für Allgemeinmedizin ihres Vaters Fred Auer mitgearbeitet habe, jedoch selbst keine Ärztin war. Über die mondäne salonartige Szene in St. Moritz, wo nicht nur Ingeborg Bachmann regelmäßig zu Gast war, sondern beispielsweise auch Ernst Bloch und seine Frau, denkt sie abgeklärt. Es sei ihr auf die Nerven gegangen, den berühmten Gästen ihrer Eltern die Getränke reichen zu müssen. Zur Sterbesituation in Rom noch dies: »Meine Eltern hatten ein Haus auf Sardinien«, ergänzt Eva Stocker-Auer. »Sie sind, als sie von Ingeborgs Unfall hörten, direkt von Sardinien nach Rom gekommen.«

Rom, im Januar 2015. In Begleitung der Wiener Filmregisseurin Ruth Beckermann befinde ich mich in der italienischen Hauptstadt. Wir haben vor, Bachmann-Orte zu besichtigen für ein gemeinsames Filmprojekt über den Briefwechsel Ingeborg Bachmanns mit Paul Celan. Um zum Krankenhaus Sant'Eugenio zu kommen, nehmen wir im Stadtzentrum ein Taxi und staunen nicht schlecht über die Entfernung. Die Fahrt dauert eine halbe Stunde – es ist die Strecke, die der Krankenwagen mit der verletzten Ingeborg Bachmann zu fahren hatte. Das Ospedale Sant'Eugenio liegt im Stadtteil EUR (»Esposizione Universale di Roma«), im Südwesten, gebaut unter Mussolini und geplant für die Weltausstellung 1942, die dann nicht stattfand: gerade, breite Straßen, pompöse faschistische Bauten.

Inzwischen hat das Krankenhaus einen riesigen Anbau bekommen; wir betreten das Gebäude durch den alten Haupteingang. Die Security-Männer beachten uns nicht. Gleich im Erdgeschoss, in einem Seitentrakt, wo sich auch die Besuchertoiletten befinden, entdecken wir zu unserer Überraschung eine Reihe von grauen klobigen Wandtelefonen, von denen aus man die Patienten in ihren Zimmern anrufen kann. Dieses Detail ist also geblieben! – Ruth Beckermann klappt ihr Stativ aus und filmt, während ich die oberen Stockwerke erkunde.

Da sich keiner beschwert, wird sie mutiger. Sie filmt nun direkt in der Sichtachse der Wärter, die sich in ihrem Häuschen langweilen. Es geschieht, was geschehen muss: Sie wird bemerkt; einer der Uniformierten nähert sich und macht unmissverständlich klar, dass wir verschwinden sollen. Filmen sei nur mit Genehmigung gestattet.

Wir bewegen uns dann zum anderen Eingang, der zu dem neueren Gebäudekomplex führt. Es ist ein grauer Sonntag, Besucher strömen aufs Gelände des Krankenhauses. Wieder baut Ruth Beckermann ihre Kamera auf und filmt. Ich entdecke eine Überwachungskamera; sie filmt weiter. Aus einem Fenster lehnend, schaut ein Patient interessiert zu. Das geht eine Weile so. Bis sich ein Auto nähert, aus dem zwei Uniformierte springen. Einer ist sehr wütend. Der andere zündet sich eine Zigarette an und grinst. Der Wütende lässt nicht mit sich reden; dass hier 1973 eine bedeutende österreichische Dichterin gestorben ist, über die wir einen Film drehen wollen, interessiert ihn nicht ansatzweise. Er ist bereits dabei, über sein Handy die Polizei zu rufen. Während wir warten, kommen wir mit dem Raucher ins Gespräch; ein netter Mann, dem das alles unangenehm ist. Er erklärt uns, dass unsere Dichterin in dem alten Gebäudeteil gestorben sein muss, denn das neue Haus sei erst in den Neunzigern des 20. Jahrhunderts erbaut worden. Wir erzählen ihm, dass unsere Dichterin Brandverletzungen hatte, was ihn nicht verwundert: Das Krankenhaus sei berühmt für seine Abteilung für Hauttransplantation und Gesichtschirurgie, sagt er. Aus ganz Italien würden Patienten hierhergeflogen.

Die Polizei kommt an. Ich hatte mit einem Fahrzeug gerechnet. Auch dachte ich, dass die Polizisten sofort unsere Harmlosigkeit erkennen würden. Weit gefehlt. Es fahren gleich drei Wagen vor, mit zwölf Uniformierten, darunter eine Frau. Ihr Blick ist so kalt wie der der Männer. »Ausweise!« Meinen habe ich dabei, Ruth Beckermann den ihren nicht. Das findet man nicht amüsant. Eine Woche zuvor sind in Paris die Redaktion *Charlie Hebdo* und ein jüdischer Supermarkt überfallen und insgesamt siebzehn Menschen von Islamisten erschossen worden. Frankreich, ganz Europa, ist in Alarmbereitschaft. Unsere zwölf Polizisten auch. Ruth Beckermann wird gegen ihren Widerstand in ein Polizeiauto gedrängt und auf ein Kommissariat gefahren, wo man ihre Fingerabdrücke abnehmen und sie fotografieren will. Sie ins Hotel in die Innenstadt zu begleiten, wo der Ausweis liegt, wird abgelehnt. Die Polizisten sind sichtbar verärgert, weil die Kamera leer ist. Den Chip hat die Ausweislose herausgenommen und in meine Manteltasche gleiten lassen. Kein Erbarmen: Ich darf nicht mit ins Polizeiauto steigen, sondern muss im Taxi hinterherfahren.

Der nette Raucher hält mir galant die Taxitür auf und meint zum Abschied: »no problemo«. Das stimmt jedoch nicht ganz. Als ich auf dem ärmlichen Kommissariat von Mussolini-City ankomme, ist Ruth Beckermann bereits auf ein anderes Kommissariat weitergefahren worden. Mir wird unheimlich zumute. Noch einmal muss ich ein Taxi nehmen, um ihr hinterherzufahren. Als ich ankomme, ist sie, umrahmt von zwei neuen und ebenso unfreundlichen Polizisten, gerade auf dem Weg in ein drittes Kommissariat. Das liegt zwanzig Kilometer weit weg, »an der Peripherie«, und wir verabreden, dass ich besser in die Innenstadt zurückfahre, um im Notfall von dort aus etwas unternehmen zu können, die Botschaft benachrichtigen oder Ähnliches.

Zwei Stunden später sind wir wieder vereint. Das dritte Kommissariat war für Flüchtlinge zuständig. Dort, und nur dort, war am Sonntag eine Kamera vorhanden. Aus einer käfigartigen Zelle zwinkerten der EU-Bürgerin, deren Ausweis im Hotel lag, zwei arme Flüchtlinge zu, die irgendwo aufgelesen worden waren. Sie würden die Nacht auf dem nackten Boden der Zelle zubringen müssen. Die EU-Bürgerin wurde fotografiert, ihre Fingerabdrücke erfasst. Schließlich wurde sie, in einem Akt ungeahnter Generosität, in die Stadt zurückgebracht, wo wir uns bei einem guten Abendessen von dem Schrecken erholen. Die Ironie der Situation: Durch den fehlenden Ausweis war die Polizistenschar vom eigentlichen Delikt, nämlich unerlaubt ein »gefährdetes Objekt« zu filmen, abgelenkt worden. Die Aufnahmen hatten wir.

Bildermaschine

Eines war Ingeborg Bachmann nicht: kamerascheu. Alle Medien der Zeit befeuerten ihre Prominenz, Magazine, Zeitschriften, Plakate, Zeitungen und, nach ihrem Tod, Bildbände; ein paar Filmaufnahmen gibt es auch. Es war das analoge Zeitalter, in dem sie lebte. Und weil ab Mitte der sechziger Jahre zwar die Farbfotografie in die privaten Fotoalben Einzug hielt, aber erst ab den siebziger Jahren in die Hochglanzmagazine, blieb ihr Bild weitgehend schwarzweiß dominiert.

Im Laufe ihres nicht sehr langen Lebens hat sich Ingeborg Bachmann auffallend verwandelt. Selbst innerhalb einer Lebensphase konnte sie extrem unterschiedlich aussehen. Manche Fotografien vermitteln ihren Charme und ihre Energie, auf anderen wirkt sie wie ein Häufchen Elend. Als Betrachter fühlt man sich »nah dran«, glaubt, die Person auf dem Bild gut zu kennen, dann wieder bleibt die Abgebildete einem fremd und wirkt fern. Immer aber kommt es darauf an, welches Bildschema zugrunde liegt, welche Wunschmaschine da angeworfen wird. Der Bruder Heinz Bachmann, der die arrivierte Dichterin Schach spielend fotografiert, tut das genauso wenig unschuldig wie die professionellen Fotografen. Jedem von ihnen dürfte daran gelegen gewesen sein, die

Abb. 1 Das Titelblatt des *Spiegel* vom 18.8.1954 mit einem spiegelverkehrten Ausschnitt einer Fotografie von Herbert List

Abb. 2 Herbert List: Ingeborg Bachmann, Rom 1954

Spannung zwischen privater Aura und öffentlicher Imago auszuloten.

Mit dem *Spiegel*-Cover vom 18. August 1954 betritt das Gesicht der Ingeborg Bachmann erstmals die ganz große Medienöffentlichkeit.[10] Was heißt betritt? Sie wird hineingeschleudert in diese Öffentlichkeit.

Das Nachrichtenmagazin Rudolf Augsteins war zu diesem Zeitpunkt seit acht Jahren am Markt und bereits enorm einflussreich; die bundesrepublikanische Elite las den *Spiegel*. Legendär ist das Selbstbewusstsein des Magazins, der Stil süffisant, pointiert, man gibt sich allwissend. Die Artikel werden ohne Autornamen publiziert (und inzwischen wissen wir durch die digitalen Shitstorms ja sehr genau, was sich unter dem Schutz der Anonymität Bahn brechen kann). Bereits 1957 wird Hans Magnus Enzensberger in einem scharfzüngigen Essay über *Die Sprache des Spiegel* ätzen, es gebe in dem Hamburger Nachrichtenmagazin eine Tendenz zur »Entlarvung« und »angestrengten Humorigkeit«.[11]

Das *Spiegel*-Cover mit der jungen Lyrikerin hat, wie man so sagt, Geschichte geschrieben. Was sehen wir? Da wäre zunächst ein irr verdrehter Blick. Die Augen, kajalgeschminkt, fixieren nicht die Kamera, sondern schauen auf der spiegelverkehrten Fotografie nach rechts oben, ins Ungefähre. Das Gesicht, rund und flächig, gleicht einer Mondlandschaft. Die Erscheinung ist bäuerlich, mit starkem, vorstehendem Kinn und markanter Nase. Bedingt durch die Nahaufnahme wirken die Züge verzerrt, fast grotesk. Man ahnt, dass dieser Frau Konventionen gleichgültig sind, oder man soll das ahnen. Das Porträt ist nicht im Studio gemacht worden, sondern draußen. Wo genau, kann man nicht sehen, aber man erkennt das gute Wetter an dem Überschuss an Licht, das durch den Halbschatten auf das Gesicht abstrahlt.

Die nachlässige Frisur hat bei weitem noch nicht den mondänen Chic späterer Kurzhaarträgerinnen der Epoche, um nur das ätherische Model Twiggy oder die bezaubernde Audrey Hepburn zu nennen. Hier wird in einer anderen Kategorie gespielt. Nicht um Filmstars und Fotomodelle geht es, sondern um eine Lyrikern; Vertreterin einer Be-

rufsgruppe, die normalerweise auf solchen Aufmerksam-
keitsmarktplätzen nicht anzutreffen ist.

Wichtig: Die Porträtierte gibt die Antithese zur deutschen Hausfrau. Die Antithese zur Sekretärin. Die Antithese zu jeder Form von Unterordnung. Der Mund dunkel geschminkt, dazu ein noch dunklerer Rollkragen – es
ist die existentialistische Mode, die hier, unabhängig vom
Individuum Bachmann, als allgemeines Zeitgeistgefühl
transportiert wird. Ein Typus neuer Weiblichkeit, der keineswegs geschönt erscheint. Eine gezielte Irritation.

Erst einen Gedichtband hatte diese Frau von achtundzwanzig Jahren veröffentlicht, *Die gestundete Zeit* (1953),
und erst einen literarischen Preis gewonnen, den Preis der
Gruppe 47. Ihr Gesicht auf dem Cover des *Spiegel* war –
und wäre es heute noch – eine Sensation. Als »Gedichte
aus dem deutschen Ghetto« wird der Artikel auf dem
unteren Balken der Titelseite angekündigt. Aber warum
eigentlich »deutsches Ghetto«? Ingeborg Bachmann war
keine Deutsche.

Deutsch war hier nur der Fotograf, und der war nicht
irgendwer: Herbert List (1903–1975), gebürtiger Hamburger und Sohn eines international tätigen Kaffeehändlers,
von Haus aus also vermögend, Absolvent des angesehenen
Johanneums. Als junger Mann, vor dem Krieg, bewohnte
er in seiner Heimatstadt eine Penthouse-Wohnung, die
Schauplatz vieler Partys wurde. Unter den Gästen: Erika
und Klaus Mann. In den zwanziger Jahren war List, der
ziemlich offen homosexuell lebte, durch Südamerika gereist und hatte zeitweise als Prokurist in der väterlichen
Firma gearbeitet, bevor er 1930 ernsthaft zu fotografieren

anfing. Vom Surrealismus und dem Art déco ließ er sich inspirieren; mit ästhetizistischen, einem antikisierten Knabenbild verpflichteten Schwarzweißfotografien fiel er auf.

1936 war Herbert List, der den Nationalsozialisten als rassisch unrein galt (ein Großelternteil war jüdisch), ins Pariser Exil gegangen. Kurz vor Kriegsende, inzwischen lebte er in München, wurde er zwangsrekrutiert. Im norwegischen Bergen diente er kurze Zeit als Grenadier. Da hatte er aber schon, 1937 in London, für die Zeitschriften *Harper's Bazaar*, *Vogue* und *Life* gearbeitet. Als er Ingeborg Bachmann 1954 in Rom fotografierte, war er einundfünfzig Jahre alt und Mitglied der einflussreichen Fotoagentur Magnum. Es könnte sein, dass er für den Fototermin mit Bachmann nicht extra anreisen musste. Herbert List verbrachte damals viel Zeit in Italien.[12]

Es ist *sein* Blick, der uns interessieren muss, wenn er Bachmann in Rom fotografiert. Er ist es, der auf diese neue intellektuelle Weiblichkeit schaut, der eine *garçonne* in ihr sieht, also ein knabenhaftes Mädchen, und sie sogleich in eine Ikone verwandelt. Im Heftinneren sind zwei weitere Porträtaufnahmen abgedruckt; eine Aufnahme zeigt Bachmann, umrahmt von den Porträts der jungen Lyriker Heinz Piontek und Walter Höllerer; sie nimmt die mittlere Position ein, den Betrachter direkt anschauend. Man könnte sagen, ein sympathisches Bild. Man würde gern wissen, wie sich Herbert List und Ingeborg Bachmann verstanden haben; ein homosexueller Weltmann und Ästhet und eine ehrgeizige Österreicherin auf dem Sprung. Mir kommt es so vor, als hätten sie sich gut verstanden. Denn Bachmann wirkt entspannt, scheint sich

Abb. 3 Herbert List: Unter dem Poseidontempel, Sounion 1937

Abb. 4 Herbert List: Selbstporträt im Spiegel, Rom 1955

seinem Gestaltungswillen nicht zu widersetzen, spielt mit. Die oft beschworene Komplizenschaft, den Dialog zwischen dem Fotografen und der porträtierten Person, man spürt das durchaus.

Die dritte Aufnahme gefällt mir persönlich von den im *Spiegel* abgedruckten am besten. Das Bild steht auf der vorletzten Seite des Artikels, einzeln, mittig, umgeben nur von Text. Es zeigt eine Straßenszene. Der Ausdruck der Flaneurin wirkt fest, heiter. Nun wird auch klar, dass der Fotograf sie tatsächlich in Rom getroffen hat. Man erkennt, unscharf, Markisen und ein Wohnhaus im Hintergrund; das könnte ein Markt sein. (Tatsächlich ist es der Campo de' Fiori.) Die Dichterin inmitten dieser römischen Alltagsszene. Sie dreht sich um, als hätte man gerufen »Fräulein!«, den offenen Blick in die Kamera gerichtet: Diese Bewegung hält die Aufnahme fest. Sonnenflecken tanzen auf Schulter, Kinn und Haar. Sieht Bachmann hier nicht ein bisschen aus wie die Vorwegnahme der süßen Jean Seberg, die ein paar Jahre später in Jean-Luc Godards Film *À bout de souffle (Außer Atem)* auf den Champs-Élysées die *New York Herald Tribune* verkaufend Belmondo über den Weg läuft?

Interessanterweise sind die Aufnahmen der Ingeborg Bachmann aus Rom nicht in den Bildband mit Herbert Lists *Porträts* aufgenommen worden, der kurz nach dessen Tod erschien. In diesem Band sind sie alle zu sehen, Picasso, Colette, André Gide, Alfred Döblin und Cocteau: Lists Pariser Porträts aus den späten vierziger Jahren. Auch von Ingeborg Bachmann ist ein Bild dabei, es stammt vermutlich von 1960 und wurde in Westberlin aufgenommen,

Abb. 5/6 Herbert List: Ingeborg Bachmann auf dem Campo de' Fiori, Rom 1954

sechs Jahre nach der ersten Begegnung in Rom. In Berlin wie in Rom fotografiert Herbert List ausschließlich den Torso, nie die ganze Figur. Doch wie anders der Ausdruck, wie anders die Anmutung und das Ambiente!

Eine deutsche Winterszene statt der sommerlichen italienischen Leichtigkeit. Im Hintergrund kein Straßentreiben, sondern kahle, stille Bäume (unscharf); eine weiße Wiese, die in einen weißen Himmel übergeht (unscharf); auf Bachmanns Schulter keine Sonnenflecken, sondern ein paar Schneeflocken; das Gesicht ist rund, vielleicht aufgedunsen (sie nahm Tabletten), der direkte Blick aus dunklen Augen unter schweren Lidern kaum zu deuten. Bachmann auf dem Gipfel des Ruhms – aber sieht man das auf dem Foto? Ich sehe ein Gesicht, das sich verschließt. Die Haare haben etwas von einem Vorhang, der jederzeit zugezogen werden könnte. Vor allem sieht man ein gekonnt komponiertes melancholisches Porträt. Traurige Diva.[13]

Während das *Spiegel*-Coverbild ein Eigenleben führt als fester Bestandteil der Bachmann-Ikonographie, ist der zugehörige Artikel, also die »Titelstory«, längst vergessen. Dennoch lohnt es, den Text im Abstand der Jahrzehnte genau zu lesen; er ist nämlich beredter Ausdruck seiner Zeit. Nach einer amüsanten Eingangsszene, die der anonyme Autor mit Geschick rekonstruiert – die römische Polizei wird bei der Dichterin vorstellig, weil sie nachts so laut auf ihrer Schreibmaschine herumhackt, dass eine Nachbarin um den Schlaf gebracht wird –, nach dieser Szene wechselt der Tonfall. Nun wird es ernst. Der Autor »muss« über Lyrik schreiben, skizziert drei Generationen

Abb. 7 Herbert List: Ingeborg Bachmann, Berlin 1960

lebender Lyriker und vertieft sich in die Tradition deutscher Italiensehnsucht bis zu Goethe; eine Sehnsucht, die er bei der jungen Bachmann ebenfalls dingfest macht. Die Ernsthaftigkeit, mit der die gegenwärtigen Lyriker sich in ihre Spracharbeit vertiefen, und die Ernsthaftigkeit Bachmanns insbesondere, behagen dem *Spiegel*-Autor offenbar nicht. Er fühlt sich bemüßigt, immer wieder Distanz zu markieren mit Hilfe regelmäßig abgesetzter polemischer Signale. Zwei Beispiele:

»Der Hang zur Südlandfahrt, die Hoffnung auf erprobte

künstlerische Befreiung ist auch im deutschen Nachwuchs der Trümmer- und Beton-Generation nicht erstorben.«

»Der Poet von heute haust noch immer in der Dachkammer, auch wenn das Pappkärtchen an der Tür einen akademischen Grad nennt, und im Übrigen wurmt er in Büchern.«

Der entscheidende Vorwurf Enzensbergers an die Sprache des *Spiegel* hatte gelautet, sie sei »ohne Perspektive, sie ist blind«. »Der Pseudo-Kritik bleibt gar keine andere Wahl, als die wahre, wo immer sie sich zeigt, zu diskreditieren.«[14] Das passt nun wirklich fabelhaft zu dem Artikel über Bachmann. Genau so ist es: Der Autor diskreditiert sein Thema am laufenden Band, obwohl er vorgeblich informieren will und obwohl der Autor sich in ihre Lyrik gut eingearbeitet hat. Mal »spielt der Verstand eine Herrenrolle«, mal ist vom »scharf trainierte[n] Intellekt der Doktorin« die Rede.

Die junge intellektuelle Dichterin, das war offenbar zu viel des Neuen. Die Abwehr des *Spiegel*-Autors ist zum Greifen. Das Impressum nennt Klaus Wagner für das Ressort »Musik und Literatur« als verantwortlichen Redakteur im Sinne des Presserechts, mithin einen Mann, der als Kritiker innerhalb der bundesdeutschen Literaturszene keinen Namen haben sollte. Ob er den Artikel verfasst hat, wäre ohnehin die Frage.[15]

Angemerkt sei, dass das Impressum, von einer Ausnahme abgesehen, ausschließlich männliche Namen verzeichnet. Der *Spiegel* war, was allerdings keine Neuigkeit ist, eine Männerbastion. Auch ist es längst kein Geheimnis mehr, dass unter den Redakteuren der Anfangsjahre einige ehemalige Nazis anzutreffen waren. Dies möge man im Kopf behalten, wenn man die spitze Feder des Anonymus genießt oder eben gerade nicht genießt. Bachmann musste ein dickes Fell haben; vermutlich hatte sie es. In ihrer Korrespondenz mit Paul Celan ermahnt sie ihren Freund mehrfach, er solle sich gegen Kritik innerlich wappnen. Richtig ist aber auch: Die ambivalente Präsentation Bachmanns als Lyrikerin der Stunde ändert nichts daran, dass der Artikel ihrem Ruhm selbstverständlich höchst förderlich war.

Einen fatalen Ausrutscher leistet der Anonymus sich im Zusammenhang mit dem erwähnten Paul Celan, der in diesem Lyrikerporträt in eine Reihe gestellt wird mit Heinz Piontek und George Forestier, und zwar mit dem Hinweis einer »gewissen Gleichartigkeit der Lebensläufe dieser jungen Gedichtschreiber«. Der »Hinweis« kommt von Curt Hohoff, den der *Spiegel*-Autor vollkommen kritiklos in folgenden Worten resümiert: »Celans rumäniendeutsche Eltern kamen in der Gaskammer um; Piontek ist immerhin Ostvertriebener; der Elsässer Forestier war erst SS-Soldat und danach Fremdenlegionär, er wird seit 1951 in Indochina vermisst.«[16]

Man ist sprachlos: Gleichartigkeit der Lebensläufe zwischen einem jüdischen Holocaust-Überlebenden, der seine Eltern verloren hat, und einem ehemaligen SS-Mann? Und was heißt »immerhin Ostvertriebener« in diesem Kontext? Eine vollkommen unangemessene, undurchdachte Reihung dreier Dichterbiographien in einer Sprache, die von Fragen deutscher Schuld nicht im Geringsten tangiert zu sein scheint. Das ist sie wohl, die Verdrängung und Geschichtsklitterung der fünfziger Jahre. Die Ankündigung der Titelgeschichte auf dem *Spiegel*-Cover – *Gedichte aus dem deutschen Ghetto* – bekommt so noch einmal eine andere Farbe. Erstaunlich: All das fällt einem zu und fällt einem auf, wenn man sich auf die Suche nach Bachmann-Bildern begibt. Eine Zeitkapsel öffnet sich.

Der Mann mit dem Mohn

Paul Celan war, behaupte ich und bin damit nicht allein, Ingeborg Bachmanns große Liebe. Das heißt jedoch nicht, dass sie viel Zeit mit ihm verbracht hätte. Als Liebespaar verlebten Bachmann und Celan nur etwa vier Monate miteinander: Im Mai und Juni 1948 in Wien, im Spätherbst 1950 in Paris und dann noch einmal, sieben Jahre später und verteilt auf drei Monate, jeweils einige Tage in München. Ab Mai 1958, also genau zehn Jahre nach deren Beginn, war die Liebesbeziehung definitiv beendet.

Celan war zu diesem Zeitpunkt bereits Ehemann und Vater eines Sohnes; 1952 hatte er Gisèle de l'Estrange geheiratet, 1955 war Eric zur Welt gekommen.[17] Die im Herbst 1957 wieder aufgeflammte Affäre zwischen Ingeborg und Paul war ohne Zukunftsaussichten gewesen. Es sei denn, Celan hätte sich von seiner französischen Frau getrennt, aber das stand als Möglichkeit niemals im Raum. Die Treue zu Gisèle und dem Kind hatte gerade Bachmann in der zweiten Phase der Liebesgeschichte von ihm dringlich eingefordert.

Und Ingeborg Bachmann selbst, die durchaus eine realistische Liebende war, sollte bald darauf mit Max Frisch zusammenkommen, was sie Celan nicht ohne ein gewisses Triumphgefühl am 5. Oktober 1958 mitteilt: »In diesen letzten Tagen [...] ist Max Frisch gekommen, um mich zu fragen, ob ich es könnte, mit ihm leben, und nun ist es entschieden.«[18] Ab spätestens diesem Zeitpunkt waren Bachmann und Celan sozusagen offiziell gebunden an andere Partner, und ihre Beziehung ging über in etwas anderes, das allerdings weiterhin nicht frei von Eifersucht war. Ich würde diese dritte Phase eine Freundschaft nennen. Eine schwierige Freundschaft, die langsam in Enttäuschung, Überforderung und Entfremdung überging. Am Ende wirken die Energien heillos aufgebraucht.

Doch folgte noch eine Coda, ein nachgetragenes großes pathetisches Liebesbekenntnis. Nachdem Bachmann von Celans Tod erfahren hatte – seine Leiche war am 1. Mai 1970 am Ufer der Seine gefunden worden –, fügte sie in das weitgehend fertige Manuskript ihres Romans *Malina* eine Hommage ein, unter dem Titel *Die Geheimnisse der Prinzessin von Kagran*. Es ist ein rätselhaftes, überladenes, poetisches Totengespräch, vorgetragen in einem märchenhaften Singsang voll von Zitaten aus seinen Gedichten und voll von Anspielungen auf die gemeinsame Geschichte, aber auch auf seine Leidensgeschichte als Jude. Celan, dessen Name an keiner Stelle fällt, ist hier zu einem »Fremden im schwarzen Mantel« geworden, der als ein schöner Prinz mit seinem Rappen durch die Donauauen reitet – dort spielten sich vermutlich die ersten Liebesszenen zwischen Ingeborg und Paul ab – und der schließlich »auf dem Transport im Fluss« ertrinken wird. »Er war mein Leben«, klagt die Prinzessin von Kagran in ihrer Trauer: »Ich habe ihn mehr geliebt als mein Leben.«[19]

Dank des Briefwechsels, der im Jahr 2008 unter dem

Titel *Herzzeit* im Suhrkamp Verlag erschien und ein Bestseller wurde, lassen sich die Höhen und Tiefen dieser außergewöhnlichen Liebesgeschichte eines bedeutenden Dichterpaars recht gut rekonstruieren. Aber was heißt Dichterpaar?

Als Ingeborg Bachmann und Paul Celan einander im Nachkriegswien kennenlernen, ist sie einundzwanzig und er siebenundzwanzig Jahre alt. Als Dichterin ist sie noch völlig unbekannt. Sie studiert Philosophie und wird sich demnächst auf ihre Doktorarbeit über Heidegger vorbereiten. Er wiederum ist ein staatenloser Jude, der aus seiner Geburtsstadt Czernowitz über Bukarest und Budapest vor den Sowjets nach Wien geflüchtet ist. Auch wenn ihm ein gewisser Ruf als Dichter vorauseilt, kann von Berühmtheit noch lange nicht gesprochen werden.

Sein Ziel lautet Paris. Im französischen Tours hat er zehn Jahre zuvor, 1938/1939, ein Medizinstudium begonnen und dabei auch die Hauptstadt an der Seine besucht. Dorthin will er, der inzwischen Vollwaise ist, zurück, und zwar möglichst schnell. Nur ein Zwischenstopp soll Wien sein. Im Dezember 1947 kommt er dort an. Er wird ein halbes Jahr bleiben. Als »Displaced Person« wird er zunächst in einem überfüllten Flüchtlingslager untergebracht, bevor er ein Pensionszimmer in der Innenstadt beziehen kann.[20] Sofort sucht er die Nähe zu Künstlerkreisen, und dort läuft ihm Bachmann über den Weg.

Darüber, wann sie einander das erste Mal begegnen, variieren die Angaben: Möglicherweise bereits im Januar 1948. Aber erst am 16. Mai, auf einem Fest im Atelier des Malers Edgar Jené, geschieht das Entscheidende. Dabei trifft es sich günstig, dass ihr Wiener Mentor und Liebhaber Hans Weigel wenige Tage später für einige Monate zu seinen Eltern in die USA aufbricht, so dass Bachmann frei sein wird, zumindest frei von seiner Kontrolle.[21] Das ist wichtig; denn vermutlich hätte sich sonst eine derartig exzeptionelle Liebesgeschichte wie die mit Paul Celan gar nicht entwickeln können. Mit Weigel war sie fest liiert, und auch wenn die Nachkriegszeit von erstaunlichem Libertinismus geprägt war, wie Bachmann deutlich in *Malina* schreiben wird (»Miteinander haben alle geschlafen, alle haben einen Gebrauch voneinander gemacht«)[22], so dürfte die erotische Freizügigkeit doch nicht jegliches Bindungsgefühl außer Kraft gesetzt haben.

Man feiert also Weigels Abschied, was die Studentin Bachmann ihren Eltern gleich am nächsten Tag, dem 17. Mai 1948, per Brief mitteilt. Sie hält ihre Eltern in Klagenfurt überhaupt gründlich auf dem Laufenden, über den Fortgang ihrer Arbeit, aber eben nicht nur darüber. So heißt es in dem Brief: »gestern noch unruhige Besuche bei Dr. Löcker, Ilse Aichinger, Edgar Jené (surreal. Maler), wo es sehr nett war und ich den bekannten Lyriker Paul Celan etwas ins Auge fasste, – viele viele Leute.«

Man staunt auch deshalb, weil doch junge Leute ihre Herzensangelegenheiten normalerweise den Eltern zu verbergen suchen. Hier ist das Gegenteil der Fall. Ein paar Tage später, am 20. Mai, schreibt sie wieder einen Brief an die Eltern, ganz nach dem Muster des Fortsetzungsromans: »Der surrealistische Lyriker Paul Celan, den ich bei dem Maler Jené am vorletzten Abend mit Weigel noch kennenlernte, und der sehr faszinierend ist, hat sich herrlicherweise in mich verliebt, und das gibt mir bei meiner öden Arbeiterei doch etwas Würze.« Dann schwärmt sie: »Mein Zimmer ist momentan ein Mohnfeld, da er mich mit dieser Blumensorte zu überschütten beliebt.«[23]

Herrlicherweise! Würze! Mohnfeld! Die junge Frau fühlt sich auf ungewöhnliche Weise beschenkt durch ihre neue Bekanntschaft, das zeigen die Briefzeilen an Mutter und Vater deutlich. Paul Celan war ein Mann ohne Geld, ein Überlebender, der seine eigenen Eltern im Holocaust verloren hatte und um sie trauerte. Sein Gedicht *Todesfuge*, das von dieser Trauer zeugt, war bereits geschrieben und 1947 in rumänischer Übersetzung erschienen. Aber er war nicht nur traurig und arm, sondern auch selbstbewusst und verliebt.

Die Vorliebe für die Blumensorte, mit der er seine neue Freundin »zu überschütten beliebt«, geht bestimmt auch darauf zurück, dass man den wilden Mohn zu der Jahreszeit überreichlich auf den Wiesen pflücken konnte: Mohn blüht von Mai bis Juli. Aber Mohn ist auch das Symbol für die gefallenen Soldaten; zunächst, vor allem in England, für die Soldaten des Ersten Weltkriegs, auf deren aufgeschütteten Gräbern in Flandern als Erstes der Mohn wieder zu blühen begann, als würde das Blut der Toten in die Blüten schießen. »Remembrance poppy« nennen die Engländer jene Papiermohnblüten, die sie am Gedenktag für die Kriegstoten ans Revers heften.

Die Bedeutung dieser zarten wilden Blume ist, nicht zuletzt durch Celans Gedichte, ergänzt worden um die Trauer um die jüdischen Opfer des Zweiten Weltkriegs, zu denen unter Millionen anderen seine Eltern zählten.

Mohn und Gedächtnis nennt er selbstverständlich nicht aus einer Laune heraus seinen Gedichtband, der 1952 erscheinen würde. Zweiundzwanzig Gedichte dieses Bandes werden Ingeborg Bachmann gewidmet sein. Doch das weiß sie noch nicht, als sie Paul Celan im Mai 1948 trifft.

Es ist schon eine seltsame, bedrückende Konstellation, dass eine einundzwanzigjährige Philosophiestudentin, deren Vater Mitglied der NSDAP gewesen ist (und deshalb nach dem Krieg eine Weile lang seinen Lehrerberuf nicht ausüben durfte), im Brief an die Eltern jubiliert, ein faszinierender fremder Mann, ein »surrealistischer Lyriker«, habe ihr Zimmer in ein Mohnfeld verwandelt. Wobei doch ebenso gut herauszuhören gewesen sein müsste: Schlachtfeld, Grab, Gedächtnisfeld. Aber das hat sie anfangs, verliebt wie sie war, vermutlich nicht ermessen können. Vielleicht kannte sie die Bedeutung des Mohns gar nicht. Für sie waren es möglicherweise nur die wunderschönen Blumen eines bezaubernden Verehrers.

Diese Liebesbeziehung ist in den Details lange unbekannt gewesen, ja war eines der großen Gerüchte der Literaturgeschichte. Hingegen war die poetische Korrespondenz in beider Werk, die wechselseitige Bezugnahme auf Texte des jeweils anderen, das filigrane Zitatennetz, sehr gut erforscht.[24] Als der Briefwechsel *Herzzeit* dann erschien, begleitet von begeisterten Kritiken, wurde offenbar, dass der Austausch zweier Menschen aus Fleisch und Blut dem poetischen Werk eine Dimension hinzufügt.

So wusste die literarische Welt zwar, dass Celans berühmtes Gedicht *Corona* aus dem Band *Mohn und Gedächtnis* sich an Ingeborg Bachmann richtet, wenn es dort in einem Vers heißt: »wir lieben einander wie Mohn und Gedächtnis«. Liest man nun aber, wie Celan in seinem Brief vom 20. Juni 1949 mit dem Motiv jongliert und wie Ingeborg Bachmann es wiederum im Brief vom 24. Juni 1949 aufgreift, so wird die poetische Chiffre plötzlich überraschend konkret. Er schreibt: »weil ich möchte, dass niemand außer Dir dabei sei, wenn ich Mohn, sehr viel Mohn, und Gedächtnis, ebensoviel Gedächtnis, zwei große leuchtende Sträuße auf Deinen Geburtstagstisch stelle«. Sie schreibt: »Den Mohn hab ich wieder gespürt, tief, ganz tief, Du hast so wunderbar gezaubert, ich kann es nie vergessen.«

Noch ein Beispiel: »Wir stehen umschlungen im Fenster, sie sehen uns zu von der Straße«, auch dies ein Vers aus *Corona*. Im Briefwechsel zeigt sich, dass es zu dieser Szene ein Vorbild in der Wirklichkeit gab. 1951 im März schickt Ingeborg Bachmann die Zeilen nach Paris: »Schreibe mir nicht zu vag, erzähle ruhig, dass der Vorhang vor unserem Fenster schon wieder abgebrannt ist und uns die Leute zusehen von der Straße«. Der brennende Vorhang dürfte eine Überhöhung sein. Aber der Rest deutet auf ein Erlebnis hin, das positiv besetzt ist: Von der Straße aus erblickt zu werden als Paar. Oder auch das Paar im Fensterrahmen: als Gemälde.

Sehr plastisch ist zu sehen, wie sich die Alltagsdetails – der Blumenstrauß zum Geburtstag, das »Mohnfeld« im Zimmer, das Paar im Fensterrahmen des Pariser Hotels – im Verbund mit der historischen Tiefendimension hineinschrauben in die Dichtung, und die Dichtung wiederum in die Gefühle, und diese in die Briefe. Aber unverkennbar ist auch, dass beide eine Sprache für die geteilte Sexualität suchen, und zwar lange vor der sexuellen Revolution der späten sechziger, frühen siebziger Jahre, die das Sprechen über »Sex« (ein Wort, das Bachmann nie verwendet) veränderte. Es geht um wirklich vieles hier, um die Gegenwart, die Erinnerung, um die Zukunft; um eine sinnliche Körperlichkeit und poetische Selbstdarstellung. Im selben Brief stellt sie fest: »›Corona‹ ist Dein schönstes Gedicht, es ist die vollkommene Vorwegnahme eines Augenblicks, wo alles Marmor wird und für immer ist.« Womit sie Celans Gedicht und *seiner Liebe zu ihr* Ewigkeitsstatus zuspricht, der beiden einen Platz in der Literaturgeschichte sichert; bescheiden ist das nicht. Wie sonst wäre das Bild des Marmors zu verstehen? Ein Hauch von Nachruhmwünschen liegt schon in der Luft.

Zwischen 1948 und 1952 ist Bachmann im Briefwechsel präsenter als er, spricht über ihre Gefühle in großer Offenheit, während sie zugleich mit Celan, der sie gern nach Paris nachholen würde, spielt. Sie ist kein harmloses Mädchen: Zum einen führt sie neben Celan eine weitere Liebesbeziehung – eben mit Hans Weigel, dem sie munter weiterhin Briefe schreibt[25] –, und außerdem verfolgt sie ihre Karriere mit eisernem Willen. Celan spürt das, wird bald neidisch und aggressiv. Der Briefwechsel offenbart nämlich auch die Konkurrenz zweier Dichter auf dem Weg in die Öffentlichkeit, wobei Celan sich gewiss stärker bedroht fühlt von ihrem Erfolg; und er offenbart eine seltsame Opferkonkurrenz: Wer leidet mehr? Wessen Schmerz ist größer? Die schwierigsten Momente sind die, in denen Celan seiner Freundin suggeriert, sein Inneres müsse ihr verschlossen bleiben, weil sie keine Jüdin sei. Mir scheint, das ist überhaupt der Nukleus dieser Beziehung.

Zwei Tage vor ihrem Geburtstag, am 23. Juni 1948, schickt er Ingeborg Bachmann als Geschenk einen Bildband, in den er, per Hand, sein Gedicht *In Ägypten* schreibt, das rätselhafterweise kurz vor ihrem Kennenlernen entstanden ist (hatte er sie schon im Blick?). Er widmet es ihr mit den Worten: »Der peinlich Genauen, 22 Jahre nach ihrem Geburtstag. Der peinlich Ungenaue.« In diesem Gedicht mit dem alttestamentlichen Ägypten (»Exodus«) im Titel, wird das Geburtstagskind Ingeborg zur »Fremden« erklärt, und diese Fremde wird geschmückt »mit dem Schmerz um Ruth, um Mirjam und Noemi«. Das heißt: Ein Jude – Celan – schmückt die Fremde, die Nichtjüdin, mit dem Schmerz um die Jüdinnen. Mit beiden hat er geschlafen, verrät das Gedicht, mit den Jüdinnen und mit der Fremden. Man muss sich klarmachen, was das bedeutet: Der Schmerz schmückt; und zwar der Schmerz um die Toten, die Eigentlichen. Das Gedicht *In Ägypten* entwirft ein vertracktes erotisches Modell, das die Geliebte verehrt *und* zur Ausgeschlossenen erklärt. Und es hat den Anschein, als hätte Paul Celan die junge Ingeborg mit exakt dieser paradoxen Zauberformel, wie mit einem Lasso, eingefangen.

Wieder versäumt sie nicht, die Eltern zu informieren. Am 25. Juni 1948, ihrem Geburtstag, schreibt sie: »Von Paul Celan zwei prächtige Bände moderne franz. Malerei mit den letzten Werken von Matisse und Cézanne, ein Band Chesterton (ein berühmter engl. Dichter), Blumen, Zigaretten, ein Gedicht, das mir gehören soll, ein Bild, das ich Euch in den Ferien zeigen kann.« Am nächsten Tag fahre er nach Paris, kündigt sie an, weshalb man am Vorabend des Geburtstags noch einmal richtig »festlich« ausgegangen sei, »Abendessen und ein wenig Wein trinken«.[26] Was ist da los? Das Bildungsprogramm, das Celan seiner Freundin verordnet, zeugt von erlesenem Geschmack. Sie wirkt stolz, fühlt sich offenbar wirklich geehrt und »geschmückt« durch die Zuwendungen dieses Mannes, der sich im Dunklen beheimatet wähnt, und zugleich wirkt sie arglos gegenüber den Eltern, deren Schweigen um die Vergangenheit des Vaters sie mitträgt. Von Celans tiefer Traurigkeit (und deren Ursache) ist keine Rede, kann keine Rede sein in dem Brief an die Eltern.

Ob er Ingeborg erzählt hat, dass er in Czernowitz eine Freundin hatte, die Ruth hieß? Auszuschließen ist das keineswegs.[27] Ruth Lackner, geborene Kraft, und Paul Antschel – wie sein Geburtsname lautete – hatten sich im Sommer 1940 kennengelernt. Die Rote Armee war soeben in Czernowitz eingezogen. Ruth war Schauspielerin, ihr Vater hatte ihr die jiddische Sprache vermittelt, eine Neigung, die der Romanistikstudent Paul so nicht teilte. Er hielt das Jiddische, wie Israel Chalfen, der Biograph seiner Jugend, herausstreicht, für ein verballhorntes Deutsch. Ruth aber spielte ausgerechnet in einem jiddischsprachigen Theater.[28] Chalfen hat Gespräche mit Ruth Lackner führen können, in denen sie Celan im Rückblick vieler Jahre als verträumten Jungdichter schildert, der mit ihr spazieren ging, ihr oft Blumen brachte – gekaufte oder gepflückte, aber keinen Mohn – und ununterbrochen Gedichte schrieb, die er ihr ebenfalls schenkte. Das Verhältnis zwischen Ruth und Paul war zärtlich, aber offenbar ohne

zupackende Erotik. Wichtig ist, vor dem Hintergrund der
späteren Beziehung zu Bachmann: Bei Ruths Eltern war
Paul ein gerngesehener Gast, und umgekehrt kam auch
Ruth in die Czernowitzer Wohnung der Antschels. Ruth
kannte also die von Paul über alles geliebte Mutter Friederike »Fritzi« Antschel, die 1942 in dem Konzentrationslager Michailowka östlich des Bug erschossen wurde. Ruth
hatte versucht, seine Eltern vor der Deportation zu retten
und ein Versteck zu organisieren; aber Pauls Mutter wollte
fatalerweise unbedingt in der eigenen Wohnung bleiben.
(Als sie und ihr Mann deportiert wurden, war Paul außer Haus.) Ihre alte Heimat verließ Ruth später Richtung
Bundesrepublik Deutschland. Dass sie noch als verheira-
tete Frau Lackner für Paul eine Vertrauensperson blieb,
zeigt ein Brief, den er ihr am 2. Dezember 1951 aus Paris
schickte: »Auf Schritt und Tritt blühte die Welt. Und noch
aus den Verzweiflungen wurden Gedichte.«[29]

Ruth Lackner hat überlebt, wie Celan. Dessen Mutter
hat nicht überlebt. Das muss man bedenken, wenn man
in dem Gedicht *In Ägypten* vom »Schmerz um Ruth, um
Mirjam und Noemi« liest. Gegenüber den alttestamentlichen Namen Mirjam und Noemie sticht Ruth heraus,
weil es der Name seiner Freundin war. Aber die Ruth des
Gedichts ist wohl eine symbolische Stellvertreterin, eine
gestorbene Ruth: gestorben wie Pauls Mutter. Es scheint,
dass in das Gedicht tatsächlich die Erinnerung an die
tote Mutter eingeflossen ist, die im seelischen Haushalt
des Einzelkindes Paul ja durchaus eine Art Geliebte gewesen sein dürfte. Jedenfalls ist sich Israel Chalfen sicher,
dass seine libidinöse Entwicklung durch die extrem enge

45

Mutterbindung lange blockiert gewesen sei; erst in der vergleichsweise glücklichen Zwischenzeit in Bukarest, 1945 bis 1947, habe er Beziehungen zu Frauen haben können. Und nicht nur das, er wurde geradezu ein Homme à Femmes – und blieb es, nebenbei gesagt, trotz schwerer Depressionen bis an sein Lebensende.

Doch zurück zum Gedicht: Von welcher Ruth das Gedicht auch spricht, es wird eine Grenze gezogen zwischen den jüdischen Frauen (Ruth, Mirjam, Noemie) und jener »Fremden«, auf die nur der Schatten vom schmückenden Schmerz abfällt. Dies ist die Grenze, auf der Paul Celan gegenüber Ingeborg Bachmann besteht und, so muss man sagen, die er gelegentlich gegen sie wendet. Denn er zeigt die Grenze nicht nur auf, sondern quält sie auch damit, drängt sie in die Ecke, moralisch und emotional, nimmt ihr die Luft zum Atmen, verletzt sie.

Es fallen zum Teil sehr scharfe Töne in seinen Briefen. Vermutlich hat Bachmann geahnt, dass sie allein die Ursache für seine Schärfe nicht sein konnte. Denn sie versucht verzweifelt, seinen Vorwürfen standzuhalten. Ein besonders eindrückliches Beispiel dieses Standhaltens ist ihr Brief vom 25. September 1951, den sie niemals abgeschickt hat. Es ist der Versuch, einem Missverständnis – sie hält es für eines – ins Auge zu sehen. Zwar ist dieser Brief keine direkte Antwort auf das Gedicht *In Ägypten*, aber doch so etwas wie das Echo auf sein Bemühen, sie auszuschließen von seiner Erfahrungswelt.

Um einen Ring geht es in diesem außergewöhnlichen Brief. Celan hatte ihr diesen Ring im Jahr zuvor in Paris geschenkt. Jetzt soll sie ihn zurückgeben. Jedenfalls hat sie gehört, dass sie den Ring zurückgeben soll. Von wem hat sie das gehört? Von Nani Demus, einer gemeinsamen Freundin, die es ihr in »überaus taktvollen Andeutungen« mündlich mitgeteilt habe. So stellt Bachmann es dar in dem Brief an Paul. Was sie von Nani Demus erfährt, erschüttert sie. Aber deren Worte stehen nicht in dem Brief; wir kennen sie nicht. Im Übrigen kennen wir auch Celans Worte nicht, die Nani Demus auf angeblich so überaus taktvolle Weise zu ihr trägt. Bachmanns Brief antwortet auf die Vorstellung, die Unterstellung, den Vorwurf, dass sie des Ringes nicht wert sei. Wir erfahren: Er ist ein »Andenken an Deine Familie« und damit eine Erinnerung an die Toten. Vielleicht hat der Ring Pauls Mutter gehört. Bachmann schreibt: Der »Verdacht«, den er in seinem »Herzen« gegen sie ausspreche, erscheine ihr »so ungeheuerlich«, dass noch zwei Tage, nachdem sie davon erfahren habe, sie kaum einen klaren Gedanken fassen könne:

Paul, glaubst Du denn wirklich, dass ich diesen Ring, dessen Geschichte ich kannte – und dass mir diese Geschichte heilig ist, hast Du mir in den vielen Vorwürfen, die Du mir gemacht hast, nicht machen können – aus einer Laune, weil ich ihn gesehen und er mir gefallen hätte, an mich genommen haben könnte? Ich will mich nicht vor Dir rechtfertigen, ich will auch nicht recht haben, denn es geht hier nicht um Dich und um mich, mir jedenfalls nicht – sondern nur darum, ob das wofür ich stehe vor dem, für das dieser Ring steht, bestehen kann. Und ich habe Dir nichts zu sagen, als dass mein Gewissen vor den Toten, die diesen Ring getragen haben, besteht. Ich habe ihn als Geschenk von Dir genommen und getragen oder verwahrt, immer in dem Wissen um die Bedeutung.

Sie bedauert ihn für das Misstrauen, das er gegen sie hegt, fügt sie noch an, »denn ich habe zu Deinem Misstrauen keinen Zugang«. Dass sie ihn »dennoch liebe«, sei nunmehr ihre Sache.[30] So endet diese neue Ringparabel, in der es wie bei Lessing um den Wert eines über Generationen weitergereichten Schmuckstücks geht. Nicht ein weiser Jude namens Nathan erzählt die Parabel, sondern eine liebende Frau des 20. Jahrhunderts, eine Frau namens Ingeborg, die unter dem Verdacht fast erstickt, dass sie vor dem Gedächtnis an die ermordete Mutter ihres Geliebten nicht bestehen könne. Sie wehrt sich gegen diesen Verdacht, schickt den Brief aber – wohlweislich – niemals ab. Tatsächlich ist der Verdacht, mit dem sie ringt, nicht durch die Behauptung aus der Welt zu schaffen, ihr Gewissen würde bestehen vor den Toten. So empfindet sie es gewiss in diesem Moment, oder so möchte sie es unbedingt empfinden. Aber es steht nicht in ihrer Macht, das zu entscheiden. Von Celan ist kein Wort überliefert, mit dem er jemals wieder auf den Ring zurückgekommen wäre.[31]

Mit den kindlichen Erfolgsmeldungen an die Eltern haben die Briefe an Celan so wenig zu tun wie mit dem koketten Briefton, den sie gegenüber Hans Weigel anschlägt. Celan, das ist für sie der Auserwählte, und offensichtlich nicht nur aufgrund physischer Leidenschaft, über die wir ohnehin wenig wissen. Der Auserwählte war Celan vielmehr wegen seines poetischen Genies, das ihre

Seele und ihre eigenen Gedichte beflügelte; wegen seiner Biographie als Opfer, das sie zu begreifen versuchte; wegen seiner kompromisslosen Intensität und, ja doch, wegen seiner Schönheit: Schönheit im Sinne des Bemühens um die Worte. Darin waren sie sich bei allen Differenzen einig: dass sie füreinander die richtigen Worte finden wollten.

Die Frau, die er Ende 1952 heiratet, ist ebenfalls keine Jüdin. Gisèle versteht nicht einmal seine Sprache. Aber sie ist anschmiegsamer als Ingeborg Bachmann und gewiss weniger ehrgeizig. Deren Vater, Comte de l'Estrange, war von den deutschen Besatzern gezwungen worden, das Familienanwesen zu räumen, aber ein Résistant, also ein Widerstandskämpfer, war er deshalb noch lange nicht. Als die Tochter Gisèle, eine von fünfen, sich entscheidet, einen staatenlosen Juden deutscher Zunge zu heiraten, ist er entsetzt. Es spricht für Gisèles Eigensinn, dass sie sich durchsetzt. Kennengelernt haben die beiden einander Ende 1951 in Paris: Dem Dichter und Genie, dem »schönen Mann«, ist Gisèle ganz schnell ergeben. Sie lebt, das legen ihre vielen Briefe an Paul Celan nahe, für ihn und durch ihn.[32] Sie will ihn, wie sie einmal schreibt, »außerhalb jeder Logik« (»en dehors de toute logique«) lieben. Obwohl er keineswegs treu bleibt, schreibt sie ihre Treue sogar testamentarisch fest.

Gisèles Herkunft beschreibt ein ihm fremdes soziales Terrain; die katholische französische Aristokratie kannte Celan bis dahin nur aus der Lektüre Marcel Prousts. Und seine wichtigsten Orte bleiben wiederum ihr unbekannt – Czernowitz, Stadt seiner Kindheit und Jugend; Bukarest, Stadt seines frühen Erwachsenseins unter Gleichgesinnten; Jerusalem, Stadt seiner späten Euphorie und plötzlich entdeckten jüdischen Heimat. Sie sind zwei Fremde, die zueinanderfinden und miteinander durch extreme Belastungen gehen; was vor allem für Gisèle gilt. Celan wird ihr im Lauf der Jahre viel zumuten, nicht nur seine schwarzen Gemütszustände, nicht nur seine wiederholte Untreue (etwa mit Bachmann), sondern die radikalsten Gewaltausbrüche. In einem Wahnzustand wird er sogar versuchen, Gisèle mit dem Messer zu töten, an einem Novembertag des Jahres 1965. Etwas mehr als ein Jahr später, im Januar 1967, folgt ein Selbstmordversuch mit einem Messer, das sein Herz nur knapp verfehlt. Paul Celan wird mehrfach für längere Zeit in die Psychiatrie eingewiesen. Um den Sohn Eric zu schützen, setzt Gisèle irgendwann durch, von Paul Celan getrennt zu leben. Aber sie hält zu ihm bis über seinen Tod hinaus.

Man muss in aller Deutlichkeit sagen: Celan hielt das, was in ihm selbst war, offenbar nicht aus. Und deshalb war er nicht auszuhalten. Es steht zu vermuten, dass Bachmann das früh gespürt und sich auch aus diesem Grund auf ein Zusammenleben mit ihm nie eingelassen hat. Sie hat es wohl gespürt, lange bevor sich seine Erkrankung zeigte. Man hat Celans schwere Krisen und Wahnzustände oft und zu Recht mit dem Verlust der besonders geliebten Mutter erklärt. Doch galt er schon vorher als schwierig. Edith Silbermann, eine Jugendfreundin aus Czernowitz, in deren Elternhaus Paul gern gesehen war, charakterisiert den lesesüchtigen jungen Intellektuellen wie folgt: »Paul konnte sehr lustig und ausgelassen sein, aber seine Stimmung schlug oft jäh um, und dann wurde er entweder grüblerisch, in sich gekehrt oder ironisch, sarkastisch. Er war ein leicht verstimmbares Instrument, von mimosenhafter Empfindsamkeit, narzisstischer Eitelkeit, unduldsam, wenn ihm etwas wider den Strich ging oder jemand ihm nicht passte, zu keinerlei Konzession bereit.«[33] Wohlgemerkt, das sagt eine, die ihn mochte.

Doch zurück ins Jahr 1952, in dem Celan heiratet und das erste (und einzige) Mal an einer Tagung der Gruppe 47 teilnimmt (in umgekehrter Reihenfolge: erst die Tagung, dann die Eheschließung). Ingeborg Bachmann und Milo Dor setzten sich im Vorfeld beim Spiritus Rector der Gruppe Hans Werner Richter für die Einladung Celans nach Niendorf ein. In handfesten Regieanweisungen organisierte Bachmann dann die Reise für Celan; die köstlichen Briefe, in denen es um Busrouten, Abfahrtzeiten und Reisekostenzuschüsse geht, lassen erahnen, dass die elegisch auftretende Dichterin sich bestens als Reisebüroangestellte bewährt hätte, wenn denn die Lebensumstände das verlangt hätten. Sie, angereist aus Wien, und Celan, angereist aus Paris, treffen sich also in Niendorf nach längerer Zeit wieder, an einem öden Ort am Meer, der beiden fremd ist. Seiner zukünftigen Frau Gisèle schickt Celan von der Deutschlandreise äußerst liebevolle Briefe; Ingeborg Bachmann erwähnt er in diesen Briefen nicht. Und Ingeborg Bachmann gegenüber erwähnt er nicht, dass er Gisèle kennengelernt hat – jedenfalls vorerst nicht.

Wenn von der Niendorfer Tagung die Rede ist, wird regelmäßig Celans Trauma ins Zentrum gerückt, dass seine Lesung auf erheblichen Widerstand, ja auf Ablehnung gestoßen sei. Er hatte unter anderem die *Todesfuge* vorgetragen und musste sich die grob geschmacklose, verletzende, unverzeihliche Bemerkung gefallen lassen, er lese »wie Goebbels«. Ausgesprochen hat das der vorpommersche Fischersohn Richter, ein sozialdemokratisches Urgestein, Vertreter eines »neuen«, geläuterten Deutschland, den das Gewissen ob dieser Verfehlung noch ausgiebig quälen sollte.[34] Über diese Sache ist viel berechtigte Empörung laut geworden, aber auch moderat Abwägendes geschrieben worden, ohne dass die Schuldfrage letztlich ganz zu klären wäre.[35] Auch als Synagogen-Singsang ist Celans Vortragsstil denunziert worden, was so ziemlich das Gegenteil des Goebbels-Vergleichs bedeutet: Die Herren waren sich in Niendorf wohl nicht im Klaren über die Motive ihrer Ablehnung. Milo Dor, der österreichische Schriftsteller, der ebenfalls in Niendorf (und anschließend in Hamburg) dabei und Celan sehr verbunden war, führt Richters Ausfall sogar auf unterschwellige Eifersucht zurück. Weil Richter Bachmanns »herbem Charme« verfallen gewesen sei, hätte er Celan eins auswischen wollen.[36] Den Spekulationen und Phantasien sind natürlich alle Türen geöffnet, und warum auch nicht?

Eine andere als die verbreitete moralische Interpretation dieses Ereignisses der Nachkriegsliteraturgeschichte stützt sich auf die Stimme Celans, auf seine Vortragsart, seine Melodie, die nämlich auf eine ganz andere Tradition zurückgreift, als es die in Niendorf versammelten deutschen Schriftstellerkollegen gerade favorisierten. Celan kam aus der Bukowina, aus Czernowitz, weit im Osten gelegen, Teil des alten k.u.k. Reiches, wo viele Sprachen gesprochen wurden, Deutsch, Rumänisch, Jiddisch,

Ukrainisch. Wienerisch klang sein Deutsch nicht. Celan sprach ein für die in Norddeutschland versammelten Ohren »fremdes« Deutsch. Wichtig zu wissen: Er war ein Fan des Schauspielers Alexander Moissi (1879–1935), der pathetisch, brillant und sehr impulsiv gesprochen hatte und von dem viele Aufnahmen auf Schallplatte existierten, die Celan sich als Jugendlicher angehört hat. Edith Silbermann, die bereits erwähnte Jugendfreundin aus Czernowitz, beschreibt in ihren Erinnerungen, wie der einundzwanzigjährige Paul 1941 (vor dem Einmarsch deutscher Truppen) seine Freunde durch seine Vortragskunst zu amüsieren verstand. Zu seinem Repertoire gehörte auch, obwohl er selbst kein Jiddisch sprach, der jiddische Tonfall. So habe er viel Erfolg geerntet, wenn er etwa »Fabeln des jüdischen Dichters Eljeser Stejnbarg, den er sehr verehrte«, vortrug, berichtet Edith Silbermann.[37]

Den Eklat in Niendorf deutet der Stimmforscher Reinhart Meyer-Kalkus, originell, als körperlich-seelischen Reflex. *Das Gedicht läuft beim Sprechen durch den ganzen Körper* heißt sein bahnbrechender Essay. Celans Stimmführung, klärt Meyer-Kalkus uns auf, schöpfte aus einer Tradition, die von Nazipädagogen als jüdisches Pathos rassistisch verunglimpft worden war. Ein gewisser Erich Drach, seines Zeichens Sprechwissenschaftler und strammer Nazi, war der Überzeugung, wenn Juden wie Alexander Moissi oder der ebenfalls weltberühmte Josef Kainz »deutsche Gedichte« wie Goethes *An den Mond* oder den *Prometheus* läsen, dann wäre das quasi Rassenschande an der deutschen Sprache durch »Ausländer«. In Drachs Schrift *Die Schallplatte im deutschkundlichen*

53

Unterricht (1937) empfiehlt dieser Schulmann allen Ernstes, die Hörgewohnheiten der deutschen Schüler (gemeint ist: »arischer« Schüler) nicht mit Plattenaufnahmen von Moissi oder Kainz zu verderben: »Das deutschem Empfinden völlig fremdartige Dehnen, Zerren, rakenartige Hinaussausen, überspitzte Brechen der Linie ist ein schlagender Beweis für die enge Verbundenheit von Blut und Muttersprache.« Dies zitierend, kommt Meyer-Kalkus zu dem Ergebnis: »Viele Mitglieder der Gruppe 47 waren in der Schule von Deutschlehrern unterrichtet worden, die bei Drach und dessen Schülern studiert hatten. Aus diesem Hörwinkel betrachtet, erhält Celans Auftritt in der Gruppe 47 im Jahre 1952 eine andere historische Beleuchtung: Als Zusammenprall zwischen einer auf ältere Traditionen zurückgehenden Sprech- und Vortragskunst und einer gewandelten Hörererwartung, die darin die Wiederkehr von etwas längst Verdrängtem beargwöhnt – eine dissonante Ungleichzeitigkeit, wie sie in dieser Artikuliertheit selten zu beobachten ist. Es sind die Schüler jener Sprecherzieher in Hitler-Deutschland, die im Zeichen der Neuen Sachlichkeit den Vortragsstil von Alexander Moissi und Josef Kainz nicht mehr ertragen konnten und als typisch jüdisch denunzierten. Und was deren Schüler nun gegenüber Paul Celan vorbringen, ist wie ein Echo auf das, was sie in Hitler-Deutschland von ihren Lehrern und diese von Sprecherziehern und Drach gehört hatten.«[38]

Erstaunlich: Liest man Celans Briefe an Gisèle oder auch an seinen Freund Klaus Demus, in denen er von den Niendorfer Erlebnissen berichtet, steht das Trauma der Ablehnung durch die Gruppe 47 keineswegs im Vordergrund. An seinen »kleinen Engel« Gisèle schreibt er am 28. Mai aus Hamburg: »alles ist so überwältigend gewesen, so verworren, widerspruchsvoll. – Dennoch ist das Ergebnis positiv: Ich habe in Hamburg eine kleine zwanzigminütige Sendung aufgenommen, die wir uns in Paris gemeinsam anhören können – das hat mir 400 Mark eingebracht [...]. Dies wird uns vielleicht erlauben, unseren Ehebund früher zu schließen, ma chérie, ich denke die ganze Zeit daran.«[39]

Auch Bachmann hat in Niendorf vor der Gruppe 47 gelesen und, im Anschluss an die Tagung, im Studio des NWDR in Hamburg Gedichte aufgenommen.[40] Den Preis der Gruppe 47 wird sie dieses Mal noch nicht bekommen; aber dass ihr Auftritt Eindruck gemacht hat, ist nicht einmal Paul Celan entgangen. Dass er sich darüber gefreut hätte, kann man jedoch nicht gerade behaupten. An Klaus Demus schreibt er am 31. Mai 1952 aus Frankfurt am Main: »Inge hat mich wieder sehr enttäuscht. Sie hat mich nämlich wieder verleugnet und es sogar so weit gebracht, sich gegen mich ausspielen zu lassen: Ihre Gedichte, nicht die meinen, blieben die gültigen, und sie ließ es sich, *lächelnd vor Glück*, gefallen, als die Dichterin angesprochen zu werden.«[41] Man hört deutlich heraus, dass Celan sich ärgert, weshalb er anfügt, ihr »Erfolg« habe »nun keineswegs literarische Gründe«. Sein Brief an Demus ist aufschlussreich, weil er mehrere Motive unkontrolliert miteinander vermengt: literarische Rivalität, moralische Enttäuschung und – erotischen Triumph.

Celan, auch das gilt es zu bedenken, hatte in Niendorf unter anderem *In Ägypten* gelesen, sein Liebesgedicht »für Ingeborg«. Was mag die vier Jahre zuvor in Wien mit die-

55

sem Gedicht Beschenkte jetzt in Norddeutschland empfunden haben, als sie Celan dieses Gedicht im hohen biblischen Ton lesen hörte? Jenes Gedicht, in dem sie zur
»Fremden« erklärt wird, auf die der schöne Schmerz um
die toten Jüdinnen Ruth, Mirjam und Noemi abstrahlt?
Außerdem muss man sich vergegenwärtigen: Hans Weigel war ebenfalls anwesend, ihr Mentor und mehrjähriger
Liebhaber, dessen ein Jahr zuvor erschienener Schlüsselro-
man *Unvollendete Symphonie* ein nicht sehr subtiles, dafür
deutlich identifizierbares Celan-Porträt enthält. Dass Weigel ebenfalls unter Bachmanns »Erfolg« litt, offenbarte er
spätestens im Nachwort zur Wiederauflage des Romans
im Jahr 1992.[42]

Die Situation in Niendorf war also in jeder Hinsicht
kompliziert. Paul Celan wusste, dass sein Freund Klaus Demus und dessen Frau Nani über Bachmann schlecht dach-
ten.[43] Vielleicht lässt er sich deshalb in seinem Brief vom
31. Mai so ungehemmt gehen. Denn er beklagt sich nicht
nur darüber, dass »Inge« ihn angeblich »verleugnet« habe.
Dass sie zu der Beleidigung durch Hans Werner Richter
»geschwiegen« habe. Dass ihr »Erfolg« unverdient, weil au-
ßerliterarisch sei. Das alles genügt nicht. Er wird sie zudem
bloßstellen, wenn er an Klaus Demus schreibt: »Und dann
kam sie und fragte mich, ob ich sie heiraten wolle. [...]
Vor meiner Abreise kam sie dann für einen Augenblick
auf mein Zimmer, spielte die völlig Zerstörte und bettelte
um ein Stückchen Zukunft. Ich schenkte es ihr.« Das ist
ein Tiefpunkt hässlicher Affekte. Und Celan schämt sich,
wie sich ein paar Tage später zeigt. Sein Brief sei »zum Teil
ungerecht und dumm« gewesen, teilt er Klaus Demus mit

und fügt hinzu: »Inge hat eine so schöne silberne Stimme. Und außerdem steht ihr der neue Mantel so gut!«[44] Zur Qualität ihrer Gedichte sagt er immer noch – nichts.

Ich stelle mir vor: Ingeborg Bachmann auf seinem Zimmer. Was für eine Szene: Sie ist die Bittstellerin, nicht er. Umkehrung der Konvention. Das Gleichgewicht ist aber auch aus anderen Gründen gestört: weil sie es leichter hat im Umfeld der Gruppe 47, weil sie »Erfolg« hat. Trotzdem hat er, in diesem Zimmer, emotional die Oberhand. Sie bettelt um etwas, er schenkt es ihr. Das ist seine Darstellung. Aber was soll das heißen, er habe ihr »ein Stückchen Zukunft« geschenkt? Was soll das bedeuten, da er ganz offensichtlich gleichzeitig einen Heiratswunsch abwehrt, abwehren muss? Celan ist ja längst mit Heiratsplänen beschäftigt; Gisèle wartet in Paris täglich auf Post von ihm. Im Brief gegenüber Klaus Demus brüstet Celan sich dennoch damit, dass Bachmann ihn heiraten möchte. Er wird von zwei Frauen gleichzeitig gewollt, wie schmeichelhaft. Hat er ihr dort in dem Zimmer, als sie kurz allein waren, von Gisèle berichtet? Fest steht nur, dass er etwas gesagt hat, das verletzend für sie war.

Im Hochsommer, bereits wieder in Wien, kommt sie noch einmal auf Niendorf zu sprechen. Am 10. Juli 1952 schreibt sie: »Ich weiß nicht, ob es Dir bis heute bewusst geworden ist, was Du mir gesagt hast, zu einem Zeitpunkt, wo ich ganz entschlossen war, zu Dir zu kommen, Dich wiederzugewinnen, mit Dir in den ›Urwald‹ zu gehen, in welcher Form immer, und ich verstehe nur nicht, warum Du ein paar Stunden oder Tage später, nachdem ich schon wusste, dass Du zu jemand anderem gehst, mir vorwerfen konntest, dass ich in diesem ›Urwald‹ nicht bei Dir gewesen sei. Sag mir, wie kann ich bei Dir sein, wenn Du schon längst von mir gegangen bist. Mir wird so kalt bei dem Gedanken, dass das schon lang geschehen ist und ich es nicht gefühlt habe, dass ich so ahnungslos war.«[45]

Sie war also gekränkt wegen Gisèle und er, weil seine Lesung nicht den erhofften Erfolg gebracht hatte. Einen Verleger allerdings fand er in Niendorf; die Deutsche Verlagsanstalt hat noch im selben Jahr *Mohn und Gedächtnis* veröffentlicht. Und damit betritt man ein Feld, das mindestens so wichtig ist wie die psychologische Hintergrundmelodie: die Professionalisierung, die Medialisierung, der Entwurf des öffentlichen Bildes als Dichterpersönlichkeit. Das Radio spielt dabei, neben der Lesung vor Publikum, die Hauptrolle. Ernst Schnabel als Intendant des NWDR – den Bachmann in Briefen bald scherzhaft als »Kapitän« adressieren wird – hatte die ganze Tagung an der Nordsee gesponsert. Die Schriftstellerlesungen im Studio in Hamburg gehörten zum Gesamtpaket. Profitiert haben alle davon, und außerdem hat sich zumindest ein Teil der Gruppe in der großen Hafenstadt prächtig amüsiert, wie Richters Erinnerungen nahelegen, inklusive Reeperbahnspaziergang und Abstecher in ein Etablissement mit Animierdamen.

Am 27. Mai 1952 liest Bachmann im Funkhaus des NWDR elf Gedichte, darunter *Wie soll ich mich nennen?*, *Vision*, *Menschenlos*, *Abschied von England*, *Paris* und *Dunkles zu sagen*. Die letzten beiden Gedichte sind mehr als nur eine Anspielung auf die Liebesgeschichte mit Celan; sie zitieren zentrale Motive aus den gemeinsamen Tagen in Paris, die donnernden Gänge der Metro, Blumen (dies-

mal Mimosen), die Brücken über der Seine, das Dunkle
als Fundus des Lyrischen, die Liebe im Angesicht des Ab-
schieds. Wie klingt nun aber ihre Stimme, ist sie wirklich
so »silbern«, wie Celan meinte? Die Aufnahmen sind etliche Jahre später, als Ingeborg Bachmann längst Kult war,
auf Schallplatte gepresst worden.[46] Ich hatte das Glück, mir
die LP gemeinsam mit dem erwähnten Stimmenforscher
anhören zu können. Die folgenden Überlegungen verdanken sich weitgehend dem geschulten Gehör von Reinhart
Meyer-Kalkus.

Bachmann kennt das Radiostudio bereits aus Wien,
wo sie in jener Zeit gerade beim Sender Rot-Weiß-Rot
der amerikanischen Besatzer als Scriptredakteurin arbeitet. Eine Anfängerin ist sie im Frühjahr 1952 längst
nicht mehr. Aber eine Ausbildung als Sprecherin hat sie
nicht genossen, und das merkt man ihrer Lesung an. Die
Stimme ist mädchenhaft hoch, noch nicht gealtert, noch
nicht vom Kettenrauchen und Alkoholmissbrauch aufge-
raut. Der Atemdruck ist gering, ein typisches Kennzeichen
der Laienlesung, und vor allem: Man hört die Aufregung.
Aber das Mikrophon ist ihr eben nicht fremd; die knapp
Sechsundzwanzigjährige geht verblüffend gekonnt mit
den technischen Gegebenheiten um. Das heißt, sie versteht, dass man das leblose Mikrophon als ein lebendiges
Gegenüber betrachten muss, was eine erhebliche Abstrak-
tionsleistung erfordert. Sie richtet sich via Mikrophon an
die Hörer draußen an den Radioapparaten, die ihr lau-
schen, ohne sie zu sehen.

Der Psychoanalytiker Jacques Lacan, der ein wilder
Denker war, sah in der Stimme ein Triebobjekt. Roland

Barthes wiederum hat um das »Korn der Stimme« eine Theorie gerankt, in der sich das Timbre mit dem Imaginären verbindet, dabei den Narzissmus keineswegs verachtend. Daran knüpft Meyer-Kalkus an, wenn er in der Stimme vor dem Mikrophon ein »vokales Self-Fashioning« ausmacht, den ganz bewussten stimmlichen Selbstentwurf. Ich habe mich unter Kärtnern umgehört, ob Bachmann den Dialekt ihrer Herkunftsgegend spräche. Die Antwort lautete einhellig nein. Ihr Deutsch weist einige österreichische Besonderheiten auf, wie die weichen Konsonanten (»Datsachen« statt Tatsachen), aber Wienerisch ist der Tonfall ebenso wenig. Es sei ein »Bühnenhochdeutsch aus einem österreichischen Sprachmilieu fern von Wien«, so fasst mein Stimmenberater zusammen. Die Körperstimme, sagt er, sei nicht authentisch oder natürlich, sondern »Zerbrechlichkeit« werde zum »Ausdrucksorgan« gemacht. Und auch wenn die junge Bachmann, die stark von Celans Gedichten und vielleicht sogar seiner Leseperformance beeindruckt war, gewisse Elemente von ihm übernimmt (den Klageton, die breitgezogenen »ei«-Laute), so hat sie zugleich gelernt, dass ein monotoner Ton angesagt war. Dieses Nebeneinander von Elegie und Nüchternheit, Pathos und Monotonie hat sie äußerst geschickt für sich als stimmliches Markenzeichen erfunden. Der Rhythmus wirkt souverän getaktet, sie hat offenbar fleißig geübt, die Gedichte werden selbstbewusst vorgetragen. Das alles lässt auf ein hohes Werkbewusstsein schließen, ein ausgeprägtes Selbstbewusstsein ihrer Außenwirkung, noch ehe ihr erster Gedichtband erschienen ist.

Als sie und Celan sich im Oktober 1957 bei einer von

Hans Mayer organisierten Tagung in Wuppertal wiedertreffen (Thema: »Literaturkritik kritisch betrachtet«), ist
sie durch und durch professionalisiert. Seit 1952 hat sie
ihre beiden Gedichtbände *Die gestundete Zeit* und *Anrufung des großen Bären* veröffentlicht, hat vom *Spiegel*-Co-
ver der Medienrepublik Deutschland zugelächelt, war als
Stipendiatin zur Harvard Summer School eingeladen, hat
Preise bekommen, darunter den Bremer Literaturpreis, ist
als Radioautorin erfolgreich und in etlichen Zeitungen
und Zeitschriften mit ihren Gedichten präsent. Kurzum,
als die beiden sich zum zweiten Mal in ihre Liebesgeschichte stürzen, ist sie ein Literaturstar; und ihm, der sich
in Paris isoliert fühlt, an Ruhm und Einfluss überlegen.
Längst ist sie nicht mehr das formbare Mädchen, das seine
Lektüreempfehlungen aufsaugt, das durch ihn Rimbaud,
Mallarmé und Apollinaire entdeckt. Sie ist jetzt ebenso
belesen wie er, kennt die literarische Moderne, ihr Radius
ist so international wie der seine. Man wird das spätestens
in den Frankfurter Poetikvorlesungen beobachten, die sie
im Wintersemester 1959/1960 bestreitet.

Als Celan von ihrer Berufung nach Frankfurt aus der
Zeitung erfährt, ist die zweite Liebesphase schon wieder
vorbei. Eifersüchtig und gereizt fragt er sie im Doppel-
brief vom 11. und 20. Juli 1959, ob man »das denn wirklich
dozieren« könne. Er meint »Poetik«. Wegwerfend stellt
er fest, »wir sind ja schon <u>alle</u> tief im Kompromiss«. Und
was tut *sie*? Sie preist im Frankfurter Hörsaal seine Gedichte. In ihrer zweiten Vorlesung – über Lyrik – führt
sie ihn als emphatisches Beispiel dafür an, dass es »wieder
möglich« geworden sei, »etwas zu sagen, sehr direkt, unver-

schlüsselt«. »Es ist dem möglich, der von sich sagt, dass er wirklichkeitswund und wirklichkeitssuchend mit seinem Dasein zur Sprache geht.«[47] Ihre Vorlesung erwähnt die *Todesfuge* und endet mit einem Zitat aus seinem damals jüngsten Gedichtband *Sprachgitter*. Womit ich sagen will: Die Ökonomie der Aufmerksamkeit war zwischen Ingeborg und Paul nicht besonders gleichmäßig verteilt.

Nur einmal, als Celan, ausgelöst durch die Wiederbegegnung in Wuppertal, in einen Rauschzustand gerät, kann er für eine Weile ausnahmsweise den Blick auf ihr Werk richten. Endlich wisse er, wie ihre Gedichte seien, ruft er ihr zu. In der *Frankfurter Allgemeinen Zeitung* liest er ihr Gedicht *Im Gewitter der Rosen*, und tatsächlich geht der Mann mit dem Mohn jetzt zu dieser Blumensorte über. Ein Strauß voller Rosen wartet auf sie in ihrem Zimmer in München. Die Rosen und die Lampe, die man gemeinsam »suchen gehen« will, sind nun die Leitmotive der zweiten Liebesphase.

In einem Hotelzimmer in Köln geht es los, sein Gedicht *Köln, Am Hof* endet mit dem vielsagenden Vers: »ihr Uhren tief in uns«. Anfangs, in Wien, hatte sie den Mohn »tief« gespürt – eine eindeutige Anspielung also. Celan besucht sie in München, wo sie damals als Dramaturgin beim Bayerischen Rundfunk arbeitet. Als er bei einem Frankfurter Freund ihrer beider Bücher »nebeneinander« im Regal stehen sieht, ist er glücklich. Als er eine Frau im Zug in den *Akzenten* blättern sieht, in denen Gedichte Bachmanns abgedruckt sind, ist er ebenfalls glücklich, und stolz, und unvorsichtig: Er sieht, wie die Frau bei Bachmanns Gedichten innehält, mit dem Blättern aufhört und ihre Augen sich festlesen. Er verrät ihr, dass eben am Bahnhof just Ingeborg Bachmann gestanden habe; erfährt, wie sehr die Leserin, die er daraufhin zum Kaffee einlädt, Bachmann bewundere. »Es war eine junge Frau, fünfunddreißig vielleicht, sie weiß ja nun wohl Bescheid, aber ich glaube nicht, dass sie's unter die Leute trägt. Ich glaub's wirklich nicht. Sei nicht böse, Ingeborg. Sei bitte nicht böse«, beschwört er seine berühmte Geliebte im Brief vom 9. Dezember 1957: »Ich muss Dich wiedersehn, Ingeborg, ich liebe Dich ja.«

Es drängt sich angesichts solch leidenschaftlicher Avancen schon die Frage auf, warum Bachmann in der zweiten Liebesphase verschlossener reagiert als er; warum sie trotz aller Rührung über seine Hingabe, trotz aller Überwältigung ob dieser endlich versöhnlichen Zuwendung sich nicht mitreißen lässt. Sie weist seine Gefühle zwar nicht zurück, aber sein Drängen schon. Sie bremst ihn im Grunde aus. Nicht nur, dass sie ihn regelmäßig an Gisèle und sein Kind erinnert. Sie will seine Ehe und sein Familienleben definitiv nicht zerstören, das zeigen die Briefe jener Wochen eindeutig. Hinzukommt die eigene Erschöpfung und schlicht Müdigkeit von der Arbeit beim Rundfunk als physische Tatsache einer disziplinierten Schriftstellerin.

Selten haben zwei begnadete Sprachwesen derart umeinander, miteinander und gegeneinander gerungen. Die Spekulation sei gewagt: Sie wusste von Anfang an, dass ihre Liebe zu Celan nicht von dieser Welt war. Insofern könnte man eine gewisse Konsequenz darin erblicken, dass sie langfristig mit seinem Werk in eine Liebesbeziehung getreten ist, während sie sich aus seinem Leben immer mehr zurückzog.

Körperwerk der Politik

Ingeborg Bachmann hat durch Unterschriften unter verschiedene Petitionen, beispielsweise gegen die Wiederbewaffnung der Bundesrepublik, gegen die Gründung des ZDF als reinem »Adenauer-Sender«, für das Recht auf Ungehorsam im Algerienkrieg, gegen den Terror in Vietnam oder auch durch Briefe an Freunde und, ganz konkret, durch die Unterstützung Willy Brandts im Wahlkampf von 1965 ein Netz von politischen Bezügen geknüpft, das sie als linke oder zumindest linksliberale Intellektuelle ihrer Zeit ausweist. Und doch ist ihre politische Einstellung, wenn es um das größere Ganze geht, nicht leicht zu bestimmen.

Als Studentin in Wien und in den Jahren danach, als sie hoffte, eine Universitätskarriere machen zu können, war sie politisch nicht festgelegt, ließ Vorsicht walten. Die ideologischen Spannungen unter den Besatzungsmächten der Viersektorenstadt,[48] die neue »kalte« Weltordnung, die Angst vor einem neuen, diesmal sowjetischen Totalitarismus, die von den amerikanischen Besatzungsbehörden nach Kräften propagandistisch befördert wurde, all das blieb nicht ohne Wirkung auf die politische Befindlichkeit der jungen Generation. Zumal zu bedenken ist, dass Ingeborg Bachmann selbst in Wien für die US-Besatzer jobbte: zunächst als Sekretärin für den amerikanischen

Nachrichtendienst (AND), von März bis August 1951, und anschließend, bis zu ihrer Kündigung im Juli 1953, als Scriptredakteurin des Senders Rot-Weiß-Rot.

Rot-Weiß-Rot war der Sender der amerikanischen Besatzer, die entsprechend einer 1950 beschlossenen psychologischen Offensive für Deutschland und Österreich einen Programmmix aus politischer Aufklärung und Unterhaltung verfolgten, gemeint durchaus als Gegengewicht zum Radioprogramm der Sowjets, das über den zur RAVAG (Radio Verkehrs AG) gehörenden Sender Radio Wien ausgestrahlt wurde.[49]

Ingeborg Bachmanns um viele Jahre älterer Mentor und Liebhaber Hans Weigel, der im Café Raimund junge Schrifsteller um sich versammelte, war ein Remigrant und strenger Antistalinist und als solcher gut vernetzt. Aber nicht er hatte die Arbeit bei Rot-Weiß-Rot an Ingeborg Bachmann vermittelt, sondern Elisabeth »Bobbie« Löcker, die Chefin der »News and Features Section« des AND.[50] Anders als Hans Weigel war Elisabeth Löcker kritisch eingestellt gegenüber den Befürchtungen der Amerikaner, die suggerierten, der Dritte Weltkrieg stünde unmittelbar bevor.[51] Den Angestellten des Radiosenders Rot-Weiß-Rot wurde offenbar eingeredet, dass sie sich in der sowjetischen Zone der Stadt besser nicht aufhielten; sie wären dort quasi jederzeit in Lebensgefahr. Misstrauisch wurden aber auch die österreichischen Mitarbeiter des Senders beäugt. Es herrschte, wie Joseph McVeigh herausgefunden hat, »ein ständiger Verdacht«. Dies führte 1953 sogar zu Ermittlungen gegen angebliche kommunistische Umtriebe im Sender durch den Untersuchungsausschuss des US-Senats unter Joseph McCarthy.[52] Die »in den USA ausbrechende McCarthy-Hysterie« (Viktor Ergert) war nach Österreich übergeschwappt.

Inmitten dieser ideologisch aufgeheizten Atmosphäre müssen wir uns Frl. Dr. Ingeborg Bachmann vorstellen, ehrgeizig, skeptisch, geschickt, im Umgang mit dem Medium Radio erstaunlich professionell. Als Scriptgirl redigierte sie Manuskripte, schrieb eigene Texte, unter anderem ihr erstes Hörspiel *Ein Geschäft mit Träumen*, das im Februar 1952 ausgestrahlt wurde. Und: Sie gehörte zum Autorenteam einer humoristischen Radioseifenoper über eine durchschnittliche Wiener Bürgerfamilie namens Floriani.[53] Die bei den Wiener Radiohörern auch wegen der exzellenten Sprecher äußerst beliebte Serie lief acht Jahre lang, von 1952 bis 1960, zunächst alle vierzehn Tage, dann wöchentlich, unter der Regie von Walter Davy.[54] Neben Bachmann gehörten zum Autorenteam zwei Männer, die ebenfalls noch keine dreißig Jahre alt waren, Jörg Mauthe und Peter Weiser. Als *Die Radiofamilie* 2011 in Buchform im Suhrkamp Verlag erschien, konnte man nur staunen: Das sollte Ingeborg Bachmann geschrieben haben?

Man entdeckte ein unbeschwertes Radiotalent und eine volkstümliche Entertainerin, die mit leichter Hand die netten Florianis durch ihre kleinen und großen Alltagsabenteuer domptiert. Zwischen Winter 1951/52 und Sommer 1953 verfasste Bachmann verblüffend handfeste Texte für die ungeheuer clever konzipierte Serie, die den Gesetzen des Genres folgend auf Wiederholung und Wiedererkennbarkeit setzte. Es scheint ihr sichtlich Spaß gemacht zu haben, die Storys um den liebenswürdig korrekten

Oberlandesgerichtsrat Hans Floriani auszuhecken; seine scharfsinnige, für ihr Hausfrauendasein viel zu intelligente und folglich unterforderte Frau Vilma; die beiden Kinder Wolferl und Helli, deren Zank dem Wiener Schmäh die schönste Reverenz erweist; den Halbbruder des braven Hans, Guido, einen charmanten Aufschneider mit hellbraunem Fleck auf der Weste; und schließlich Liesl, Guidos naiv-ländliche, doch tapfer sich behauptende Ehefrau. Diese wird von ihrem Gatten, der nämlich einen Habsburgerfimmel pflegt, »Sissy« genannt. Was insofern ziemlich komisch ist, als diese bäuerliche Frau einen Hühnerhof betreibt, und dort, bei den »Hendln«, schlägt auch ihr Herz. Selbstironie gibt es seitens der Scriptwriterin Bachmann gratis dazu: Ein Federvieh namens »Ingeborg« lässt sich mit dem Eierlegen Zeit, und als es endlich so weit ist, ruft die Hühnerfarmerin in die Runde: »Stellts euch vor, die Ingeborg hat wirklich ein Ei gelegt.«

Trotz des Auftrags, einer Demokratisierung der österreichischen Nachkriegsgesellschaft auf die Sprünge zu helfen, die Hörer mit aktuellen Themen zu konfrontieren – was auch geschieht, von der Koedukation über abstrakte Malerei bis zu den Displaced Persons –, vermeidet das Autorenteam der *Radiofamilie* allzu rigorose Positionen. Versöhnlich soll es zugehen, amüsant, aber mit Tiefgang. Über Onkel Guido, der als einziges Familienmitglied schwach unter den Nazis wurde, ein »Trottel, der auf den Hitler hereingefallen ist«, pflegt seine Schwägerin Vilma entschuldigend zu sagen, »die Guidos kommen in den besten Familien vor«. Das ist die Leitlinie, man will niemanden mit Schuldgefühlen belasten.

Wenn Ingeborg Bachmann auch nur elf Folgen der *Radiofamilie* allein und vier weitere in Zusammenarbeit jeweils mit Mauthe oder Weiser geschrieben hat und im Übrigen der Redaktion des Öfteren fernblieb, wie Peter Weiser gegenüber Adolf Opel andeutete,[55] so wird hier doch eine bemerkenswerte Seite ihrer Persönlichkeit kenntlich: ihre Bodenständigkeit einschließlich einer gewissen Biegsamkeit. An Paul Celan schrieb Bachmann in einem Brief vom 10. November 1951: »Du weißt ja schon, dass ich eine Stelle im Sender Rot-Weiß-Rot habe als ›Script Writer Editor‹; ich sitze in einem Zimmer mit zwei anderen Männern und zwei Sekretärinnen; mit diesen beiden Männern bearbeite ich Theaterstücke für das Radio, daneben habe ich ab und zu selbst einmal ein eigenes Hörspiel zu schreiben, die wöchentliche Filmkritik zu verfassen, unzählige, fast durchwegs schlechte Manuskripte zu lesen und zu begutachten. Was ich zustandebringe ist nicht immer schlecht, für Österreich ist es sogar ziemlich gewagt, was wir unseren Hörern vorsetzen, von Eliot bis Anouilh, aber wir haben merkwürdigerweise sogar Erfolg damit.«[56]

Dass sie an der Serie über die Florianis mitschrieb, die am 2. Februar 1952 erstmals ausgestrahlt werden sollte, verschwieg sie Celan wohlweislich, und nicht nur ihm. (Er wäre mit Sicherheit entsetzt gewesen.) Da ihre Mitarbeit an der *Radiofamilie* bis vor wenigen Jahren noch mehr oder weniger unbekannt war, muss man davon ausgehen, dass sie möglichst wenig darüber geredet hat. Gut möglich, dass sie fürchtete, der Ruf, nebenbei locker als Unterhaltungsstrategin in amerikanischen Diensten zu wirken, hätte ihrem Aufstieg als ernsthafte Lyrikerin schaden können. Ob aus

Abb. 8 In der Redaktion des Senders Rot-Weiß-Rot

bewusstem Kalkül oder unbewusster Intuition: Sie achtete darauf, ihr Talent für versöhnlerische Seifenopern nicht an die große Glocke zu hängen. Aber ganz luftdicht konnte sie dieses Kapitel wohl doch nicht verschließen.

Es entbehrt nicht einer gewissen Ironie ihrer strategischen Karriereplanung, dass Hans Werner Richter ausgerechnet bei einem Besuch im Sender Rot-Weiß-Rot ihre Gedichte entdeckt haben will, mit dem folgenreichen und der literarischen Gemeinde bekannten Ergebnis, dass er sie gleich zur nächsten Tagung der Gruppe 47 einlud. Die Anekdote, von Richter in seinen Erinnerungen genüsslich ausgemalt, ist längst zur Legende geworden: »Am nächsten Tag traf ich Ingeborg Bachmann im Sender Rot-Weiß-Rot. Sie hatte mir ihre unveröffentlichten Gedichte auf einen sonst ganz leeren Schreibtisch gelegt und mich über eine halbe Stunde warten lassen, so dass mir gar nichts Anderes übrig geblieben war, als diese Gedichte zu lesen. Sie klapperte inzwischen in einem Zimmer nebenan auf einer Schreibmaschine, und als sie wieder hereinkam, fragte ich sie, wer denn diese Gedichte geschrieben habe, und sie antwortete errötend: ›Ich‹.«[57]

Im Mai 1952 fährt sie mit Richters Einladung in der Tasche das erste Mal zu einer Tagung der Gruppe 47, nach Niendorf an die Ostsee, und wird sich in diese von Deutschen dominierte, vom Chef als links proklamierte Gruppenkonstellation für ein Jahrzehnt bestens einleben. In einem Brief an Fritz J. Raddatz vom 3. August 1966 spricht Hans Werner Richter rückblickend vom »Corpsgeist auch unter linken Literaten« als Gegengift zum »Corpsgeist der Rechten«: »Du darfst nicht vergessen, dass ich auch im dritten Reiche einem jungen Kreis von Marxisten angehörte, der sich zwölf Jahre lang fast ausschließlich mit den Ursachen der Niederlage von 1933 beschäftigte. Meine Überlegung war, auf keinen Fall dürfen die Fehler wiederholt werden. Das war die eigentliche Ursache für die Entstehung der Gruppe 47. Deshalb versuchte ich eine Art Corpsgeist auch unter den linken Literaten zu züchten.«[58] Für Bachmann hat sich seit dem Auftritt bei der Gruppe 47 auf dem politischen Feld ein Schauplatzwechsel vollzogen, eine Ausweitung ihrer Wirkungszone von Österreich nach Deutschland.

Dass dies wiederum Hans Weigel kränkte, ihren Wiener Mentor, ist verständlich. Moralisch war Hans Weigel dieser Abwendung allerdings nicht gewachsen, wie sein eiskalter *Offener Brief in Sachen Unterschrift*, abgedruckt in der Zeitschrift *Forum* im Juni 1958, eindrücklich demonstriert.

Noch heute hält man vor Empörung den Atem an: Da schreibt Hans Weigel der früheren Vertrauten, die gerade in München lebte, wie einem ungezogenen Gör, das seine gute Erziehung (durch ihn!) vergessen habe. Sie habe, wirft er ihr vor, die Regeln der Gastfreundschaft missachtet. Der Anlass? Nun, sie hatte in Deutschland einen Protest gegen die atomare Bewaffnung der Bundeswehr unterschrieben.[59]

»Sag einmal, Inge«, spricht Weigel sie an, »was ist Dir da eingefallen? Bist Du ganz und gar von Gott verlassen, dass Du Deine Kompetenzen als Lyrikerin und als Österreicherin derart überschreitest? Kannst Du Dir vorstellen, dass die Gertrud von le Fort oder die Luise Rinser [also deutsche Autorinnen, I.H.] bei unserem Minister Graf gegen eine bestimmte Waffengattung des österreichischen Bundesheeres protestieren? Nein? Ich auch nicht!« Damit nicht genug; es geht noch weiter mit den öffentlich vorgetragenen Vorwürfen: »Aus Deiner Unterschrift geht hervor, dass Dir die strategische Konzeption der bundesdeutschen Regierung nicht passt. In diesem Fall kannst Du ja als Ausländerin die Konsequenzen ziehen und nach Hause fahren (was Dir übrigens auch sonst recht gut täte). Wenn es Dich zur Politik drängt (was mir neu ist), dann hast gerade Du als Atom-Gegnerin eine Möglichkeit, um die Dich Deine deutschen Freunde und Mitunterzeichner glühend beneiden werden: Du kannst bei uns kommunistisch wählen!«[60]

Was um Himmels willen mag er mit der Formulierung »Deine Kompetenzen als Lyrikerin und als Österreicherin« gemeint haben? Weigels Polemik, wenn Bachmann

71

die Kommunisten wählen wollte, müsste sie nur nach Österreich zurückkehren, geht natürlich ins Leere. Niemals hätte sie die Kommunisten wählen wollen. Auch sucht man vergeblich nach einer logischen Verbindung zwischen Sympathie für den Kommunismus und der Sorge vor atomarer Aufrüstung; sie ist rein suggestiv, schließlich haben die kommunistischen Staaten ebenso atomar aufgerüstet wie die westlichen. Der *Offene Brief* zeigt Hans Weigel als einen Mann, der sich verhärtet hatte und stehengeblieben wirkt. Aber er verweist wohl auch auf die gereizte Gemütslage eines strikt antikommunistischen Remigranten, der die soeben errungene Unabhängigkeit Österreichs gutheißt. Man darf nicht vergessen: Die Besetzung Österreichs ist erst Ende 1954 vertraglich beendet worden. Nach Abzug der vier Besatzungsmächte würde Österreich politisch und wirtschaftlich der westlichen Hemisphäre zugehören, während die Alpenrepublik, militärisch-technisch gesprochen, neutral blieb. Bachmann war also Staatsbürgerin eines neutralen Landes, und Weigel war offenbar der keineswegs abwegigen Meinung, dass sich eine Lyrikerin aus Österreich in die Angelegenheiten eines anderen Staates besser nicht einmischen sollte. Die Bundesrepublik Deutschland war 1955 mit der Wiederbewaffnung, also der Gründung der Bundeswehr, der Nato beigetreten. Vor diesem Hintergrund muss Weigels faszinierend aggressiver *Offener Brief* vermutlich gesehen werden; was nicht heißt, ihn zu entschuldigen.

Generell ist zu unterstreichen, dass Ingeborg Bachmann weder literarisch noch politisch auf die Versprechen großer linker Umwälzungen, trotz früher Marx-Lektüre und regelmäßiger Beschäftigung mit seinen Schriften, jemals ernsthaft eingestiegen ist.[61] Sie war fordernd in ihrer Erwartungshaltung an eine bessere, ehrliche, unvergiftete Sprache etwa der Presse, der Medien überhaupt. Aber eine Umstürzlerin, eine, die von der Revolution und vom Umkrempeln der Verhältnisse träumte, war sie nie. Das würde sich auch in ihrer Zurückhaltung gegenüber den 68er-Revolten zeigen.[62]

Dies ist der Schlüsseltext für die Herausbildung ihrer politischen Haltung: Der Radioessay über die französische Philosophin Simone Weil, der unter dem Titel *Das Unglück und die Gottesliebe* am 1. März 1955 im Bayerischen Rundfunk und dann noch einmal am 5. August 1955 im Süddeutschen Rundfunk ausgestrahlt wurde, im Jahr ihrer Amerikareise zur Harvard Summer School in Cambridge. In der Auseinandersetzung mit Simone Weil stößt sie zum Kern ihres eigenen politischen Denkens vor.

Bachmann lag mit ihrer Entdeckung Simone Weils im Trend, auch wenn erst zwei Bücher überhaupt ins Deutsche übersetzt worden waren, *Das Unglück und die Gottesliebe* und *Schwerkraft und Gnade*, 1952 und 1953 im Kösel-Verlag erschienen, in der Übersetzung von Friedhelm Kemp, die Bachmann als »vorzüglich« preist. Simone Weils *Hefte*, die *Cahiers*, die später als ihr Hauptwerk Furore machten, waren noch nicht übersetzt; das *Fabriktagebuch* ebenso wenig. Da Ingeborg Bachmann aber problemlos Französisch las, konnte sie sich das Weil'sche Denksystem erschließen. (Die erste ausführliche Biographie über Simone Weil, von Jacques Cabaud, kam übrigens erst zwei Jahre nach dem

Radioessay heraus.) Offenbar hat Bachmann sofort erfasst, dass von dieser Denkerin ein Sog ausging, dem sie sich in ihrem Radioessay in einer Mischung aus Nähe und Distanz aussetzt. Es sieht ganz danach aus, als würden in diesem zugleich einfühlsamen wie analytischen Radioessay Weichen gestellt für Begriffskonstellationen, die Bachmanns eigenes Denken berühren. Das betrifft zum einen Weils höchst eigenwillige Widerlegung des Marxismus, zum anderen die Behandlung des Unglücks als Schicksal und als Schönheit.

Die 1909 geborene Philosophin Simone Weil war die Tochter eines wohlhabenden jüdischen Ehepaars, das ursprünglich aus dem Elsass stammte, aber zum Zeitpunkt von Simones Geburt in Paris wohnte. Dort kam sie zur Welt, und dort besuchte sie das angesehene Lycée Henri IV. Nach ihrer Aggrégation in Philosophie an der École Normale Supérieure arbeitete sie als Lehrerin in verschiedenen Provinzstädten, in Le Puy, Roanne und Auxerre. Immer wieder wurde sie versetzt, weil sie ihren Schülerinnen angeblich nicht genug beibrachte; in Wahrheit verachtete sie nur das Prüfungssystem als lächerliche Konvention. Überall, wo sie auftauchte, fühlte sie sich mit den Armen und den Arbeitern verbunden, ging auf Demonstrationen, trug die rote Fahne, hielt Reden, legte stolz den Mantel ihres eigenen Milieus ab. T.S. Eliot schrieb sinngemäß: »Simone Weil hätte eine Heilige werden können.«[63] Richtig ist, dass sie einen Hochseilakt vollführte zwischen Askese und Rausch, Engagement und Ekstase, und das bei vollem Einsatz ihrer bescheidenen Körperkraft. Simone Weil hatte eine zarte Konstitution, war stark kurzsichtig (wie

Bachmann!) und litt seit ihrem zwanzigsten Lebensjahr an schrecklichem Kopfweh. Obwohl jüdisch geboren, wurde sie eine leidenschaftliche Katholikin, hatte mystische Jesus-Erlebnisse, ließ sich aber nicht taufen. Anfang der dreißiger Jahre schuftete sie in französischen Fabriken mit einer Inbrunst, als handelte es sich um ein religiöses Exerzitium: »Ich arbeitete wie eine Sklavin; die Mittagspause war ein zerreißender Schmerz; nach Arbeitsschluss um 5.45 Uhr wieder zu Hause, war ich sofort damit beschäftigt, genügend zu schlafen (was ich nicht tat) und früh genug wach zu werden.«[64]

Neben Hannah Arendt (die sie verehrte), Sylvia Plath (über die sie schrieb), Nelly Sachs (mit der sie befreundet war) und Anna Achmatowa (der sie ein Gedicht widmete) gehört Simone Weil zu den wenigen schreibenden Frauen, mit denen Bachmann sich beschäftigte, ja die sie ernst nahm.

De Gaulle übrigens hielt »Mademoiselle Weil«, als sie in England bei der französischen Exilregierung vorstellig wurde, für »verrückt« (»folle«). Aber sie war, was ihre geistige Kraft angeht, wohl eher ein Genie. Ein Genie, das die radikalen Einsichten ihres von Schmerzen und Migräne gequälten Kopfes auf ihre physische Existenz ausdehnte. Mit vierunddreißig Jahren, noch vor Ende des Zweiten Weltkriegs, starb Simone Weil an den Folgen einer selbstauferlegten Auszehrung in einem Krankenhaus im englischen Kent. Ihre Essensmarken hatte sie nach Frankreich zu jenen Résistants geschickt, an deren Seite sie gern gekämpft hätte.

Eine Legende war sie bereits unmittelbar nach dem

Krieg. Aber die Legende, so beginnt Bachmann ihren Essay, sei im Verschwinden begriffen, seit ihre Bücher erschienen. »Nach dem Krieg«, das referiert der Radioessay zunächst ganz korrekt und konventionell, »im wiederbefreiten Frankreich, gab ein französischer Laientheologe, Gustave Thibon, einiges aus dem Konvolut von zehn Heften, die sie ihm überlassen hatte, heraus; das meiste erschien mittlerweile bei Plon, einiges bei Gallimard in Paris.«[65] Es sei schwer zu definieren, was in diesen Heften stehe. Klar sei nur, dass die Sätze und Reflexionen von »letzten Dingen« handelten. Daher würde es auch nicht leicht sein, bereitet der Essay die Hörer auf die nächste Stunde am Radioapparat vor, Simone Weils Thesen gerecht zu werden: »sie kommen aus der Vernunft und münden ins Bekenntnis.« Und: »Einem Bekenntnis gerecht zu werden oder es gar zu beurteilen, wie man wissenschaftliche Sätze und Thesen beurteilt, ist unmöglich.«

Da zeigt sich die geschulte Philosophin Bachmann, die über Heidegger promoviert hatte und Wittgenstein verehrte. (Ihr Radiofeature über Ludwig Wittgenstein, *Sagbares und Unsagbares*, ist wenige Monate vor dem Simone-Weil-Essay gesendet worden.) Man bedenke, als Bachmann die Sendung konzipiert, ist sie noch keine dreißig Jahre alt. Anders gewendet: Eine junge Philosophin schreibt über eine junge Philosophin. Was die biographische Entwicklung Bachmanns betrifft, befindet sie sich auf der Schwelle von der akademischen Prägung zur politischen Intellektuellen. Es ist ja keine Selbstverständlichkeit, dass eine Doktorin der Philosophie, eine junge Lyrikerin und Hörspielautorin zugleich eine scharf denkende Intel-

76

lektuelle ist. Bachmann erfüllt alle diese Rollen, und es ist erstaunlich, wie wenig sie geneigt ist, die Poesie mit der Politik zu vermengen.

Der Radioessay springt hin und her zwischen einem Erzähler, einem 1. und 2. Sprecher und zwischen einem Zitatensprecher, der Texte von Simone Weil liest, durchaus in freizügigen Abwandlungen und Zuspitzungen. Der Erzähler wiederum ist zuständig für den historischen Kontext; der 1. Sprecher für biographische Resümees; der 2. Sprecher deutet das Vorgelesene und wagt schon mal extremere Interpretationen. An keiner Stelle ist Bachmann versucht, sich als Wiedergängerin Simone Weils darzustellen, sie identifiziert sich nicht, sondern studiert, was an dieser Figur die Radiohörer interessieren könnte. Dabei nimmt sie den naheliegenden Weg, geht vom Sozialen und Politischen Schritt für Schritt über zum Philosophisch-Religiösen. Auffallend ist, wie wenig gealtert der Sprachduktus wirkt. Man könnte ihn heute immer noch senden, ohne das komische Gefühl haben zu müssen, man hätte sich im Jahrzehnt verirrt. Nur einmal sticht in den Essay eine vergiftete Speerspitze hinein, als nämlich Bachmann von Weils »Rassenzugehörigkeit« spricht, als wäre dieses Wort nach Hitlers todbringender »Rassenlehre« weiterhin akzeptabel.[66] Rhetorische Arglosigkeit?

Zwischen »Demut und Rebellion« verortet Bachmann die Philosophin, die alle »großen Tiere« hasste, aber die Arbeiter liebte. Bachmanns Essay sagt es deutlich: »Simone Weil hatte keinen leichten Stand. Sie war sehr jung und nicht anziehend, wenig liebenswürdig, ohne Charme, unnachgiebig und von tödlichem Ernst. Aber sie war auch durch und durch wahrhaftig, zäh und unbeirrbar, sie setzte sich durch. Sie gewann diese Männer, die über sie den Kopf schüttelten, zu Freunden.« Simone Weil, auch das unterstreicht der Essay, habe sich zwar für die »Armen, Schwachen und Unterdrückten« eingesetzt, aber ihre Radikalität war für die politische Linke dennoch unbrauchbar. Das hatte bereits Gustave Thibon, Weils Vertrauter und Herausgeber ihrer Werke, betont. Sie war eine »Einzelgängerin«, in ihrem Antimarxismus genauso wie in ihrer Gottesliebe. Von 1934 bis 1935 hat sie in Pariser Metallbetrieben gearbeitet, nicht um die linken Theorien heroisch zu unterstützen, sondern um sie skeptisch zu prüfen. »Sie kämpfte für keine Utopie, sondern für den Tag«, sagt der 2. Sprecher des Radioessays. »Sie stellte sich auf den Boden der Wirklichkeit oder, wie sie selbst es ausgedrückt hätte, in das ›Unglück‹, dem sie sich mitverhaftet wusste in jeder Form, in der es in der Welt auftritt. Redlich denken hieß für sie: Vom Gegebenen denken.«

Das könnte Bachmanns Überzeugung tatsächlich entsprochen haben. Denn sie hat zwar eine Utopie der Sprache gesucht, aber an eine politische Utopie nie geglaubt. Es ist gerade Bachmanns sozialer Realismus, der sich in der Auseinandersetzung mit Simone Weils Gedankenwelt herausbildet. Überraschend: Der genaue Blick auf die sozialen Gegebenheiten schließt den absoluten Blick auf die Poesie nicht aus. Über das *Journal d'usine* sagt der Essay: »Dieses Tagebuch ist nicht überarbeitet und stilisiert worden«; das wird positiv herausgestrichen: »nicht stilisiert«, lies: Es ist rein, ehrlich, hart. Das Tagebuch also: »Es ist die Begegnung mit der Monotonie und der moralischen und

Abb. 9 Simone Weil 1936, zur Zeit des Spanischen Bürgerkriegs

psychischen Leere, die die Arbeit in den großen Fabriken in den Menschen erzeugt.«

Das ist der entscheidende Punkt: Monotonie, Leere, Zufall, mehr bleibt dem erschöpften Arbeiter nicht im Leben. Seine Kraft kann er niemals so weit regenerieren, dass er seinen Status als Arbeiter überwinden könnte; würde er ihn überwinden, wäre er kein Arbeiter mehr. Simone Weil ist durch ihr Selbstexperiment in der Fabrik zu der Überzeugung gelangt, dass das Unglück des Arbeiters »fundamental« sei. Diese Überzeugung, die jedem linken Enthusiasmus hohnspricht, steht denn auch im Zentrum des Radioessays. Das Kernzitat, das Bachmann Weils Aufsatz *Condition première d'un travail non servile* entnimmt *(Die erste Voraussetzung für eine Arbeit, die frei von Sklaverei ist)*, lautet: »Diese Lügen führen zum Missbrauch der besten Kräfte der Arbeiter. Sie versprechen ihnen ein Paradies, das unmöglich ist. Marx sagte, dass die Religion Opium fürs Volk sei. Nein: Die Revolution ist Opium fürs Volk. Die revolutionären Hoffnungen sind stimulierend. Alle finalen Systeme sind grundfalsch.«[67]

Nicht Religion, sondern die Revolution sei das Opium des Volks, so deutet Simone Weil also Marx' berühmtes Bonmot um. Sie sieht bei Marx, und Bachmann scheint ihr darin interessiert zu folgen, einen Betrug am Arbeiter.[68] Das »Unglück des Arbeiters«, so weiß Weil, ist »unlösbar«. Keine Revolution würde daran etwas ändern. Denn die Fabrikarbeit selbst enthält, indem sie den Gesetzen der Effektivität folgt, die Sklaverei wesensmäßig. Der Zitatensprecher trägt vor: »In allen anderen Formen der Sklaverei liegt die Sklaverei in den Umständen. Nur hier wird sie in die Arbeit selbst getragen.« Zu allem Unglück käme noch das Unglück der Arbeiter hinzu, »nicht gut über ihr Unglück sprechen zu können«. Die Pointe besteht nun darin, dieses Unglück mit Gott zu verbinden. Das »fundamentale Unglück des Arbeiters« schaffe einen »Leerraum zwischen dem Menschen und Gott«, folgt der Zitatensprecher des Radioessays Simone Weil. So verwegen der Gedanke auch sein mag, man erkennt doch, wie lupenrein antimarxistisch der ganze Ansatz ist. Und es öffnet sich nicht nur der Raum zur Religion hin – einer nichtdogmatischen, versteht sich –, sondern zugleich zur Ästhetik, zur Poesie. »Das Volk hat ein Bedürfnis nach Poesie«, wird Simone Weil am Ende des Features zitiert, »wie es ein Bedürfnis nach Brot hat. Nicht nach der Poesie, die in Worte gesperrt ist. – Es hat ein Bedürfnis, dass die tägliche Substanz eines Lebens selbst Poesie sei.« Aber nicht in diesem Punkt ist der Radioessay innovativ, sondern in seiner dezidierten Hinwendung zur sozialen Frage, die kulminiert im unaufhebbaren Unglück des Arbeiters.

Fünf Jahre nach ihrer Radioarbeit über Simone Weil macht Bachmann sich Gedanken zur politischen Sprache der Gegenwart. Es sind nur eine Handvoll Skizzen, die sie Ende der fünfziger, Anfang der sechziger Jahre aufs Papier wirft, aber die haben es in sich. Erst 2005, im Rahmen der Edition ihrer *Kritischen Schriften*, sind diese *Entwürfe zur politischen Sprachkritik* erschienen.[69] Die Herausgeber Monika Albrecht und Dirk Göttsche weisen darauf hin, dass die *Entwürfe* in der Zeit entstanden, als Bachmann mit Max Frisch zusammenlebte, einem so gemäßigten wie gefestigten Linken. Ob etwas Größeres daraus hätte werden sollen, ist nicht bekannt. Mit dem bis ins letzte Detail ausgefeilten Radioessay über Simone Weil sind diese Versuche nicht vergleichbar. Die fünf Abschnitte dieser *Entwürfe* lassen dennoch aufhorchen. Sie widmen sich den Themen *Milieu und Sprache*, *Sprache von Mann und Frau*, *Europa und Marxismus*, *Politik und Physis*, *Sprache und Politik der*

Medien. Nur die Überschrift *Politik und Physis* stammt von Bachmann selbst.

Als leidenschaftliche Zeitungsleserin gibt die Autorin sich hier zu erkennen, einerseits. Es zeigt sich aber auch, wie »ganzheitlich« Bachmann an Politik heranging. Sie wollte, inhaltlich wie formal, eine Art von Umarmung hinbekommen, wollte Kopf und Körper verbinden. Eine körperliche Perspektive sollte ins politische Denken eingeführt werden: »Was ich unter Politik verstehe, hat sich herangebildet in mir, einem Einzelnen, und nun mag das Wort hingeworfen werden zum ersten Mal: nicht als ein Resultat denkender Überlegungen, sondern als eines der Physis. Damit möchte ich sagen: Ich habe nicht eines Tages alle möglichen Theorien vorgesagt bekommen, in alle Praktiken Einsicht genommen, um mich für die eine oder die andere zu entscheiden, zum Beispiel daraus hervorzugehen als Demokrat – wählen wir ruhig die harmloseste und schwierigste Absonderlichkeit –, sondern aufgrund einer langen umwegigen Geschichte der Physis, das heißt, dass ein im Prozess befindliches Körperwerk, dessen Tentakel die andren Tentakel des gesellschaftlichen Körpers dauernd berührt [sic], von ihnen abgestoßen und angezogen wird.«[70]

Das sei dick unterstrichen: Politische Erfahrung ist für Ingeborg Bachmann ein im Prozess befindliches »Körperwerk«. Das heißt nicht nur der subjektive Erfahrungskontext, sondern auch der physische ist beteiligt an dem, was sie »unter Politik versteht«. Das bewegliche Körperwerk der Politik schließt alles ein: rationales Denken, gründliche Zeitungslektüre, Lesen überhaupt, antiheroische All-

82

tagsfreundlichkeit und bekennendes Engagement. Dieser
»Körper« ist beides: Körper des Einzelnen, ob Mann oder
Frau, wie der Gesellschaft insgesamt. Das war ein für ihre
Zeit ungeheuer kühner Gedanke, der womöglich bereits
unter dem Einfluss des von ihr früh wahrgenommenen
französischen Strukturalismus stand. Das Konzept des
Körperwerks jedenfalls, wie sie das nennt, hat mit dem
marxistisch infiltrierten Zeitgeist gar nichts zu tun, für den
sie ohnehin kaum empfänglich war. So notiert sie denn
auch in ihren Skizzen: »Kommunismus: […] immer zu-
rückschreckend vor dem Preis für die Verwirklichung.«[71]
Erwähnenswert auch diese Spitze gegen die linke Groß-
verheißung namens Neuer Mensch: »Der neue Mensch:
Dazu müsste der alte erst ganz entkleidet werden, und er
behält doch immer seine Unterwäsche an und zieht sich
nur einen neuen Anzug darüber.«[72]

Lieber als Karl Marx hatte sie eben Simone Weil gelesen. Und ein Nachhall ihrer Beschäftigung mit dieser
Denkerin ist zu vernehmen, wenn Bachmann das Stichwort »Unglück« im Zusammenhang mit dem Marxismus
in ihren *Skizzen zur politischen Sprachkritik* aufgreift und
originell variiert: »Das Dilemma, das tiefste wohl: Dass
eine im 19. Jahrhundert geborene Theorie erst im Folgenden wirksam wird. Die Verschleppung, die zwangsläufige,
der großen Ideen. Der Marx des 20. Jahrhunderts dürfte
anders aussehen, aber *mit dem gleichen Unglück behaftet* sein,
seine Idee würde solange verschleppt werden, bis sie mit
den Denkfehlern des 20. Jahrhunderts im 21. realisiert wird
und dort ein Denken aufhält, das weiter will.«[73]

All das läuft auf eine ganze Palette von Bekenntnissen hinaus, die sich gegen den Marxismus abgrenzen – was wiederum ein Licht auf ihre Freundschaft mit dem jüdischen Emigranten, amerikanischen Patrioten und Antikommunisten Henry Kissinger wirft. Sowohl der Vietnamkrieg, in dessen Verlauf Kissingers Ruf schwer beschädigt wurde, als auch der von den USA unterstütze Militärputsch gegen Chiles sozialistischen Präsidenten Allende lagen, als diese Entwürfe zur politischen Sprachkritik geschrieben wurden, noch in der Zukunft. Aber konservativ im Sinne einer harten Verteidigungslinie war der Sicherheitsberater schon, als Bachmann ihn im Sommer 1955 in Harvard kennenlernte. Kissinger, ehrgeizig und soeben mit einer Arbeit über Metternich promoviert, war ein um die amerikanische Machtstellung besorgter Realpolitiker, dessen Grundüberzeugungen seine Biographen gern aus seiner traumatischen Kindheit und Jugend in Hitler-Deutschland herleiten. Kissinger kam, wie er selbst es einmal zusammenfasste, als Flüchtling nach Amerika, ging als Amerikaner und Soldat der U.S. Army ins befreite Nachkriegsdeutschland und kehrte als Immigrant in die USA zurück. 1947, mit vierundzwanzig Jahren eher spät dran, wurde er in Harvard als Student aufgenommen; umso schneller kam er zu Einfluss auf die pädagogische Konzeption der »Cold War University«, wie der Historiker Jeremi Suri das Internationale Seminar in Harvard im Nachhinein unverblümt nennt.[74]

Die Harvard-Universität war immer noch exquisit, teuer und elitär, aber hatte die Splendid Isolation des protestantisch-weißen Milieus, als Folge des Zweiten Weltkriegs, aufgegeben. Es wurden mehr Juden als jemals zuvor zum Studium zugelassen, was nicht bedeutete, dass sie sich vollständig integriert fühlten und der Antisemitismus verschwunden gewesen wäre. Henry Kissinger selbst galt als schüchterner Außenseiter, was durch seinen harten deutschen Akzent sicherlich noch befördert wurde. Die Studentenquartiere der jüdischen Immigranten waren von denen der anderen getrennt. Kissingers Talent wurde dennoch erkannt, und er schien auch bestens zur neuen Regierungsnähe der Efeu-Universität zu passen. Sein (nichtjüdischer) Mentor William Y. Elliott beauftragte Kissinger, noch keine dreißig Jahre alt, mit der Ausarbeitung eines internationalen intellektuellen Erziehungsprogramms, das junge Europäer, aber auch Teilnehmer anderer Kontinente, nicht nur von den Vorzügen (das wäre zu schwach), sondern von der *Notwendigkeit* der westlichen, der amerikanischen Werte überzeugen sollte; also von Demokratie, Freiheit, Individualismus und Kapitalismus, und das immer in Hinsicht auf die Bedrohung durch die gefürchtete Sowjetunion.

Der politische Gegner war klar definiert. »Die Entschlossenheit der Kommunisten, ihre Art, Interesse an den Seelen der jungen Generation vorzutäuschen, sind eine machtvolle Anfechtung für uns«, schrieb Kissinger im Programmentwurf für das Internationale Seminar. Deshalb solle die Summer School »eine geistige Verbindung zwischen einem Teil der ausländischen Jugend und den USA« dauerhaft etablieren.[75] Auf diese Weise sollte eine zukünftige Elite im Sinne der transatlantischen Verlässlichkeit entstehen. Dass man sich gegen das durch Nazi-

und kommunistische Propaganda verzerrte Amerikabild durchsetzen müsse, hatte Kissinger sich auf die Fahnen geschrieben. Der CIA sah die Aktivitäten dieser Universität des Kalten Kriegs gern, überprüfte wohl im Hintergrund die Auswahl der Teilnehmer, und milliardenschwere philanthropische Stiftungen wie die Ford Foundation oder die Rockefeller Foundation unterstützten das Programm großzügig.

Für den Kurs des Jahres 1955, zu dem Bachmann eingeladen war, hatte Kissinger bei der Ford Foundation insgesamt 80 000 Dollar beantragt, wie Unterlagen der Stiftung belegen. In seinem Antrag unterstreicht Kissinger die vollkommene Übereinstimmung in der Zielsetzung zwischen Internationalem Seminar und Ford Foundation; haltbare Beziehungen zwischen den einflussreichsten Persönlichkeiten des politischen und intellektuellen Lebens wolle man stiften, und das im Interesse des Weltfriedens (»in the interests of world peace«).[76]

Ingeborg Bachmann, deren Name erstaunlicherweise in keiner einzigen Kissinger-Biographie auftaucht (auch in der jüngsten von Niall Ferguson nicht), war vier Jahre nach der Gründung des Internationalen Seminars als Teilnehmerin der Summer School dabei. Sie war neunundzwanzig Jahre alt, ihr Gastgeber Kissinger zweiunddreißig – wahrlich ein prägender Lebensabschnitt. Zu diesem Jahrgang gehörten, als Teilnehmer aus der Bundesrepublik Deutschland, der Suhrkamp-Verleger Siegfried Unseld; Nicolaus Sombart, Sekretär des Kulturkomitees beim Europarat; Karl Döring, Mitarbeiter des Außenministeriums in Bonn; und Ernst Paulsen, Jurist und Assistent eines Staatssekretärs. Bachmann war die einzige Teilnehmerin aus »Austria«; sie führt die Liste der »International Seminar Participants« an, mit amerikanisiertem Nachnamen: »Bachman, Ingeborg.« Als »poet and free-lance writer« wird sie vorgestellt, und einige ihrer Werke werden genannt.[77] Eine illustre Runde war das, und tatsächlich sehr international. Die vierunddreißig Teilnehmer kamen aus China, Ägypten, England, Finnland, Frankreich, Indien, Indonesien, Iran, Israel, Italien, Japan, Korea, den Niederlanden, Norwegen, Pakistan, den Philippinen, Spanien und der Türkei; die meisten waren, natürlich, Männer – aber immerhin, eine Handvoll Frauen hatte Kissinger doch eingeladen.

Verleger, Literaturkritiker, Dichter, Romanautoren, Journalisten und Politiker diskutierten im Garten Eden von Harvard, und man kann sich lebhaft vorstellen, wie sehr Bachmann die Zusammenkunft genossen haben dürfte. Auf einem Foto sieht man sie, ungeschickt frisiert, die Kleidung artig, auf dem Campusrasen sitzen und versonnen schauen. Spätestens jetzt gehörte sie zum intellektuellen Jetset. Oder, mit Hans Magnus Enzensberger gesagt: »Ingeborg Bachmann war damals eines von den Kissinger-Girls, Siegfried Unseld war ein Kissinger-Boy. Henry hatte eine sehr gute Nase. Er spürte die Leute auf, die später einmal wichtig werden sollten. Er lud junge Menschen nach Harvard, die später afrikanische Staatspräsidenten wurden oder Karriere in den Medien machten. Die hat er frühzeitig identifiziert.«[78]

Auffälligerweise nennt Bachmann in ihren gut fünf Jahre nach dem sommerlichen Ausflug an die amerikanische Ostküste entstandenen *Entwürfen zur politischen*

Abb. 10 Die Teilnehmer der Harvard Summer School 1955; vorne in der Mitte: Ingeborg Bachmann

Sprachkritik viele Politikernamen, Adenauer, Chruschtschow, Wehner, de Gaulle, Kennedy; nicht aber Kissinger. Ist das nun Diskretion, und wenn ja, warum?

Man fragt sich, ob ihr amerikanischer Gastgeber sie durch sein Seminar in Harvard auf den Pfad des Antikommunismus gebracht hat oder ob sie durch ihre Erfahrungen in der Viersektorenstadt Wien bereits gefeit war gegen jene Verführungen, die für viele ihrer linken Zeitgenossen biographisch so prägend waren. Auch wenn einiges für ihre diesbezügliche Immunität spricht – sie hat kaum mit dem Kommunismus geliebäugelt, den sie andererseits aber auch nicht als große Bedrohung wahrnahm –, von einigem Einfluss war das internationale Treffen unter dem transatlantischen Zeremonienmeister und Generationsgenossen Henry Kissinger ganz bestimmt. Ob ihr aber klar gewesen ist, dass Kissinger just in jener Zeit an einem Buch über *Kernwaffen und auswärtige Politik* arbeitete, wobei der Autor von der Notwendigkeit atomarer Aufrüstung gegenüber der Sowjetunion zutiefst überzeugt war?[79] Man wüsste das gern. Geäußert hat sie sich nicht darüber, wie über so vieles andere auch nicht.

In seinem Bericht für die Ford Foundation über das Seminar von 1955 äußerte sich hingegen Kissinger enthusiastisch. Es sei das beste Seminar seit Gründung der Summer School gewesen. Über die Kursteilnehmerin Bachmann ist nebenbei zu erfahren, dass sie insbesondere die Programmangebote zu politischer Thematik gewissenhaft wahrnahm. Wenn man angeben sollte, ob die beiden Männer mit Namen Hans – also Hans Weigel und Hans Werner Richter – oder Henry Kissinger mehr Einfluss auf ihren klugen, suchenden Kopf ausgeübt haben, so müsste man wohl auf Kissinger tippen. Er hatte eine andere Klasse, und dass Bachmann das entgangen wäre, ist wohl auszuschließen.

Von Eigensinn und selbstbewusstem Spürsinn zeugt ebenso ihre Auseinandersetzung mit den Gedanken zur Integration Europas des italienischen Botschafters in Bonn, Pietro Quaroni. Diesen Abschnitt ihrer Skizzen haben die Herausgeber ihrer *Kritischen Schriften* mit *Europa und Marxismus* betitelt, und auch der lässt sich als antikommunistisches Bekenntnis lesen, ohne dass die Autorin versucht wäre, zu den Konservativen zu tendieren. Dem, was die Konservativen »moralische Aufrüstung« nennen, nur um eine militärische Aufrüstung zu verbrämen, widerspricht sie angewidert. In dieses Lager gehört sie selbstverständlich nicht. Pietro Quaroni war seit 1958 als Botschafter in Bonn tätig, zum Thema hat er sich vielfach geäußert, beispielsweise in dem Vortrag *Europa in der Weltpolitik*, den dieser erfahrene Diplomat (Quaroni war Jahrgang 1898) am 3. Oktober 1959 auf dem Kongress der Europa-Union in Dortmund hielt. In der Druckfassung, die Bachmann vorlag, kam der Vortrag in der Schriftenreihe der Bundeszentrale für Heimatdienst heraus, 1963 umbenannt in Bundeszentrale für politische Bildung (und so heißt sie heute noch).[80] Was, nebenbei gesagt, ein Lehrstück in Sachen angewandter Sprachkritik ist. Aus Heimatdienst wird politische Bildung.

Die kritische Leserin Bachmann teilt Quaronis »Wunschträumerei«, ein von Amerika unabhängiges Europa aufzubauen, nicht, und zwar aus Realismus. Der Panik vor dem Kommunismus, die eben auch den glühenden Europäer Quaroni antreibt, widersetzt sie sich. Sie fasst zusammen: »Ein starkes Europa als Ziel, wir nicht mehr als Satelliten, sondern dritte Macht, bündnisfähig mit Amerika. Der Weg dazu: Begeisterung in der Jugend Europas für diesen Europagedanken erwecken (für ein nicht neutralistisches), etwas das es verlohnt, dafür zu sterben. Nun, die Jugend Europas wird auch das nicht sehr lohnend finden.« Man spürt, wie sicher Bachmann sich inzwischen politisch auszudrücken versteht: »Preisgabe nationaler Wirtschaftsziele und nationaler politischer Ziele zugunsten eines gemeinsamen Marktes und gemeinsamer europäischer Politik«, das durchzuexperimentieren »mit dem einzigen Ziel, einen neuen Machtfaktor zu schaffen«, erscheint ihr schlicht »ungeheuerlich«.[81]

Um 1960 war noch völlig offen, was aus Europa werden könnte und werden sollte. Ein geeinigtes Europa, das war

90

nicht nur die Antwort auf die Verheerungen des Nationalsozialismus und des Faschismus, sondern zugleich ein attraktives Zukunftsmodell für die zwischen Ost und West aufgeteilte Welt, deren Grenze mitten durch Deutschland lief. Alle politischen Bewegungen erzeugten erhebliches Misstrauen, und Bachmanns Freund Kissinger gehörte, von der anderen Seite des Atlantiks auf Europa schauend, zu den ganz besonders Misstrauischen. Dass Bachmann sich an seiner nordamerikanischen Perspektive abarbeitet und gleichzeitig versucht, eine europäische für sich zu entwickeln, dürfte der politische Nukleus dieser Überlegungen sein.

Weil ästhetische Formensprache als eng eingebunden in politische Aufbrüche empfunden wurde, auch davon zeugen Bachmanns knappe, aber gewichtige *Entwürfe zur politischen Sprachkritik*, war das Terrain optimal bestellt für das Engagement von Künstlern und Intellektuellen. Willy Brandt hat das wohl wie keiner vor ihm in der jungen, noch stark vom repressiven Geist dominierten Bundesrepublik gespürt und zu nutzen verstanden. Ja man muss das Engagement der Schriftsteller (von dem Marcel Reich-Ranicki Jahrzehnte später sagen würde, es bringe »gar nichts«) als »Körperwerk« betrachten. Als ein Körperwerk, das, wie Bachmann es bei Simone Weil beobachtet hat, auf dem ganz konkreten Einsatz des Körpers beruht (der sich in Kriegszeiten natürlich anders gestaltet als in Friedenszeiten) und, fast noch wichtiger, auf der Integration der sinnlichen Empfindungen (wie Ekel, Genuss, Aversionen) ins politische Denken. Das schließt den klaren Kopf nicht aus, ganz im Gegenteil, es geht um eine erweiterte Wahrnehmung des Politischen.

Politische Überzeugungskunst vom Feinsten dokumentiert Bachmanns Brief an ihren Freund Hans Werner Henze, den sie ihm am 29./30. August 1965 aus der französischen Sommerfrische schreibt:

»Ich bitte Dich darum, gegen die CDU, gegen die Bourgeoisie, den Revanchismus, den wieder hübsch aufblühenden Nationalismus zu sprechen, also dagegen, dagegen, mit Deinem ganzen Temperament, ohne Dich zu identifizieren mit einer Partei, die das kleinere Übel ist und über ein paar ehrenwerte Leute verfügt, die zu bedauern sind im Grund, weil dieses Volk keinen Sinn hat für onore, weil es so verdorben ist, dass es seine besten Leute verdirbt, und wenn ich hier lesen muss, ironisch mild, dass Willy Brandt, der eben eine ehrenwerte Vergangenheit hat, sich in Deutschland in einer Weise verteidigen muss dieser Vergangenheit wegen, (er war gezwungen oder hat erlaubt, dass seine norwegische Frau öffentlich aussagte für ihn, dass er nie gegen die Nazis gekämpft hat als Emigrant) denn sonst wäre er erledigt, und hier wird das natürlich registriert als ein témoignage humilante [sic], und ich finde es auch erniedrigend, sich so rechtfertigen zu müssen, wenn man erwachsen und auf der richtigen Seite war. – Ich rede durcheinander und ich bin auch nicht gut genug informiert über alles, aber das ist wahr, zu wahr, dass die Sozialdemokraten sich ›arrangieren‹ müssen mit einer Mentalität, die nicht verschwunden ist.«[82]

Bachmann verabscheute, wie die meisten deutschen Kollegen, den altneuen Konservatismus in der Bundesrepublik, aber so wie diese empfand sie deshalb noch lange nicht. Ihre Distanz unterstrich sie mit dem Hinweis, sie komme aus Österreich, immer wieder gern. Die Distanz war aber bei sich bietender Gelegenheit vergessen. Dann geht sie im Bild mit Deutschen fröhlich auf. In der Gruppe steigert sich die Attraktivität der Künstler und Intellektuellen, wie die Attraktivität junger Mädchen sich steigert, sobald sie als Schwarm auftreten (wie nicht nur Leser Marcel Prousts wissen). Vielleicht auch deshalb konnte Hans Werner Henze überzeugt werden, sich »für das kleinere Übel« zu engagieren: Er wollte gewiss auf dem Gruppenbild mit dem Hoffnungsträger nicht fehlen. Bei einer Wahlkampfveranstaltung am 4. September 1965 in Bayreuth ist er aufgetreten, hat ein paar Worte vor Publikum gesagt, die angeblich von Bachmann redigiert worden waren, wie Henze einmal andeutete. Ebenfalls aufgetreten sind Günter Grass, auf dessen Initiative hin sich die Intellektuellen um den Kanzlerkandidaten versammelten, und natürlich die Hauptperson, Willy Brandt.

Am Rande der Veranstaltung sind etliche Fotografien entstanden, darunter eine besonders schöne Frontalaufnahme, in der ein ganzes Soziotop sich auf dem Sofa drängelt. Und wen sieht man direkt zur Rechten Willy Brandts sitzen? Niemand anderes als eine über das ganze Gesicht strahlende, fein frisierte, mit Perlenkette umhängte Ingeborg Bachmann.

Alle Krisen wirken wie weggewischt. Sie sitzt, wieder einmal Königin, genau in der Mitte des Bildes – eine demokratische Königin. Die Aufnahme stammt von dem bekannten Fotografen Josef Heinrich (»Jupp«) Darchin-

Abb. 11 Wahlkampfparty mit Willy Brandt, Bayreuth 1965
(J. H. Darchinger)

ger. Er war Jahrgang 1925, ein jovialer Rheinländer, damals vierzig Jahre alt, also in den besten Jahren, wie Bachmann, wie Grass, die Stützen der sich modernisierenden Gesellschaft. Darchingers Nähe zur Sozialdemokratie ist kein Geheimnis, auf Parteikongressen soll er die Genossen per Du angesprochen haben. In die Mediengeschichte ist er als »Chronist der Bonner Republik« eingegangen. Eine äußerst geschickte politische Ikonographie ist hier geschaffen worden, einen glücklichen Moment festhaltend, in dem politisches und künstlerisches Establishment zur Einheit zu verschmelzen scheinen.

Wenige Personen auf dem Foto stehen. Die meisten sitzen, und zwar so eng beieinander, dass das Mobiliar, Sessel oder Sofa, nur zu erahnen ist. Auf dem niedrigen

Glastisch vor der Gruppe ist ein Mikrophon platziert, aus-
gerichtet auf Brandt, den Regierenden Bürgermeister von
Berlin, von dem die Anwesenden hoffen, er möge aus der
Wahl zum Deutschen Bundestag, am 19. September 1965,
als Kanzler hervorgehen. Wie man weiß, wird das nicht
gelingen. Kanzler bleibt weiterhin Ludwig Erhard von der
CDU, bis zu seinem Rücktritt Ende 1966. Willy Brandt
wird erst 1969 Kanzler.

Von der Anmutung her sehen wir eher einer Gesell-
schaftskomödie zu als einer Pressekonferenz. Tatsächlich
handelt es sich um den Empfang im Anschluss an die
Auftritte in der Stadthalle von Bayreuth. Man erkennt am
äußeren linken Rand der Aufnahme Hans Werner Richter
(lachend die Gruppe 47 repräsentierend), neben ihm stehend den Verleger Carl Hanser (interessiert, heiter schauend), Ingeborg Bachmann (strahlend) und Willy Brandt;
rechts neben Brandt hebt Günter Grass gerade den Zei-
gefinger und redet; alle Genannten einschließlich Brandt
(der zufrieden wirkt, so wie er schmunzelt) schauen den
Schnauzbärtigen an. Hinter Brandt und Grass blickt der
SPD-Politiker (und spätere Wirtschafts- sowie Finanz-
minister) Karl Schiller auf das Geschehen herunter, das
ergibt ein schönes Dreieck. Neben Grass, jedoch von ihm
abgewandt sitzt in perfekt gewinkelter Damenbeinhaltung
Rut Brandt, die norwegische Ehefrau von Willy Brandt,
die sich im Gespräch mit dem genialen Theatermann Fritz
Kortner und einem nicht identifizierbaren Dritten befindet. Hinter Rut Brandts toupierter Haarpracht stehend,
neigt sich Hans Werner Henze über die Szenerie, wie ein
Dirigent, den Blick fixiert auf seine Freundin Ingeborg.

Es ist ein triumphales Bild des politischen Einverständnisses. Die Anwesenden sind durch ihre Körperhaltung, durch Gesichtsausdrücke, von Zuversicht über Amüsement bis zu skeptischer Konzentration, miteinander verbunden; ein sprechendes Zeitbild. Aber unter der fröhlichen Oberfläche lauert noch etwas anderes, das man in diesem Moment nicht sieht, nicht sehen kann. Willy Brandt und Fritz Kortner waren beide ins Exil gegangen, der linke Journalist aus Lübeck nach Norwegen, der aus Wien stammende jüdische Schauspieler in die USA. Beide waren sie lebensbedrohlich gefährdet durch die Nationalsozialisten. Ihre Verfolger und potentiellen Vernichter waren, theoretisch, Leute wie Bachmanns Vater, der seit 1932 als Mitglied der NSDAP registriert war. Was hätten Brandt und Kortner gedacht, hätten sie das gewusst? Bachmann hat ihr Leben lang eisern über dieses Kapitel aus dem Familienroman geschwiegen. Und als Günter Grass gut vier Jahrzehnte später beschließen sollte, das Schweigen über seine eigene Mitgliedschaft als Siebzehnjähriger in der SS-Division »Frundsberg« zu brechen, waren, mit Ausnahme von Henze, alle, die auf dieser Fotografie zu sehen sind, schon tot.

Kissinger, als Freund aus der Zeit der Summer School, passt politisch gar nicht in dieses idyllische Bild der Einigkeit deutscher und österreichischer Intellektueller. Kissinger hatte Adenauer vertraut, wegen seiner soliden transatlantischen Westbindung, und er misstraute Willy Brandt, schon allein wegen seiner Ostpolitik eines »Wandels durch Annäherung«. Die ganze SPD war ihm tendenziell suspekt. Unter den deutschen Sozialdemokraten, schreibt der Historiker Holger Klitzing, habe Kissinger ausschließlich Herbert Wehner wirklich tief beeindruckt. Das heißt nicht, dass er Wehners politische Ansichten teilte, ganz im Gegenteil. Aber Wehners »Brillanz und Formulierungsgabe«, wohl auch seine Knorrigkeit, haben den aus Nazideutschland geflohenen Kissinger fasziniert, wie er nach einem Gespräch mit Wehner zu Protokoll gab.[83]

Nebenbei, Exilanten waren sie alle, der 1913 geborene Brandt, der 1906 geborene Wehner, der als Kommunist nach Moskau gegangen war und erst nach dem Krieg zur SPD stieß, und der 1923 geborene Kissinger, dessen Mutter die Flucht aus Fürth (via England) in die Vereinigten Staaten organisiert hatte. Politisch erschien es Kissinger jedoch opportun, über sein jüdisches Schicksal nicht allzu viele Worte zu verlieren. Auch Brandt fühlte sich, aus anderen Gründen zwar, zum Schweigen gezwungen. Noch bis weit in die siebziger Jahre hinein musste er sich von deutschen Konservativen als »Vaterlandsverräter« und »uneheliches Kind« beschimpfen lassen.

Die jungen Intellektuellen und Schriftsteller, die 1965 Willy Brandt unterstützten, lehnten das Erbe Adenauers ab, jenes Nachkriegskanzlers, der zwar kein Nazi war, der als pragmatischer Amoralist es aber für richtig gehalten hatte, auf die Erfahrung der Altnazis nicht zu verzichten und diese in Politik und Justizwesen einzubinden. Dass er ihnen damit fabelhafte Pensionen sicherte, dürfte zu deren Befriedung zusätzlich beigetragen haben. Adenauer war seit zwei Jahren kein Kanzler mehr, doch hatte sein Nachfolger im Amt, Ludwig Erhard, den ersehnten Kulturbruch nicht eingeleitet. Die in Bayreuth Versammelten wollten den alten Muff nicht mehr. Sie wollten Brandt. Möglich, dass darin auch eine Emanzipation von den Nachkriegslektionen der alliierten »Reeducation« zu sehen ist.

Was Kissinger angeht, so hat dieser erstaunlicherweise den Kontakt zu seinen linksliberalen europäischen Freunden über Jahrzehnte gehalten, zu Unseld genauso wie zu Bachmann, den beiden Fellows aus Harvard. Menschliche Gründe, Sympathie, Respekt, Zuneigung, vielleicht mehr als Zuneigung, dürften dabei entscheidend gewesen sein. Denkbar auch, dass er die fortschrittlich eingestellten Vertreter der jungen Generation einfach amüsanter fand als die angepassten jungen Konservativen von der CDU. Dass zur Harvard Summer School zwischen 1952 und 1968 etwas mehr SPD- als CDU-Leute eingeladen worden sind (neben Schriftstellern, Hochschullehrern, Redakteuren), fällt schon auf.[84] Wobei das auch Kalkül hätte sein können: Die Anhänger der CDU waren, solange Adenauer am Ruder war, ohnehin verlässliche Verbündete, während die linken Intellektuellen von Amerika erst einmal überzeugt werden mussten. Klar jedenfalls ist, dass Kissinger sich für die intellektuellen Meinungsführer Deutschlands und Österreichs interessierte.

In diesem Zusammenhang sei auf einen geheimnisvollen Brief Siegfried Unselds an Bachmann hingewiesen. Der bislang unveröffentlichte Brief datiert vom 21. Dezember 1959 und liegt im Suhrkamp-Archiv des Deutschen Literaturarchivs in Marbach. Unseld schreibt:

Liebe Ingeborg,

Kissinger schickte mir den anliegenden Brief mit
der Bemerkung: »I would appreciate it if you would
make sure that she gets the enclosed letter and ask her
to answer me.« Die letzte Wendung scheint aus der
gehobenen militärisch-strategischen Sprache Amerikas
zu stammen; du musst ihr folgen! Ich schrieb Kissinger,
dass Du mit Deinen Vorlesungen sehr beschäftigt seist.
Ich entschuldigte Dich also sicherlich für das nächste
Vierteljahr.

Mit herzlichen Grüßen

Dein

(handschriftlich) Siegfried

Was in dem »anliegenden Brief« Kissingers an Bachmann
zu lesen stand, wird wohl nicht mehr herauszufinden sein.
Leider! Lässt man sich darauf ein, ein bisschen zu spekulieren, fällt zunächst auf, dass der Brief vier Jahre nach der
Sommerschule in Harvard geschrieben wurde; Bachmanns
Engagement für Brandt und gegen den Vietnamkrieg lag
noch in der Zukunft. Ab 1965 wird Kissinger wohl klar gewesen sein, dass seine Freundin Ingeborg Bachmann politisch zum anderen Lager gehörte. Aber zuvor dachte er
vielleicht, sie für seine diplomatischen Zwecke einbinden
zu können, auf welche Weise auch immer. Eine andere,
harmlosere Möglichkeit wäre ein romantischer Inhalt.[85]
Möglich auch, dass Kissinger nicht wusste, wo die Adres-
satin gerade steckte, ihre Wohnungswechsel waren noto-
risch. Oder er wollte nicht, dass ihr Lebensgefährte Max
Frisch Wind von dem Brief bekam. Der Verleger Siegfried

Unseld erschien Kissinger jedenfalls als sicherer Briefbote. Ob Ingeborg Bachmann geantwortet hat, wie Kissinger es ausdrücklich erbittet, ist unbekannt.

Ein Kritiker

Kulturfernsehen, *old school*: Zwei Herren in Sesseln versunken, vor ihnen das dankbare Publikum. Es handelt sich um die SWR-Reihe des Titels *Lauter schwierige Patienten*, in der der damalige Intendant Peter Voß den betagten, aber immer noch höchst alerten Kritiker zu – eben schwierigen Literaten befragt; toten, versteht sich. Die Sendung über Ingeborg Bachmann wurde am 27. Juni 2001 ausgestrahlt, und ich staune nicht schlecht über Marcel Reich-Ranicki, der nüchtern bis abgeklärt wirkt, dann wieder außergewöhnlich einfühlsam.[86]

Die Sache ist auf YouTube abrufbar. Doch der Eindruck, alles sei im Netz zu finden, trügt natürlich. Wer recherchiert, stößt immer an Grenzen, das ist eine Kernerfahrung des Forschens. Bei Ingeborg Bachmann gibt es viele solcher Grenzen; Erben, die auf wichtigen Teilen des Nachlasses sitzen; unerschlossene Briefwechsel, die man brennend gern lesen würde, aber nicht einsehen darf. Und man lernt Mauern des Schweigens kennen, die sich hinter eloquenter Rede verbergen können. So hat mir Hans Magnus Enzensberger im Gespräch vieles erzählt, aber das Entscheidende womöglich verschwiegen. Oder Martin Walser, der klipp und klar sagte: Ich sage nichts (sinngemäß).

Nun, der Kritiker Marcel Reich-Ranicki gehörte nicht

zu den engen Freunden »der Bachmann«, wie er in altmodischer Diktion zu sagen pflegt. Auch war er, das ist offensichtlich, nie einer ihrer Liebhaber. Peter Voß, der Moderator der Sendung über die schwierigen Schriftsteller, versucht, ihm wenigstens *ein* Kompliment über ihr Aussehen zu entlocken, aber nichts zu machen. Reich-Ranicki stellt die Faszination fest, die sie auf andere ausübte, war und ist aber selbst nicht verführbar: »Nein, schön war sie nicht.« Darüber gebe es nichts zu diskutieren. Es sei ihr »Ruhm« gewesen, ihr wahnsinnig früh und wahnsinnig schnell einsetzender Ruhm, der die Männer angezogen habe. »Sie hat jeden Mann erobern können«, sagt er noch, sich selbst von dieser Regel ausnehmend. Und sie habe sich ausschließlich für »berühmte Männer« interessiert; was nicht stimmt, wie wir noch erfahren werden.

Zuerst hat er sie 1959 bei der Tagung der Gruppe 47 in Elmau getroffen, in den Alpen nahe Garmisch-Partenkirchen. Sie habe die ihn beeindruckende Erzählung *Alles* vorgelesen. Bevor sie aber zu lesen begann, hat sie die Zettel ihres Manuskripts fallen gelassen, so dass gleichzeitig mehrere Männer herbeistürzten, um sie einzusammeln. Reich-Ranicki fragt sich: War es Absicht? War es ein Versehen? Was daran war Unsicherheit, was Berechnung, was Komödie? Er lässt das zunächst offen, kommt aber gegen Ende der Sendung doch zu einer eindeutigen Antwort. Sie habe, so seine bedenkenswerte These, aus »Überforderung« von den Folgen ihres enormen Ruhms »Schutz gesucht in der Verstellung«.

Dieser Schutzbedürftigkeit, die schon viele herausgestrichen haben, stand seiner Meinung nach etwas hysterisch Divenhaftes gegenüber. Etwa ihr »Flüsterton«, den er deutet als maximale Aufmerksamkeitsforderung. Je leiser sie gesprochen habe, desto aufmerksamer mussten die anderen zuhören. Überhaupt Aufmerksamkeit: Sie habe immer die absolute Aufmerksamkeit auf sich ziehen wollen; wenn die schwand, ließ sie mal eben ihre Handtasche fallen. Diese Masche imponierte ihm offenbar, während er sie gleichzeitig zu durchschauen glaubte. »Sie wollte die Primadonna assoluta der deutschen Literatur sein.« Und das sei ihr gelungen. Er sagt wirklich »deutsche Literatur«.

»Natürlich war der Erfolg der Bachmann gar kein Zufall.« Ihre Lyrik habe perfekt zwei Seiten befriedigt, die fortschrittliche und die konservative. »Sie umarmte die ganze Welt gewissermaßen flüsternd.« Reich-Ranicki scheint das alles für eine geschickte Mischung zu halten. Er ist wie gewohnt witzig und nicht ganz gerecht. Vor *Malina* kapituliert er; die Rezension für *Die Zeit*, obwohl damit beauftragt, habe er dann nicht geschrieben, aus Angst, für ihren Selbstmord verantwortlich zu sein; denn in dem Roman sehe er dafür ernsthafte Anzeichen. Gelten lässt er letztendlich nur einige Gedichte, die überleben würden; beide Erzählungsbände hält er für überspannt, besonders *Das dreißigste Jahr*. In einem Interview, das ich mit ihm im Spätsommer 2006 für die *Frankfurter Rundschau* führen konnte, sagte er es so: »Die jungen Männer, die in diesen Erzählungen vorkommen, sind allesamt hysterische Mädchen mit männlichen Vornamen.«[87] Vor der Fernsehkamera plaudert er brillant, und er plaudert über vieles hinweg, es ist der unvergleichbare Marcel-Reich-Ranicki-Sound, dem man sich mal mehr, mal weniger gern hingibt.

In einem bemerkenswerten, sehr langen Gespräch mit Peter von Matt aus dem Jahr 1986 hatte Reich-Ranicki das Symptomatische der Wirkung Ingeborg Bachmanns pointiert zusammengefasst. Ihre »beiden kleinen Gedichtbände« hätten etwas artikuliert, »was ein großer Teil des Publikums sehr gern gesehen hat, es hat sich selber und die eigenen Probleme in diesen Versen wiedererkannt«. Und weiter: »Der Erfolg der Bachmann hat auch damit zu tun, dass sie in ihren Gedichten das moderne Lebensgefühl mit mehr oder weniger traditionellen Mitteln ausdrückte.«[88] Für die frühe Phase ihres Werks, und nur die hat er im Blick, stimmt diese Diagnose sicherlich. Es bleibt jedoch der Eindruck: Ihr Werk ist ihm, auch weil er sich entscheidenden Teilen davon verweigert, im Grunde fremd geblieben.

Was mich in dem Fernsehgespräch aufhorchen lässt, sind zwei Bemerkungen. Sie betreffen zum einen ihre »Drogensucht« – ja, so nennt er das, er besteht sogar auf Voß' Nachfrage hin auf diesem Ausdruck, und er macht kein Hehl aus der Gefährlichkeit dessen. Bedenkt man, wie viele andere, auch und gerade ehemalige Freunde, um dieses Thema immer wieder ziemlich verschwiemelt herumgeredet haben, ist der nüchterne, dabei keineswegs kalte, eher realistische Blick auffallend. Marcel Reich-Ranicki hat offenbar klar gesehen, was andere *so* zu sehen nicht wünschten.

Und zum anderen die Erwähnung Henry Kissingers. *Wie* er Kissinger erwähnt, ist die eigentliche Überraschung. Er nennt ihn nämlich in einem Zug mit Paul Celan, Max Frisch, Martin Walser und Hans Magnus Enzensberger, also mit Männern, mit denen Ingeborg Bachmann eng verbunden war. Reich-Ranicki scheint anzunehmen, dass sie ebenfalls mit Kissinger eine enge Freundschaft verband. Zum Zeitpunkt der Fernsehsendung gehörte dies noch nicht zu den offiziell anerkannten Tatsachen der Bachmann-Biographik.

Erwähnt sei noch, dass er in ihrem Erzählungsband *Simultan* das Leitmotiv der Frigidität ausmachen will, während er gleichzeitig ihren sagenhaften Sexappeal konstatiert. Ihm ist ein nervöses, ein interessantes Unbehagen anzumerken. Diese Autorin beunruhigt ihn sichtlich. Wie sie das Ungenaue, das Vage als Verführungsstrategie einsetzte, gefällt ihm wohl eher nicht. Andererseits steht er voller Respekt vor dem Ergebnis: Sie bekam, was sie wollte.

In dem erwähnten Interview im Spätsommer 2006, in seiner Frankfurter Wohnung, äußerte er sich zu ihrem letzten Auftritt bei der Gruppe 47: »Sie las am Sonntagvormittag, es war die Abschlusslesung, und sie war die Einzige. Sonst lasen hintereinander drei Autoren, aber am Sonntag las nur einer. Bachmann erklärte, sie habe nur dieses eine Gedicht mitgebracht. Sie las das Gedicht, das anfängt ›Ihr Worte, auf, mir nach!‹. (Das Gedicht trägt den schlichten Titel *Ihr Worte* und ist Nelly Sachs gewidmet.) Sie war schnell fertig, wir saßen alle ziemlich konsterniert da. Hans Werner Richter, ein schlauer Mann, schlug vor, Ingeborg Bachmann solle das Gedicht noch einmal lesen. Dann kam sein nächster Vorschlag: Man soll das Gedicht von der Kritik ausnehmen. Ich wollte sagen, das sei ungerecht, denn so schlecht sei das Gedicht doch wieder nicht. Aber ich hatte Angst, dass mich die Bewunderer der Bachmann lynchen würden. Richter hatte wieder etwas zu sagen: Die Tagung sei jetzt beendet. Die Bachmann hat es wirklich immer wieder verstanden, sich mit einer Aura zu umgeben.«

Um auf Kissinger zurückzukommen: Im Gespräch mit Peter Voß spielt Marcel Reich-Ranicki auf die Geschichte mit dem verlorenen Pass an, die man nicht zum ersten Mal hört. Oder doch? Genau genommen, weicht seine Version in einem entscheidenden Punkt von der bekannten Geschichte ab; hier nämlich trifft Ingeborg Bachmann Henry Kissinger in New York. Sie sitzen in einem New Yorker Café, diese Szene ruft er auf, und Reich-Ranicki fragt sich, wie sie das hinbekommen habe, ohne Pass und ohne Visum einzureisen in die USA. Ingeborg Bachmann ist mehrfach in den USA gewesen, 1955 und dann wieder 1962 und 1968. Die Sache mit dem Pass lautet in der bekannten Version: Auf der Atlantiküberfahrt von Europa nach Amerika, auf dem Weg zur Summer School des Internationalen Seminars der Harvard University, die Kissinger leitete, habe sie plötzlich bemerkt, dass der Pass weg war. (Sie wird kaum ohne Pass und Visum nach Amerika abgereist sein.) Auf dieser Atlantiküberquerung lernte sie Siegfried Unseld kennen; ein legendäres Foto dokumentiert die gute Stimmung an Bord der »Queen Mary«. Alle Welt kümmerte sich bei dem Passdramolett um Ingeborg Bachmann, die ihre Rolle als Diva bereits eingenommen hatte. So will es die Legende. Telefonate mit wichtigen Herren werden geführt, am Ende heißt es, sie könne einreisen – ohne Pass.

Sollte sie bei einer der nächsten USA-Reisen sieben oder dreizehn Jahre später gleich ohne Pass losgefahren sein?

Abb. 12 Auf der Überfahrt in die USA, ganz rechts: Siegfried Unseld

Ohne Passkontrolle ins Flugzeug gestiegen sein? Das glaubt auch Reich-Ranicki nicht; er vermutet, sie habe den Pass im Flugzeug verloren. Vermutlich gehen seine Erinnerungen durcheinander. Theoretisch könnte sich die New Yorker Café-Szene, an die er sich spontan erinnert, auch im Juni 1968 abgespielt haben, als Ingeborg Bachmann sich zu einer Lesung im Goethe House in Manhattan aufhielt.

Entscheidend bleibt die Frage: Wie kann es sein, dass man sie ohne Pass einreisen lässt? Wie bekommt sie das hin? Die USA sind für ihre strengen Einreisebestimmungen bekannt (damals schon). Reich-Ranicki berichtet, sie habe sich »auf Kissinger berufen«. Vermutlich meint Reich-Ranicki eine spätere USA-Reise? 1955, zur Zeit der Summer School, gehörte der gerade promovierte zweiunddreißigjährige Kissinger zum Lehrkörper der Harvard-Universität. Er könnte allerdings, als junger »Architekt« der »Cold War University«, die von der CIA unterstützt worden war, durchaus Einfluss auf die Grenzbehörden gehabt haben. 1962, als Bachmann wieder in die USA reiste, hatte seine politische Karriere ihn bereits in einflussreiche Posten gehievt; so war er etwa Direktor des Harvard Defense Studies Program, nachdem er zuvor (1957 bis 1960) schon dem Harvard Center for International Affairs als Direktor vorgestanden hatte. Berater der Behörde für Waffenentwicklung beim Vereinigten Generalstab war er zu diesem Zeitpunkt ebenfalls bereits gewesen (1950 bis 1960). Einer der mächtigsten und zugleich umstrittensten Politiker der Vereinigten Staaten sollte er allerdings erst unter Präsident Nixon ab 1969 werden, von vielen Linken weltweit als Kriegsverbrecher bezeichnet.

Marcel Reich-Ranicki hatte, genau wie der nur drei Jahre jüngere, im mittelfränkischen Fürth geborene Henry (ursprünglich Heinz) Kissinger, als Jude die Nazizeit überlebt. Der eine, weil seine Eltern rechtzeitig ins Exil in die Vereinigten Staaten gegangen waren,[89] der andere, weil nach seiner Flucht aus dem Warschauer Ghetto ein polnisches Ehepaar den Mut hatte, ihn und seine soeben angetraute Frau Tosia zu verstecken.[90] Enge Familienangehörige haben beide, Reich-Ranicki und Kissinger, im Holocaust verloren.

Nach seiner Übersiedelung in die Bundesrepublik Deutschland, 1958, gehörte Reich-Ranicki rasch zu den einflussreichen Kritikern der Gruppe 47, für deren Geschicke sich im fernen Amerika wiederum Kissinger zu interessieren schien. Als ich Reich-Ranicki zum Interview traf, wollte ich gern wissen, was er von den damals gerade aktuellen Diskussionen über den latenten Antisemitismus der Gruppe 47 halte. Er antwortete: »Es haben sich vor allem Germanisten geäußert, die nicht dabei waren. Ich war dabei, und ich kann Ihnen sagen: Was hier über den Antisemitismus der Gruppe gesagt wurde, ist wohl komplizierter. In der Gruppe 47 waren nicht wenige Juden, Wolfgang Hildesheimer, Peter Weiss, Hans Mayer, Erich Fried, Jakov Lind und schließlich auch ich; Ilse Aichinger war – im Sinne der Nürnberger Gesetze – Halbjüdin, aber irgendwie galt sie nicht als Jüdin. Während natürlich alle anderen als Juden wahrgenommen wurden. Sie wurden alle während der Tagung gut behandelt, kamen in Diskussionen häufig zu Wort, Mayer, Fried; Peter Weiss war sogar sehr beliebt, nur kam ihm nach dem großen Erfolg des *Marat/Sade*-Stücks der Neid der Kollegen in die Quere. Was aber die früheren Soldaten sprachen, wenn sie unter sich waren – und unter den Mitgliedern der Gruppe 47 waren natürlich nicht wenige ehemalige Wehrmachtsoldaten –, weiß ich nicht. Dass dabei antisemitische Akzente geäußert wurden, halte ich für sehr gut möglich. *Natürlich waren die meisten Anwesenden antisemitisch gefärbt.* Es war eine Generation, die zumindest von der ›Hitler-Jugend‹ erzogen wurde.«[91]

Eine diplomatisch verpackte und doch deutliche Aussage, die in Bezug auf Ingeborg Bachmann zu denken gibt. Das war eben auch das Klima, in dem sie sich wie ein Fisch im Wasser bewegte, Königin eines Schwarms, und, wie wir gesehen haben, streng beäugt von zumindest einem großen Kritikerfisch.

Berlin, Germany

Der Kalte Krieg umschreibt nicht nur eine politische Situation der Spannung und Aufrüstung zwischen West und Ost, zwischen Nato und Ostblock. Der Kalte Krieg war auch ein Finanzierungsmodell für Künstler und Schriftsteller. Ingeborg Bachmann ist gleich in mehrfacher Hinsicht in den Genuss amerikanischer Geldströme gekommen. Zunächst, 1951 bis 1953, als Mitarbeiterin des Alliierten-Senders Rot-Weiß-Rot in Wien, dann als Stipendiatin der Harvard Summer School im Jahr 1955 und schließlich als Stipendiatin der Ford Foundation, die ihr 1963 bis 1964 einen einjährigen Aufenthalt in Westberlin ermöglichte, den sie dann noch bis Ende 1965 ausdehnte.

Dass heute gelegentlich gegen das bundesdeutsche Fördersystem für Schriftsteller polemisiert wird, darf man dabei ruhig im Hinterkopf behalten: Ein neues Phänomen ist das nicht. Und es stimmt ja, durch derlei Stipendien und Literaturpreise werden die in der Regel chronisch klammen Schriftsteller in die Lage versetzt, an Orte zu reisen, die sie sonst nicht sehen würden, und vorübergehend in Wohnungen zu leben, die sie sich normalerweise niemals leisten könnten. Dieses Privilegiensystem verschafft Zugang, öffnet Räume und Möglichkeiten; es ist das kulturelle Kapital von Autoren demokratischer Wohlfahrtsstaaten.

Voltaire wurde im aufgeklärten Absolutismus des 18. Jahrhunderts von Friedrich dem II. nach Potsdam eingeladen; Ingeborg Bachmann, ein Kind der Nachkriegsordnung des 20. Jahrhunderts, kam mit amerikanischem Stipendium ins preußische Flachland.

Für eine Österreicherin, die zuvor im wuseligen Rom und im blitzblanken Zürich gelebt hatte, war das Berlin des Jahres 1963 zunächst ein Schock. Die Mauer, die Berlin in zwei Hälften schnitt, stand seit knapp zwei Jahren. Doch nicht die geteilte Stadt scheint sie traumatisiert zu haben, sondern die schiere Menschenleere auf den breiten Alleen des Westens. Ihr erster Vertrauter sollte der polnische Schriftsteller Witold Gombrowicz sein, der nach über zwei Jahrzehnten aus dem argentinischen Exil nach Europa zurückgekehrt war. Sie beide waren die ersten Stipendiaten der Ford Foundation und wohnten zunächst in Ateliers der Akademie der Künste im Hansaviertel, einem Vorzeigebau des Nachkriegs, gläserne Moderne, gelegen am Rande des Großen Tiergartens; eigentlich eine gute Adresse. Nicht aber für die beiden sonnenverwöhnten Neuankömmlinge. »Ich erinnere mich«, schreibt Bachmann in einer Hommage an Witold Gombrowicz, »dass wir durch die uns beiden so fremden Straßen von Berlin gingen und oft lachten und riefen, voyez, il y a quelqu'un, denn die Straßen waren so unendlich leer, jedenfalls für uns.«[92]

In einem Bildband über die (modernistisch kleingeschriebene) *insel westberlin* aus dem Jahr 1959 spürt man den Westberliner Stolz auf den gelungenen Neuanfang nach den Kriegsverwüstungen: »Das Hansaviertel ist unbestritten das mordernste Wohnviertel Europas. Architekten aus aller Welt, darunter Baumeister wie Walter Gropius und Oscar Niemeyer, schufen diesen Stadtteil im Rahmen der Internationalen Bauausstellung Berlin 1957.«[93] 1960 erst war das Akademiegebäude im Hanseatenweg eingeweiht worden, wo Bachmann und Gombrowicz residierten und wo in den kommenden Jahren viele weitere Künstler und Schriftsteller vorübergehend unterkommen sollten. Der Architekt, Werner Düttmann, soll das Gebäude »eine klare, unpathetische Kiste« genannt haben. Übrigens auch hier Spuren des Kalten Kriegs: Ein Emigrant aus Amerika, der Industrielle und gebürtige Berliner Henry H. Reichhold, hatte eine Million Dollar für den Neubau der Akademie im Westteil der Stadt gestiftet.

Das Stipendium der Ford Foundation war extrem großzügig dotiert. Den Hochmut der französisch parlierenden Fellows Bachmann und Gombrowicz sollte das keineswegs dämpfen. Hier hatten zwei überaus selbstbewusste Wesen zueinandergefunden. Gombrowicz nennt mit erkennbarer Befriedigung in seinem Tagebuch die Summe von 1200 Dollar monatlich; was bei dem damaligen Wechselkurs 5000 DM entspricht. Das war ganz gewiss mehr, als man benötigte. Die identischen Zahlungen für Ingeborg Bachmann begannen im Mai 1963 und endeten im April 1964. Im Oktober 1964 kamen noch 10 000 DM für den Büchner-Preis hinzu; so hoch war die wichtigste deutsche Literaturauszeichnung damals dotiert. Von der »Hydra Armut«, die sie in einem Brief an Paul Celan beklagt hatte, konnte in Berlin nicht die Rede sein. Es ging ihr, finanziell, bestens.

Was die siebenunddreißigjährige Bachmann mit Gombrowicz verband, diesem Schwierigen von sechzig Jahren, war kein erotisches Spiel, sondern eine von Respekt getragene Notgemeinschaft in einer Stadt, die beide als seltsam empfanden, als furchtbar zum Teil.[94] »Gombrowicz kam aus Argentinien, ich auch auf hundert Umwegen aus vielen Ländern«, wird Bachmann über die Begegnung schreiben, »und wenn wir etwas voneinander begriffen haben, ohne es einander je zu gestehen, dass wir verloren waren, dass dieser Ort nach Krankheit und Tod riecht, für ihn auf eine Weise, für mich auf eine andre.«[95] Gombrowicz seinerseits wird in den *Berliner Notizen* seines Tagebuchs 1964 die oft zitierten Zeilen notieren: »Ingeborg Bachmann, Dichterin aus Österreich, gleichfalls von Ford eingeladen und wohnhaft in selbiger Akademie der Künste, war die Erste, mit der ich mich befreundete. Wir spazierten, beide leicht verwundert oder verblüfft von dieser Insel (im kommunistischen Osten), oder vielleicht etwas Anderem, wir sahen sehr wenig, so gut wie nichts, ich weiß noch, wie mich die Menschenleere in Berlin gewundert hat, wenn in der Ferne jemand auftauchte, riefen wir ›sieh an, Mensch am Horizont!‹«[96] Ingeborg Bachmann neigt stärker zur Stilisierung als der polnische Kollege. Schon die »vielen Länder«, aus denen sie gekommen sein will, zeigen an, dass sie sich als im Vagen Behauste darstellen will. »Er war krank, und ich war es auch«, spitzt sie zu.[97] Gombrowicz litt an Asthma. Außerdem hält sie ihn für einen der »einsamsten Menschen«, die sie je getroffen habe.[98] Dass sie seine Literatur kenne, etwa die Romane *Ferdydurke* oder *Pornographie*, den Eindruck vermitteln ihre Erinnerungen nicht gerade. Aber sie meint, »dass er Herz hatte«: »Er war darum wohl auch ein sehr großer Schriftsteller.« Nun ja, das sagt sich so: eine Phrase, letztlich.

Liest man hingegen Gombrowicz' erst kürzlich erschienenes intimes Tagebuch *Kronos* aus den Berliner Jahren, so erlebt man einen Mann, der aufs Intensivste am Berliner Kulturleben teilhat, der ständig zum Frühstück verabredet ist (mit Grass zum Beispiel, und Bachmann ist dabei!), der den Berliner Vertreter der Ford Foundation, Professor von Bomhard, trifft oder den Kultursenator Adolf Arndt oder Uwe Johnson oder den Chefredakteur der Zeitschrift *Der Monat*; man erlebt einen Mann, der mit Otto Schily eine »scheußliche Oper« besucht oder polnische Exilanten und französische Intellektuelle im Café sieht. Er speist mit der »Ford Family« in einem schönen Restaurant, wird eingeladen zu einer Lesung von Walter Höllerer, dessen studentisches Lachen ihn umhaut. Der Name des Regierenden Bürgermeisters Willy Brandt fällt auch, kurzum, er verkörpert die perfekte Symbiose von Kunst und Establishment. Nein, einsam kann man diesen Witold Gombrowicz wirklich nicht nennen.

Allerdings: Sein Liebesleben war zugleich subkulturell. Er befindet sich, wie das *Intime Tagebuch* festhält, in »ständiger Erregung«. Offenbar greift er auf den Berliner Jungenstrich zurück; die Rede ist mehrfach von Günter (nicht zu verwechseln mit Grass!) und Günter II, von einem Kanaren oder einem Studenten am Hansaplatz. Er onaniert täglich (sagt das Tagebuch), er liest Jean Genets Romane, die ihn aufwühlen, und stellt sich vor, dass der französische poète maudit ihm an einer Straßenecke auflauert.[99]

Was Gombrowicz seiner Berliner Freundin über seine Streifzüge verraten hat, wissen wir nicht. Immerhin, in ihrer Hommage erwähnt Bachmann, dass er Sartres Buch über Genet gelesen und brillant darüber gesprochen habe, *Saint Genet, Komödiant und Märtyrer*. Sie dürfte auf diesem Wege also einiges nicht nur über Sartre, sondern auch über Genet erfahren haben, was nicht ganz nebensächlich ist, da Bachmann den »schwulen« Blick für schöne, schmutzige Männer ebenfalls teilte. Ich unterstreiche das an dieser Stelle, weil dieser Blick uns noch beschäftigen wird; nicht nur im Werk Bachmanns – die begehrlichen Bemerkungen über den Automechaniker in *Undine geht* oder über die Bauarbeiter in *Malina* sind kein Geheimnis –, sondern auch im Leben: Lange wird es nicht mehr dauern, ein halbes Jahr noch, dann wird sie mit einem ihr zu diesem Zeitpunkt völlig unbekannten jüngeren Mann nach Prag, nach Ägypten und in den Sudan reisen, wo entscheidende Dinge geschehen werden, und ich behaupte, sie haben etwas mit diesem Blick zu tun.

Um aber in der Berliner Anfangszeit zu bleiben: Witold Gombrowicz, der polnische Edelmann, der die Dienste von Strichjungen beanspruchte, und die österreichische Lehrertochter, die unter der Trennung von Max Frisch entsetzlich litt, flanierten durch dieses westliche Berlin, in das sie – angeblich! – beide nicht passten. Als sie die Akademie der Künste nach kurzer Zeit verließen, um eigene Wohnungen zu beziehen, Gombrowicz am Hohenzollerndamm, Bachmann in der Koenigsallee, da besuchen sie einander weiterhin. Sie fahren raus an den Wannsee zum neugegründeten Literarischen Colloquium, das ebenfalls von der Ford Foundation finanziert wurde, um einen Film zu sehen. Die Zuneigung Gombrowicz' ist derart, dass er Ingeborg Bachmann noch im Krankenhaus besucht, wo sie länger bleibt (»Ingeborg immer noch im Krankenhaus«); mindestens einmal ist er bei ihr »in der Wohnung am See«; gemeint ist der Dianasee direkt hinter ihrem Haus in der Koenigsallee 35.

Waren sie, die an Berlin kaum ein gutes Haar ließen, im Sinne der Stiftungspolitik dennoch »gute« Stipendiaten? Um die Antwort vorwegzunehmen: ja. Sie haben am Ort gearbeitet und rege am kulturellen Leben der Stadt teilgenommen. Das gelang keineswegs jedem Stipendiaten, der nach Westberlin kam. Besonders bildende Künstler sind offenbar von den in Berlin lebenden Künstlern, wie man heute sagen würde, gemobbt worden. Neid auf die finanzielle Zuwendung mag eine Rolle gespielt haben, vielleicht auch Misstrauen gegenüber den Stipendiaten einer »imperialistischen« Stiftung, nicht zuletzt sprachliche Verständigungshemmnisse, denn Englisch war noch keineswegs die lingua franca des Kulturmilieus. Die Berliner Kulturinstitutionen haben ihre Pforten wohl nicht immer in angemessener Großzügigkeit für die mehrheitlich ausländischen Künstler geöffnet.

Nun muss man wissen, dass der in der damaligen Bundeshauptstadt Bonn ansässige Deutsche Akademische Austauschdienst (DAAD) von der Ford Foundation beauftragt war, das »Berlin Cultural Program ›Artists in Residence‹« zu betreuen. Selbstverständlich war der Mauerbau vom 13. August 1961 ein Einschnitt, auf den die Amerikaner reagieren wollten; Westberlin sollte ein

Bollwerk der Freiheit, Demokratie und Kunst sein gegen den kommunistischen Osten, und entsprechend viel Geld wurde lockergemacht. Amerikahaus, Literarisches Colloquium, Internationales Institut für Vergleichende Musikwissenschaft, die Freie Universität, die ebenfalls massiv von der Ford Foundation gefördert worden war: Das alles sollte zur Internationalisierung Westberlins beitragen. Die Ford-Stipendiaten würden sich, so die Hoffnung, an der Belebung dieser Institutionen durch Podien, Konferenzen, Lesungen oder, im Falle der bildenden Künstler, durch Ausstellungen beteiligen. Im Programmentwurf der Ford Foundation, datierend vom Dezember 1962, heißt es: »It is presently planned that approximately five awards would be made yearly to distinguished composers, conductors, painters, sculptors, dramatists, and writers to live in Berlin; and also twenty awards yearly to brilliant and promising younger people in these fields to be invited from the rest of Europe, including the Federal Republic, and from other parts of the world to work in Berlin.«[100] Innerhalb von drei Jahren sollten dem DAAD zu diesem Zweck zwei Millionen Dollar ausgezahlt werden.

Die Ford Foundation hat peinlich genau Buch geführt. Alles ist dokumentiert: die inhaltlichen Vorgaben, die Namen und Positionen der Stipendiaten, die Anträge auf Förderung, die genehmigten Zuwendungen. So erfahren wir, dass Ingeborg Bachmann sich seit dem 1. Mai 1963 in Berlin aufhielt und dass ihr ein Jahresstipendium von 60 000 DM, verteilt auf zwölf Monate, gezahlt wurde. Möglicherweise kam sie jedoch schon früher in Berlin an; ein Brief an Enzensberger ist datiert vom 24. April 1963, mit dem Briefkopf »Akademie der Künste, Hanseaten-weg 10, Berlin-West«. Wobei sie sich theoretisch auch im Monat hätte irren können; das kommt vor, dann wäre der Brief am 24. Mai geschrieben worden, und alles hätte wieder seine Ordnung.[101]

Als »senior artist« war sie sehr gut ausgestattet; die Jüngeren bekamen spürbar weniger; nur einer bekam etwas mehr, und zwar der von ihr nicht besonders geschätzte französische Schriftstellerkollege Michel Butor (79 000 DM plus Reisekosten). Hochinteressant – für mich – ist die Information, dass ihr eine Krankenversicherung bezahlt wurde (234 DM; vermutlich monatlich). Ich habe mich oft gefragt, wie sie ihre Klinikaufenthalte finanziert hat, sie selbst hat immer wieder auf diese Schwierigkeit angespielt. Das heißt: Der längere Aufenthalt im Martin-Luther-Krankenhaus im Sommer 1963, der sich thematisch sowohl in der Büchner-Preis-Rede niedergeschlagen hat als auch in einigen Gedichtentwürfen aus dieser Zeit, dürfte durch die Krankenversicherung des Stipendiums abgedeckt gewesen sein.[102] Die noch offenen »astronomischen Krankenrechnungen«, die sie in dem Brief an Enzensberger vom 24. April (Mai?) 1963 erwähnt, beziehen sich vermutlich noch auf den Klinikaufenthalt in der Zürcher Bircherklinik zum Jahreswechsel 1962/63.

Aufschlussreich der Erfahrungsbericht über die ersten drei Jahre der Programmförderung, 1963 bis 1966, verfasst auf dem Briefpapier des DAAD, adressiert an die Ford Foundation. Der ausnehmend differenzierte, nichts beschönigende englischsprachige Rapport stammt von Peter Nestler, dem Leiter des Künstlerprogramms des DAAD seit 1963. Er vergleicht die ursprünglichen Zielsetzungen des Künstlerprogramms mit der Realisierung, die anfangs teilweise wohl noch holprig war. Fünfundzwanzig Gastaufenthalte für Künstler pro Jahr; davon fünf »senior artists«; neben Bachmann, Gombrowicz und Michel Butor zählte Hans Werner Henze, der von Januar bis April 1964 in Berlin weilte, zu den Stipendiaten. (Seine Oper *Der junge Lord*, zu der Bachmann das Libretto beitrug, wurde am 7. April 1965 an der Deutschen Oper Berlin uraufgeführt.) Für die ganz großen Fische wie Henry Moore, Picasso oder Miró, das macht Peter Nestler klar, sei das Stipendium unattraktiv gewesen, die Gegebenheiten Berlins waren teilweise noch sehr unbequem, die Stiftung sollte keine falschen Hoffnungen hegen, diese Megastars nach Berlin locken zu können.

Ein gewisser Widerstand ergab sich laut Nestler unter den eingeladenen Künstlern, weil die meisten von ihnen dem »linken Lager« (»left camp«) angehörten und keine Lust verspürten, für die antikommunistische Sache »missbraucht« zu werden: »Thus many of them feared that their famous names were being misused for political propaganda.« Und dann ergab sich noch die Problemlage, welche der ästhetischen Schulen bevorzugt gefördert werden sollte, die der »classics«, also der klassischen Moderne, oder die der Avantgarde – langfristig gewann die Avantgarde. Betont wird, dass unter den Künstlerstipendiaten die Schriftsteller sich am besten in die Berliner Stadtgesellschaft einzubringen verstanden, wobei das Literarische Colloquium als »a kind of communications center« gedient habe. Mit der besseren Ausstattung – der DAAD verfügte bald über ein Netzwerk prächtiger Altbauwohnungen vor allem in Charlottenburg und Halensee – stieg die Beliebtheit des Berlin-Stipendiums rasant an, so dass Peter Nestler am Ende seines im November 1970 verfassten Berichts zufrieden feststellen kann: »More and more artists remain for lengthy periods after expiry of their stipendia; many have now lived in Berlin for years.«[103]

Die Stadtoffiziellen konnten gar nicht anders als froh zu sein über die Förderung durch die Amerikaner. Das Presse- und Informationsamt des Landes Berlin gab eigens ein schmuckes, sorgfältig gestaltetes, mit vielen schönen Schwarzweißfotografien versehenes Buch heraus mit dem Titel: *Ford Foundation – Berlin Confrontation*. Es ist dreisprachig – deutsch, englisch, französisch – und erschien 1965, also in jenem Jahr, in dem Willy Brandt von der SPD als Kanzlerkandidat in den Bundestagswahlkampf geschickt werden sollte. Dass Ingeborg Bachmann ihn, zusammen mit Günter Grass, Hans Werner Richter und Hans Werner Henze, im Wahlkampf unterstützt hat, davon war schon die Rede.

Willy Brandt war der Regierende Bürgermeister ihrer Berliner Jahre. Als dieser verfasst er das kurze Vorwort des besagten Buchs. Ich zitiere ausführlich daraus, weil seine diplomatisch geschickte kulturpolitische Rhetorik die im Grunde beklemmende Situation Westberlins in der Zeit, da Ingeborg Bachmann in der Stadt war, festhält:

»Dieses Buch soll ein Dank Berlins an die Ford Foundation sein. Ihr Programm ›Artists in Residence‹ vermittelte fruchtbare künstlerische Erkenntnisse und Begegnungen. Die eingeladenen Künstler lernten Berlin kennen: Eine Stadt, die anders als jede andere, angefüllt mit Politik, zerschnitten von einer brutalen Mauer, aber weltoffen und aufgeschlossen für die Vielfalt künstlerischer Entfaltung. Berlin und seine Künstler profitierten vom Kennenlernen ausländischer Dichter, Maler, Bildhauer und Musiker, von deren besonderer Auffassung und von der Gemeinsamkeit über alle Grenzen hinweg. [...] Die Ford Foundation ist Berlin seit vielen Jahren ein guter Freund und Helfer. Sie hat ganz wesentlich zum Aufbau unserer Freien Universität beigetragen. Auch die Zusammenarbeit unserer Technischen Universität mit dem MIT (Massachusetts Institute of Technology) ist durch sie gefördert worden. Nach dem Schock des 13. August 1961 hat die Ford Foundation [...] mitgeholfen, dass sich Berlin als eine Stätte der Bildung, der Wissenschaft und der Kunst behaupten und entwickeln konnte. [...] Auch das Deutsche Institut für Entwicklungspolitik und das Pädagogische Zentrum haben unseren amerikanischen Freunden manches zu verdanken. Die Ford Foundation hat Berlin wirksam geholfen. Die Berliner werden das nie vergessen.«[104]

Mit Ingeborg Bachmanns innerer Lage haben die klug gesetzten Worte Willy Brandts wenig bis nichts zu tun. Fast ist man geneigt zu sagen: Das Berlin, das sie in ihren Texten entwirft, scheint ein anderes zu sein. Eines der Kranken und der Krankheit, der Rohheit und der historischen Abgründe, ein Berlin, in dem die Nazizeit nicht vergangen ist und überhaupt der Deutsche sehr hässlich aussieht. Eine in die internationale, westliche, amerikanisch geprägte Moderne aufbrechende Großstadt erblickt sie hier nicht. Oder besser: Die mag sie sehr wohl gesehen haben, vom Angebot der Kneipen, Restaurants und anderen Lokalitäten hat sie jedenfalls Gebrauch gemacht. Nur stellt sie die Stadt literarisch schwerfällig und böse dar. Dass sie Berlin nicht mochte, ist das eine. Dass sie hier unglücklich war, verzweifelt, krank, steht fest. Sie trank viel, nahm Tabletten, fühlte sich einsam. Dass der Aufenthalt dennoch zu einer Explosion ihrer kreativen Energie führte, ist kaum zu begreifen, aber nicht zu bestreiten: Man könnte das ein Wunder nennen. Das Wunder der Wiedergeburt als Schriftstellerin. Denn exakt hier, an der Nahtstelle von Ost und West, wird ihr fast zum Stillstand gekommenes Werk erneut in Bewegung gesetzt.

Als sie nach dreißig Monaten Aufenthaltes in Berlin Richtung Italien abreiste, hatte sie ein paar Gedichte in der Tasche, darunter *Böhmen liegt am Meer*, etliche Gedichtfragmente, die nicht für die Veröffentlichung bestimmt waren und erst posthum erschienen.[105] Vor allem, und das betrifft die eigentliche Kehrtwende in ihrem Schaffen, sind umfangreiche Entwürfe zu ihrem gigantischen Romanvorhaben *Todesarten*, dem sogenannten *Buch Franza* beziehungsweise *Fall Franza*, weitgehend in Berlin entstanden. Überhaupt hat das *Todesarten*-Projekt in dieser Stadt des Unglücks Kontur angenommen – letztlich hat sie in Berlin hart gearbeitet, war ungemein produktiv, auch wenn, das sei zugestanden, die Schreibweise zunächst chaotisch in verschiedene Richtungen galoppierte, als habe sie die Zügel endlich schießen lassen. Erst mit der Fertigstellung des *Malina*-Romans 1971 ist die finite Form gefunden, auf die alles seit Berlin zustrebte. Noch einmal: Westberlin steht für die aus der tiefen Krise erwachsene Kreativität, steht für die künstlerische Neuerfindung.

Die höchste Auszeichnung im Dschungel der deutschen Literaturpreise, den Georg-Büchner-Preis, konnte sie ebenfalls in ihrer Berliner Zeit entgegennehmen, wenngleich die Preiszeremonie selbst natürlich in Darmstadt vonstattenging. Die dort am 17. Oktober 1964 gehaltene Dankrede, bekanntgeworden unter dem Titel *Ein Ort für Zufälle*, ist eine einzige Abrechnung mit Berlin und zugleich eine Selbstbehauptung als neugeborene Prosaautorin. Mögen die Darmstädter Zuhörer sich die Augen gerieben haben angesichts des scharfen Tons der Rede und der gnadenlosen Selbstbeschreibung als Patientin, entscheidend ist: Die Büchner-Preis-Rede gehört zu ihren wichtigen Texten auch deshalb, weil sie die Motive der nächsten großen Werkphase vorwegnimmt: Wüste, Krieg und Zerstörung; das Krankenhaus als Ort, an dem die geschundenen Seelen mit der Weltgeschichte verschmelzen. Denn dies war die durchaus problematische, aber dennoch kraftvolle Kernidee des *Todesarten*-Projekts: Dass die beschädigten Seelen der Frauen den äußeren Krieg, den Krieg der männlichen Welt, in sich aufgenommen haben und deshalb – sterben müssen.

Bis zum 21. August 1963 lebte sie im Gästehaus der Akademie der Künste im Stadtteil Tiergarten. Danach bezog sie ihre Wohnung in der Koenigsallee 35 im Stadtteil Grunewald, die sie sich im Stil der Wiener Behaglichkeit einrichtete. Von der weißen Moderne, die ihr verlorener Lebensgefährte, der Architekt Max Frisch, bevorzugt hatte, keine Spur. Das mehrstöckige Haus liegt zurückversetzt zur verkehrsreichen Allee, quasi in zweiter Reihe, zu erreichen über einen Gehweg. Im Krieg schwer zerstört, wurde das villenartige Ungetüm mehr geflickt als einheitlich renoviert; das Spitzdach ist komplett verschwunden; verschiedene Ziegelsteinsorten lassen die Fassade wie ein Puzzle aussehen: kein schönes, aber ein imposantes Haus mit mehreren großen Wohnungen darin. Obwohl heute in Grunewald weißblaue Porzellantafeln an ehemalige mehr oder weniger berühmte Anwohner erinnern, an Harald Juhnke, Vicki Baum, Max Reinhardt oder Alfred Kerr, vermisst man am Haus der Koenigsallee 35 eine solche Tafel.

Unbekannt ist sie dort keineswegs. Spricht man Nachbarn an, wird sofort bestätigt, dass Ingeborg Bachmann »hier gewohnt hat«. Und wo, in welcher Wohnung? Nun wird es schon schwieriger. Die Feldforschung stockt. Von Peter Härtling erfuhr ich, sie habe im Erdgeschoss gewohnt. Adolf Opel, der sie gewiss öfter als Härtling besuchte, ja der sich während ihrer Abwesenheiten sogar selbst länger in ihrer Wohnung aufgehalten hatte, teilte auf Nachfrage mit: im ersten Stock. (Fotos des Treppenhauses und des Balkons, an dem er sich einmal hochgehangelt habe, als sie nicht öffnete, schickte er gleich mit. Die Aufnahmen stammen von 2006.) Die unbekannte Nachbarin auf dem Hausparkplatz hingegen, die gerade ihr BMW-Cabrio mit einer Plane winterfest verpackt, ist sich sicher: zweiter Stock. »Da oben«, sie zeigt zu der Wohnung, da habe Ingeborg Bachmann gewohnt. Das ist die Wohnung direkt über der von Opel bezeichneten. Wer hat nun recht? In den zweiten Stock, überlege ich, hätte selbst ein Sportler gar nicht hinaufklettern können.

Nicht ohne Seil oder Kletterleiter. Ich sollte einmal, rät die BMW-Fahrerin, bei den H.s klingeln – die wohnten jetzt im Parterre, aus Altersgründen. Davor hätten sie jahrzehntelang in der Bachmann-Wohnung gelebt. Neuer Anlauf, ein paar Tage später. Ich klingele, Frau H. erscheint hinter der Fensterscheibe einer mit Gittern gesicherten Tür, aber sie öffnet nicht, angeblich weil sie erkältet sei, bestätigt aber durch die Scheibe: Es stimme, im zweiten Stock habe Bachmann gewohnt. Als die Dichterin auszog, seien lauter Brandlöcher im Parkett gewesen, von den vielen Zigaretten. Und wer heute in der Wohnung wohne? Das wisse sie nicht, sagt Frau H., außerdem seien die ohnehin nie da.

Eine Zeugin vergaß ich zu erwähnen: Bachmanns Schwester Isolde Moser. Wir waren seit kurzem in Kontakt, und so fragte ich per Mail bei Frau Moser an, ob sie ihre Schwester Ingeborg damals in Berlin besucht habe. Auf die Antwort musste ich nicht lange warten. Es ist der Herbst 2015, die auf die neunzig zugehende Isolde Moser handhabt die elektronischen Medien mit größter Selbstverständlichkeit. Ja, schreibt sie, 1963 habe sie ihre Schwester besucht. Diese sei gerade dabei gewesen, ihre Wohnung in der »Königsallee« einzurichten. (Der Straßenname gerät fast allen Ortsfremden falsch. Nach Felix *Koenigs*, einem Berliner Bankier des 19. Jahrhunderts, ist die Allee in Grunewald benannt; mit Königen hat der Name nichts zu tun.) Isolde Moser erinnert sich: »Wir sind mit der Straßenbahn ins ›Eden‹ gefahren und haben in dem superfeinen Laden eine Flasche Sekt zur Begrüßung getrunken.«[106]

Straßenbahn? Es fährt der Bus der Linie M19 den Kurfürstendamm und dann die Koenigsallee entlang. Das war zu Bachmanns Zeiten schon so: Einmal weist sie einen Gast an, an der Bushaltestelle »Hasensprung« auszusteigen. Die Straßenbahnlinie 79 von S-Bahn Grunewald über Hagenplatz bis Nollendorfplatz fuhr am 1. Juli 1954 zum letzten Mal; ebenso die Linie 76, die von Grunewald über Roseneck bis Anhalterbahnhof führte. Dies wären aber die beiden in Frage kommenden Straßenbahnlinien gewesen, um zum »Eden« zu gelangen. Da beide Linien bei ihrem Berlinbesuch 1963 nicht mehr in Betrieb waren, muss sich Isolde Moser wohl an eine andere Fahrt mit der Straßenbahn erinnern. Bis Mitte der sechziger Jahre fuhren noch einige wenige Trams in Westberlin; danach war endgültig Schluss; es wurde ganz auf Busverkehr umgestellt.

Das Lokal, in dem die Bachmann-Schwestern sich zuprosteten, ist gar nicht so leicht zu ermitteln. Im Polyglott-*Reiseführer Berlin*, Auflage 1967, sind unter der schönen Überschrift *Die Stadt am Abend* gleich drei Etablissements des legendären jüdischen Remigranten und Libertins Rolf Eden verzeichnet, das »Eden (New)«, Kurfürstendamm 71; das »Eden (Old)«, Damaschkestraße 21; und der »Eden Playboy-Club«, Kurfürstendamm 156. Nehmen wir einmal an, dass die schwesterlichen Nachtschwärmer nicht im Playboy-Club waren, um ihr Wiedersehen zu feiern. Übrigens wären es nur ein paar Schritte gewesen, dann hätten sie in einer Bar namens »Inge und ich« Platz nehmen können! (Die Bar befand sich in der Lietzenburgerstraße / Ecke Uhlandstraße.) Eigens weist der Reiseführer darauf hin: »In Berlin kennt man keine Polizeistunde, so dass viele Nachtlokale Tag und Nacht durchgehend geöffnet sind.«[107] Womit zweierlei bewiesen wäre: Die Mauerstadt amüsierte sich königlich, und Ingeborg Bachmann war kein Mauerblümchen.

Ihr Freund, der Verleger Klaus Wagenbach, muss gespürt haben, dass ihre Dankrede zur Verleihung des Büchner-Preises mehr war als eine Dankrede. Er hat den Text von der Autorin überarbeiten lassen und als hübsches Quartheft herausgebracht, illustriert mit Zeichnungen von Günter Grass, der ebenfalls zu Bachmanns engen Berliner Freunden zählte. Das Eingangs- und Begrüßungsgeplänkel der Rede, das direkt auf Büchners *Lenz* Bezug nimmt, ist in dieser Ausgabe komplett gestrichen. Der Text steht jetzt für sich selbst – halb Essay, halb Erzählung – und beginnt so: »Es ist zehn Häuser nach *Sarotti*, es ist einige Blocks vor *Schultheiss*, es ist fünf Ampeln weit von der *Commerzbank*, es ist nicht bei *Berliner Kindl*, es sind Kerzen im Fenster, es ist seitab von der Straßenbahn, ist auch in der Schweigestunde, ist ein Kreuz davor, es ist so weit nicht, aber auch nicht so nah, ist – falsch geraten! – eine Sache auch, ist kein Gegenstand, ist tagsüber, ist auch nachts, wird benutzt, sind Menschen drin, sind Bäume drum, kann, muss nicht, soll, muss nicht, wird getragen, abgegeben, kommt mit den Füßen voraus, hat blaues Licht, hat nichts zu tun, ist, ja ist, ist vorgekommen, ist aufgegeben, ist jetzt und schon lange, ist eine ständige Adresse, ist zum Umkommen, kommt, kommt vor und hervor, ist etwas – in Berlin.«

Es hat blaues Licht, es hat nichts zu tun, es ist … zum Umkommen. Was bedeutet dieses ES? Natürlich: Berlin, einerseits. Andererseits ein Etwas, ein Triebgeschehen, ein Unbewusstes, einen Zustand. »Es war eine Aufregung«, heißt's lakonisch am Schluss: »Es wird nicht mehr vorkommen.« Seltsame Konstruktion. Da ist ein Spiel mit der expressionistischen Tradition zu erkennen, mit dem Ton der Neuen Sachlichkeit, eine Anspielung auf die Berliner Asphaltliteratur eines Bertolt Brecht *(Dreigroschenoper)*, einer Irmgard Keun *(Das kunstseidene Mädchen)*, eines Alfred Döblin *(Berlin Alexanderplatz)*, das Ganze sprunghaft, die Szenen ineinander übergehend, der Ton läppisch kühl oder dramatisch hochgejagt. Konsequent, die Markennamen kursiv zu setzen und damit als eigenständiges, poetisch wirksames Element zu unterstreichen. Kann kein Zufall sein: Der Pop des Andy Warhol lag ebenfalls in der Luft damals. In Bachmanns Werk ist dieser Sound dennoch eher die Ausnahme und deshalb umso beachtlicher.

In den späten zwanziger, frühen dreißiger Jahren kam das auf: Die Großstadt als wilde Arena; halb schön, halb hässlich; halb subjektiv, halb entfremdet. Man war als Einzelner mittendrin im Gewühl, im Kommerz, in der Verausgabung, man übergab die eigene Libido dem Strom der modernen Großstadt. All das schwingt hier mit. Man lasse sich auf der Zunge zergehen: »In Berlin sind jetzt alle Leute in Fettpapier gewickelt.« Das ist reinster Expressionismus. Oder die Schilderung der Männer am »Maiensonntag«: »Myriaden von Bierflaschen stehen bis zum Wannsee hinunter, viele Flaschen schwimmen auch schon im Wasser, nah an die Ufer gedrängt von Dampferwellen, damit die Männer sie noch herausfischen können. Die Männer öffnen die Flaschen mit den bloßen Händen, sie drücken mit dem Handballen die Verschlüsse auf. Einige Männer rufen befriedigt in den Wald: Wir schaffen es schon.«[108] Das klingt archaisch, das klingt nach zwanziger Jahren, obwohl es wohl auch die Sechziger meint. Tatsächlich gab es das in Westberlin bis weit in die achtziger Jahre des 20. Jahrhunderts hinein: Das Gefühl, die Zeit sei stehengeblieben.

Dazu passt, dass in diesem Text kein Ich spricht, weder ein historisches noch ein individuelles. Weder ein weibliches noch ein männliches. Es gibt nur eine über allem schwebende Subjektivität, von der unklar ist, zu wem sie gehört. Klar ist nur: Sie hat mit Krankheit zu tun. *Ein Ort für Zufälle* spielt an auf den Wahnsinn des Büchner'schen *Lenz*, hinter dem sich der Schriftsteller Jakob Michael Reinhold Lenz (1751–1792) verbirgt. Der Wahnsinn heißt bei Büchner gelegentlich »Zufall«; weshalb Bachmanns Dankrede zunächst »Deutsche Zufälle« betitelt war. Das schließt den historischen Wahnsinn ein, die wahnsinnig gewordene deutsche Geschichte. Alles fließt und tobt.

Das Geschichtspanorama ihres ungeheuer dichten Textes »ist heute, war gestern, wird morgen sein«, ein Amalgam der Zeitebenen. Dabei ist das Präsens das grammatische Tempus. Nehmen wir das historisierende »jetzt« in dem Satz: »Am Knie der Koenigsallee fallen, *jetzt ganz gedämpft*, die Schüsse auf Rathenau.«[109] Der AEG-Erbe und Reichsaußenminister Walter Rathenau, reich, liberal, mächtig, jüdisch, homosexuell, kosmopolitisch, verkörperte alle Eigenschaften, die den Rechtsnationalen verhasst waren. Am 24. Juni 1922 wurde er im offenen Wagen von Anhängern der Terrorgruppe Organisation Condor erschossen. Das Mahnmal, das im Jahr 1946 von der Liberal-Demokratischen Partei Deutschlands am Tatort errichtet wurde, steht heute noch. Schüler des Walther-Rathenau-Gymnasiums legen regelmäßig Kränze nieder.[110] Bachmann muss oft dort vorbeigegangen sein, sie wohnte nur fünfhundert Meter weiter.

Als frühe Leserin und Bewunderin Robert Musils hatte sie zu Rathenau ohnehin eine besondere Beziehung. In ihrem 1952 entstandenen Radioessay über Musils Roman *Der Mann ohne Eigenschaften* formuliert die damals Sechsundzwanzigjährige souverän: »Auch Ulrichs Gegenspieler, der Preuße Arnheim, hinter dem Rathenau zu suchen ist und der, wie die Figuren um den schöngeistigen Salon der Wienerin Diotima, menschliche und politische Verwirrungen trägt, vertritt in diesem kleinen Welttheater nur das Schicksal Deutschlands, um das Schicksal Europas sichtbar zu machen.«[111]

Man kann sagen, ihr Berlin-Text ist ebenfalls ein kleines Welttheater, in dem das Schicksal Deutschlands und Europas sichtbar werden. Der auf den Rathenau-Satz folgende lautet: »In Plötzensee wird gehenkt.«[112] Damit ist ein Schritt gemacht direkt hinein in die Nazizeit, die in *Ein Ort für Zufälle* genauso präsent ist wie die Weimarer Republik *und* wie die unmittelbare Gegenwart der Grenzkontrollen in der geteilten Stadt. Denn auch dies kommt vor: Ein Amerikaner mit gesenkter Maschinenpistole, der Checkpoint Charlie, Schikanen bei der Aus- und Einreise, Kinder, die »Soldat oder Flieger oder Spion« werden wollen, Manöver, Panzer, sowjetische Posten, ein Zirkusdirektor, der im offenen Wagen Passanten zuwinkt, alte Frauen mit Filzhüten im Café Kranzler, die »fressen und fressen«, während die Kellnerin »mit hohen Absätzen in der Schlagsahne hängen« bleibt. »Die Stimmung ist gut«, heißt es einmal. Ein andermal: »Es ist eine Katastrophe.« Das geographische Netz erstreckt sich über die ganze Stadt: Tegel, Altmoabit, Friedrichstraße, die Siegessäule und das Theater am Schiffbauerdamm. Sie kannte sich aus.

Als weitere, entscheidende Hauptmotive kommen hinzu: Krankenhaus und Wüste. Die Krankenhaussentenzen legen nahe, es handele sich um eine psychiatrische Abteilung. Dort ist die Wahrnehmungszentrale dieses Textes untergebracht. »Wir haben so viele Kranke hier, sagt die Nachtschwester und holt die überhängenden Patienten vom Balkon zurück, die ganz feucht sind und zittern. Die Nachtschwester hat schon wieder alles durchschaut, sie kennt das mit dem Balkon, wendet den Griff an und gibt eine Spritze, die durch und durch geht und in der Matratze stecken bleibt, damit man nicht mehr aufstehen kann.« Im nächsten Moment wackeln die Wände des Krankenhauszimmers von einem landenden Flugzeug (Fluglärm war schon damals ein politisches Thema, diskutiert in der Tagespresse). Der Wind der Geschichte, könnte man sagen, pfeift durchs Hospital, aber die Hilfsschwester versichert singend: »Dies ist kein Krieg [...].« Auf welcher Seite die Schwestern stehen, auf der der Kranken oder der Ärzte, wissen sie offenbar selber nicht so genau. Das Essen schmeckt scheußlich, ohne Schlafmittel kommt niemand zur Ruhe, es ist eine Bettelei am Abend. Übrigens: »Einige bekannte Personen sind hier auch heimlich eingeliefert worden«, ist zu lesen, »nachts bei Blaulicht.« Zum Beispiel Ingeborg Bachmann? Ja, das ist sicherlich eine Anspielung auf den eigenen »Fall«. Sie lag im Juli/August 1963 als Patientin im Martin-Luther-Krankenhaus, wo sie vermutlich wegen ihrer Drogen- und Alkoholsucht in Kombination mit Depression behandelt wurde. In die Krankenakten, sofern sie überhaupt noch vorhanden sind, wird grundsätzlich keine Einsicht gewährt.

Wahrlich, ein origineller Einfall: Der Zoo mit seinen Kamelen wird nun zum Gegenort, zum Sehnsuchtsziel einer Flucht und Befreiung von der Tortur der Krankheit, des Wahnsinns und der Medizin. Der Wunsch: Aus dem Zoo die Kamele zu befreien. Reitend die Grenze zu überschreiten, die utopische wie die mit Stacheldraht gesicherte Grenze, hinaus ins Offene. Man würde »in die Wüste« kommen, auf dem Rücken der Kamele durch die Gewässer schwimmen, dann hinausreiten nach Brandenburg, wo sich der märkische Sand in Wüstensand verwandelte. Das Fell der Kamele riecht »inbrünstig nach Wüste, Freiheit und Draußen«, und die »märkische Sandwüste« erscheint als Synthese von Ägypten und Berlin.

Als sie im Juni 1964 erfuhr, dass ihr der Büchner-Preis zugesprochen würde (Celan hatte ihn bereits 1960 bekommen), war sie gerade von einer lebensverändernden Reise nach Ägypten und in den Sudan zurückgekehrt. Dort hatte sie die Wüste mit eigenen Augen gesehen, und Kamele, die nicht im Zoo eingesperrt waren, sondern wilde, den Launen der Menschen ausgesetzte Kamele.[113] Die Wüste und die Kamele werden in ihrem Werk noch Spuren hinterlassen. Man sieht ihr aber schon hier förmlich dabei zu, wie sie große Motivstränge in einer enormen Arbeitsanstrengung neu arrangiert. Auch deshalb ist *Ein Ort für Zufälle* ein so wichtiger Text auf der biographischen Schwelle zwischen Krise und Neuerfindung.

Einsam war Ingeborg Bachmann oft, in ihrer unter Bäumen gelegenen Wohnung in der Koenigsallee mit dem düsteren »Berliner Zimmer«, das ebenfalls in der Büchner-Rede Erwähnung findet. Aber allein war sie nicht, das gilt es festzuhalten. Es waren allerhand Freunde oder zumindest gute Bekannte in der Nähe. In unmittelbarer Nachbarschaft in Grunewald, im Umkreis eines Quadratkilometers, wohnten etwa Hans Werner Richter im unteren Stockwerk der ehemaligen Villa des Verlegers Samuel Fischer, wo Radiosendungen entstanden, Mitglieder der Gruppe 47 zusammenkamen, Trinkgelage stattfanden. Die Villa befindet sich in der Erdener Straße 8. Weiterhin wohnte in der Lassenstraße 4 der Philosoph Jacob Taubes mit seiner Frau, der Philosophin Margherita von Brentano. In einem Jahre nach seinem Tod zufällig gefundenen Brief an einen befreundeten Rabbiner rühmt sich Taubes eines leidenschaftlichen Verhältnisses mit Ingeborg Bachmann, woran jedoch Zweifel anzumelden sind.[114]

In der Taubertstraße 16 um die Ecke residierte wiederum der Literaturwissenschaftler Peter Szondi, den sie 1959 in Zürich kennengelernt hatte. Peter Härtling berichtete mir, wie die alkohol- und redseligen Abende bei Taubes und Brentano aussahen. Angeblich musste Bachmann einmal regelrecht nach Hause getragen werden, weil sie eingeschlafen war, nachdem eine diskret im Bad eingenommene Tablette, in Kombination mit dem ohnehin schon erreichten Alkoholpegel, ihre Wirkung tat. Szondi und Härtling hätten sie mannhaft in ihr Bett in der Koenigsallee 35 gelegt.

Im südwestlichen Friedenau wohnten Enzensberger,

Grass und Johnson, Reinhard Lettau und, zeitweise, Günter Herburger. Die Friedenauer bildeten ein Freundeszentrum und die Grunewalder das andere. Aber es gab auch Querverbindungen. So gehörte der »Friedenauer« Uwe Johnson mit dem »Grunewalder« Hans Werner Richter dem legendären »Fahrradclub« an, den die beiden Männer gegründet hatten, damit die arme Ingeborg mal rauskam aus ihrer dunklen Höhle; Richter berichtet in seinen Erinnerungen mit dem unverzichtbaren Quäntchen Ironie von den wohl ganz netten Grunewaldtouren zu dritt.[115] Meistens jedoch wurden offenbar Kneipen und, zumal Bachmann keine geborene Köchin war, Restaurants aufgesucht, der »Zwiebelfisch« am Savignyplatz oder das »Habel« am Roseneck, beide heute noch gut frequentiert.

Am Wannsee wiederum wurde das Literarische Colloquium unter Walter Höllerers sagenhafter Leitung zu einem Orientierungspunkt der Westberliner Soziallandschaft. Ohnehin hatte sie zu Höllerer, dem Generationsgenossen, ein ausgezeichnetes Verhältnis. Die beiden kannten einander seit Mitte der fünfziger Jahre; er hat sie öfters in Rom besucht. In Briefen nennen sie einander »Bär« (Bachmann) und »Elefant« (Höllerer), gehen spielerisch, heiter und immer zugewandt miteinander um. Das heißt nicht, dass Bachmann eine Maske aufgesetzt hätte. Im Gegenteil, ihre Krankenhausaufenthalte, ihre Krisen und Zweifel verschweigt sie dem Freund keineswegs. Er wiederum soll, wie Helmut Böttiger in einem anrührenden Essay beschreibt, seine Hand im Spiel gehabt haben, als sie die Einladung der Ford Foundation nach Berlin erreichte.[116]

Und der Osten? Die Welt hinter der Mauer, von

Westberlin aus gesehen, war ihr keineswegs unbekannt. Gelegentlich nutzte sie die Gelegenheit, die schwerbewachte Grenze nach Ostberlin zu passieren. Sie besuchte Peter Huchel, den Chefredakteur der Zeitschrift *Sinn und Form*, in Wilhelmshorst bei Potsdam. Die beiden hatten einander 1960 in Leipzig bei einer von Hans Mayer geleiteten Konferenz über Lyrik kennengelernt.[117] (Huchel verließ 1970 die DDR.) Über ihre Anwesenheit auf dem Begräbnis von Johannes Bobrowski im September 1965 in Friedrichshagen berichtet der ebenfalls aus dem Westen angereiste Klaus Völker. Bachmann hatte die Ausnahmebegabung Bobrowski, der schon mal als »Boris Pasternak der DDR« tituliert wurde, geschätzt, und umgekehrt er sie.[118] Das Bachmann-Gedicht *Ihr Worte* soll er gern gesprochen haben, wie Klaus Völker mitteilt, »weil es auf Worte vertraute, die ein Schweigen einschließen«. Völker ist der Überzeugung: »Als ihm die Gruppe 47 bei ihrer Herbsttagung 1962 ihren Preis verlieh, stand sein literarisches Ansehen dem von Ingeborg Bachmann, Paul Celan, Günter Grass, Uwe Johnson und Peter Weiss in nichts mehr nach.«[119]

Dies war, nebenbei, die letzte Tagung der Gruppe 47, an der Bachmann teilnehmen sollte.[120] Erwähnt sei noch, dass der in Ostberlin lebende, aus Böhmen stammende Franz Fühmann ausgerechnet 1962 eine Erzählung des Titels *Böhmen am Meer* im DDR-Verlag Hinstorff veröffentlichte, handelnd von aus Böhmen vertriebenen Deutschen, die nach dem Zweiten Weltkrieg an der pommerschen Ostseeküste ansässig geworden waren. Inhaltlich sind die Verbindungen von Fühmanns altertümlich-melancholischer Erzählung zu Bachmanns wild-utopischem Gedicht *Böhmen liegt am Meer*, das im Frühjahr 1964 nach einer Pragreise entstand, kaum auszumachen, ja mit Ausnahme des Shakespeare-Bezugs haben sie eigentlich nichts gemein. Aber dass der Fühmann-Titel bei ihr etwas ausgelöst haben könnte, und sei es unbewusst, ist dennoch nicht auszuschließen.

Es sind keineswegs die Ostberliner, vielmehr die Westdeutschen insgesamt, die sie regelrecht mit ihrem Sarkasmus übergießt. In Tagebuchentwürfen aus dem Nachlass macht sie sich über deren politische und emotionale Verlogenheit her: »Sie [die Deutschen] lieben die Freiheit und wissen nicht, was die Freiheit ist. Im Jahr 1962 versammeln sich junge Berliner, um an der Mauer zu demonstrieren gegen einen Erschossenen, die Söhne derer, die keinen Finger gerührt hätten, kein Wort gewagt hätten für eine Million Erschossene. Sie reden und schreiben im Namen der ›Menschlichkeit‹, aber sie haben immer die falschen Vergleiche. Ihre Mauer ist eine Mauer von Kafka, sie ist rascher ein Symbol, ein Mythos, als eine Realität aus Beton und Stacheldraht, sie erkennen ein Land nicht an, das sie täglich bestätigen durch einen Satzschwall von Klischees, sie haben Brüder in der ›Zone‹, ohne zu wissen, was sie sich unter diesen Brüdern vorzustellen haben, eine Wiedervereinigung, die ihr höchstes Ziel ist, ohne sich vorstellen zu können, was da wiedervereinigt werden soll.«[121]

Ein Zufall, aber diesmal ein durchaus ironischer: In Westberlin wohnte die österreichische Stipendiatin der Ford Foundation nicht weit entfernt von der amerikanischen Botschaft und der Berliner Dependance des CIA. Beide befanden sich in dem an Grunewald angrenzenden Stadtteil Dahlem, während der russische KGB auf der östlichen Seite der Mauer in Karlshorst residierte.[122] In Bachmanns Berliner Zeit fiel der legendäre Besuch des amerikanischen Präsidenten Kennedy. Am 26. Juni 1963, im offenen Wagen und in Begleitung des charismatischen Regierenden Bürgermeisters Willy Brandt, wurde John F. Kennedy durch Westberlin kutschiert. Der Besuch ist zum Mythos geworden, seiner perfekt inszenierten Bilder wegen, Sichtbarkeit und Straßenpolitik waren Programm, vor allem aber natürlich wegen Kennedys historischem Coup, das Drehbuch selbst in die Hand zu nehmen, um der jubelnden Menschenmenge vor dem Schöneberger Rathaus auf Deutsch spontan zuzurufen: »Ich bin ein Berliner.«[123] Vier Monate danach, am 22. November 1963, wurde Kennedy, wiederum im offenen Wagen, in Dallas erschossen. Seltsam: Weder der Berlinbesuch des amerikanischen Präsidenten noch der Mord an ihm kommen in Bachmanns Texten vor.

Am 29. Dezember 1963 tippt sie auf der Schreibmaschine, in ihrer Wohnung in der Koenigsallee sitzend, einen Brief an Hans Magnus Enzensberger.[124] Der hat Berlin inzwischen mit seiner Frau Dagrun Richtung Norwegen, deren Heimat, verlassen. Es ist ein bewegender Neujahrsbrief, der, weil die literarische Stilisierung komplett wegfällt, ehrlich und vertrauensvoll wirkt. Traurig die Grundstimmung, mit Einsprengseln von Ironie.

Von Krankheit ist die Rede, auch von Lethargie. Und doch gibt sie dem Freund gegenüber der Hoffnung auf eine Wende im kommenden Jahr Ausdruck, die dann tatsächlich eintreten wird. Aber das weiß sie noch nicht, als sie ihren Brief schreibt.

Orgie und Heilung

Zwei Österreicher treffen sich in Berlin. Er, achtundzwanzig Jahre jung, kulturinteressiert, parkettsicher und wohlerzogen, heißt Adolf Opel. Sie, neun Jahre älter, kennen wir bereits. Er hält sich in der Stadt als Gast des brasilianischen Konsuls auf. Freunde hatten ihm nahegelegt, Kontakt zu ihr aufzunehmen. Er ergattert bei ihr einen Termin zum Tee. Zwar weiß er, dass sie berühmt ist und als schwierig gilt, aber ihre Werke hat er nicht gelesen. Am 5. Januar 1964 beziehungsweise »Jänner«, wie die Österreicher sagen, klingelt er bei ihr in der Koenigsallee 35, um 16 Uhr.

Was aus dieser Begegnung in rasender Geschwindigkeit, in offenbar wortlosem Einverständnis, aus einer abenteuerlichen Laune heraus sich entwickeln wird, ist einigermaßen spektakulär zu nennen. Binnen weniger Tage wird sich das seltsame Duo, das sich weiterhin mit »Sie« anspricht, auf Reisen begeben – zunächst, zweimal hintereinander, nach Prag, wo Ingeborg Bachmanns Lethargie plötzlich von ihr abfällt. In der Folge dieser Wintertrips entstehen wieder Gedichte, und weiß Gott keine unwichtigen, sondern einige ihrer schönsten überhaupt. Die zwei Pragreisen Mitte Januar und dann noch einmal Ende Februar / Anfang März rühren an verschüttete, nostalgische Heimatgefühle.

140

Die hängen mit dem untergegangenen k.u.k. Reich zusammen, mit einer literarischen Gegend, in der ein anderes Deutsch gültig war, nicht das zackig-maulige Berlinerisch, sondern das Deutsch Kafkas, Joseph Roths oder Musils. Es ist jenes Deutsch, dem sie sich zugehörig fühlt. In dem Gedicht *Prag Jänner 64* ist ihr sogar zumute, als wäre sie »wieder zuhause«. Etwas Verlorenes wird in diesem Prager Wintermärchen gefunden, erfunden, wiedergefunden, eine utopische Heimat und eine die Weltliteratur umarmende Sprache. Diese Sprache schafft es, in einer Eingebung, die Bachmann später ein »Geschenk« nennen wird, Böhmen »ans Meer« zu begnadigen.[125]

Die zweite, weit längere Reise führt, via Griechenland, nach Ägypten und in den Sudan. Am 20. April trifft sie sich mit Adolf Opel in Athen, der bereits dort ist, eine Woche später geht es mit dem Schiff nach Alexandria, es folgen Kairo, Hurghada am Roten Meer, Luxor und Theben, Assuan, Abu Simbel und Wadi Halfa. Mal nimmt man das Flugzeug, mal den Bus. Etwa am 12. Juni kehrt Ingeborg Bachmann nach Berlin zurück. Das sind, alles in allem, Prag mitgerechnet, gut zehn gemeinsam verlebte Wochen. Und deshalb hat Adolf Opel ein Erinnerungsbuch darüber geschrieben; Titel: »*Wo mir das Lachen zurückgekommen ist …*« *Auf Reisen mit Ingeborg Bachmann*. Das Buch, mehr als drei Jahrzehnte nach den Ereignissen erschienen, hat viele Mitglieder der Bachmann-Gemeinde empört, zum Teil sogar angewidert. Man hat gegen Opel den Vorwurf erhoben, sich in ihr Privatleben gedrängt und dann auch noch das Gebot der Diskretion verletzt zu haben. Es stimmt, das Buch ist nicht gerade diskret. Aber die dort geschilderten Tatsachen, insbesondere das Erlebnis einer gemeinsamen Orgie, sind durch ihr Werk gedeckt. Und vor allem: Diese Reisen haben sie aus einem Tief befreit. Danach konnte sie wieder arbeiten.

Eigentlich sollten alle Damen und Herren, die sich über das bisschen Tratsch in Opels Reiseerzählungen echauffieren, dem jungen Mann von damals dankbar sein. Einer der wichtigsten Bachmann-Forscher sieht dies inzwischen ebenso. Hans Höller, der mit der Herausgabe einer neuen Werkausgabe betraut ist (eine Kooperation zwischen den Verlagen Suhrkamp und Piper, deren erste Bände 2017 erschienen sind), hat sich mir gegenüber entsprechend geäußert.[126] Anfangs hatte auch er gegen Opels Buch polemisiert. Seine Meinung ist heute eine andere. Man müsse zugeben, dass ohne Adolf Opels tollkühne Überredungsgabe zu diesen Reisen, dass ohne die damit verbundenen Eindrücke Bachmann womöglich aus ihrer schweren Schaffens- und Lebenskrise nicht herausgekommen wäre. Es ist Opels Initiative, Neugier und Unvoreingenommenheit zu verdanken, dass ihr in der Wüste, wie sie in einem Brief an den Reisegefährten im Rückblick schrieb, »das Lachen zurückgekommen ist«.[127]

Die Abwehr gegen Opel, vermute ich, meint im Grunde eine Abwehr gegen die Orgie selbst oder besser: gegen das, wofür die Orgie steht. Verstörend ist, dass damit eine Schicht von Ingeborg Bachmanns Persönlichkeit freigelegt wird, die einzuschätzen alles andere als leichtfällt – ihre Neigung zu sexueller Grenzüberschreitung. Gleich in den ersten Entwürfen zum Romanzyklus der *Todesarten*, dem sogenannten *Wüstenbuch*, ist von einer Orgie in verschiedenen Varianten und markanten Details die Rede. Und nicht nur das: Dieser Orgie wird die Wirkung einer »heilsamen Rache« zugeschrieben – von Bachmann, nicht von Opel!

Doch zurück zur Teestunde an jenem Januarnachmittag in Berlin-Grunewald. Man muss Opels Bericht nicht mögen, jeder hat das Recht, seinen Stil als aufdringlich oder unpassend zu empfinden. Wer aber ein bisschen Übung mitbringt, kann zwischen den Zeilen lesen. Was ist das für ein junger Mann, der mutig genug ist, der prominenten Landsmännin sofort Avancen zu machen? Angeblich landen sie noch in derselben Nacht im Bett, und angeblich verordnet Bachmann für »Intimes« die französische Sprache. Er fragt also: »Est-ce qu'il faut faire attention?« (»Müssen wir aufpassen?«) Sie antwortet auf Deutsch: »Nein, das will ich nicht.« Womit für den Berlinbesucher feststeht: »Die erste Lektion ist gelernt. Es gibt im Zusammensein mit ihr keine Reserve, keinerlei Rückhalt. Was immer sie tut, es wird zum Hochseilakt in schwindelnder Höhe, kein Sicherheitsnetz ist eingeplant; wenn man abstürzt, dann ganz, sei der Aufschlag in der Arena auch noch so hart. Doch es kommt zu keinem Absturz, das Gleichgewicht könnte nicht besser verteilt sein.«[128]

Das Stichwort »Gleichgewicht« lässt aufhorchen. Anders als in der leidvoll beendeten Liebesgeschichte mit Max Frisch, die – so zumindest suggerieren ihre diversen literarischen Verarbeitungen – auf Ungleichheit, auf Ausbeutung und am Ende auf Vernichtung basiert haben soll; anders also als in der Krisenkonstellation der gedemütigten Frau haben wir es nun mit einer Konstellation des Gleichgewichts zu tun. Oder auch: mit einer Komplizenschaft, die sofort alle Schleusen öffnet. Dies impliziert, zumindest anfangs, die Verabredung, dass aus dem Verhältnis nichts folge: kein Anspruch. Diese Beziehung basiert, was entscheidend gewesen sein dürfte, auf der Ablehnung jeglicher Konvention. Ja, die Konventionsverweigerung ist geradezu ihre Bedingung.

Und es ist mehr als eine Affäre, die hier ihren Anfang nimmt. Am zweiten Abend ihrer Bekanntschaft begleitet Bachmann ihn auf eine Party bei Opels Gastgeber, dem brasilianischen Konsul. In dessen Wohnung in Berlin-Zehlendorf kann man ausgelassen feiern, ohne Rücksicht auf Nachbarn nehmen zu müssen. Die südamerikanischen Temperamentsschwaden scheinen Bachmann zu lockern, sie tanzt ausgiebig zu Bossa nova und Samba. Aber Opel, der sehr wohl ein genauer Beobachter ist, bemerkt noch etwas anderes an ihr: ein spezifisches Verhältnis zur Schmerzlust. Da war dieser kleine Unfall: Eine brennende Kerze, mit der er ihr helfen will, die nächste Zigarette anzuzünden, fällt ihr in den Schoß. Die Kerze brennt dort weiter, sie erstickt das Feuer mit der bloßen Hand, Wachsflecken bleiben auf dem Kleid zurück, aber alles sei in Ordnung, versichert sie. Und er fängt einen Blick auf, den er als verschwörerisch deutet, als »verschlüsselte Botschaft«. Es wird, schreibt Adolf Opel, »seine Zeit dauern, bis ich mehr oder weniger instinktiv erfasse, dass es das Stimulans des körperlichen Schmerzes ist, um das es hier geht«.[129]

Mir kommt das glaubwürdig vor. Adolf Opel war der Komplize Bachmanns in jener Situation; ein junger Kulturjournalist, der nicht viel über sie wusste – wie entlastend! – und der sorglos das Angebot unterbreitete, sie auf seine geplanten Reisen mitzunehmen. Man sollte an dieser Stelle einen Begriff einführen, der einiges zu erklären hilft: den des homosexuellen Schutzraums. Von diesem (auch sozialen) Schutzraum hat Bachmann, behaupte ich, in ihrem Leben profitiert. Die Gesellschaft homosexueller Männer hat ihr eine Freiheit geschenkt, die sie sonst nicht kennengelernt hätte. Auch wenn Opel die Identitätsmarke »homosexuell« oder »schwul« für sich ablehnt, kennt er sich in dem Milieu gut aus. Wir befinden uns im Jahr 1964, vor »Stonewall«, das heißt vor der organisierten schwulen Befreiungsbewegung.[130] Trotzdem gab es ein Klima der Freizügigkeit, das Opel nutzt, und wer die Zeichen zu deuten versteht, dem kommen keine Zweifel, dass in seiner Person im richtigen Moment der unerschrockene Retter auftaucht. Es kommt zu dem Bündnis einer depressiv gewordenen Diva mit einem weit jüngeren lebenslustigen Abenteurer. Man könnte ebenso gut sagen: Sie gebraucht ihn. Wie man am unrühmlichen Ende der Beziehung sehen wird – Adolf Opel hat davon am Telefon erzählt –, erweist sich Bachmann ihm gegenüber nicht als die große, solidarische Freundin, die sie bei anderen sein konnte, sondern als Egoistin. Darüber moralisch zu urteilen steht jedoch höchstens ihm zu.[131]

Homosexuelle Männer haben Ingeborg Bachmann immer wieder gutgetan.[132] An erster Stelle steht unangefochten Hans Werner Henze, den sie seit der Tagung der Gruppe 47 im Herbst 1952 kannte, eine ihrer innigsten Freundschaftsbeziehungen überhaupt. Diese »geschwisterliche« Beziehung zu Henze war lange Zeit von wechselseitiger Bewunderung und Kreativität getragen, von glücklich gemeinsam verbrachter Zeit – in Neapel, auf Ischia, in Marino – und von geteilten Besitzansprüchen. Es gab Heiratspläne und Verletzungen, die Bachmann souverän wegsteckte – man entnehme das dem umfangreichen, teilweise auf Italienisch geführten Briefwechsel. Beide hatten Naziväter gehabt, beider Väter waren Lehrer, beide kamen aus eher kleinbürgerlichen Verhältnissen, denen sie unbedingt entkommen wollten. Die zwillinghafte Verbundenheit dieser Gleichaltrigen, deren Geburtstage nur eine Woche auseinanderlagen, konnten sich wunderbar ineinander spiegeln: als mondäne Königskinder. Die einst tiefe Verbundenheit war allerdings in den Berliner Jahren schon etwas angeknackst. Henze hatte Bachmanns Lebensgefährten Max Frisch nie leiden können, und dass seine Freundin Ingeborg sich von einem (wie er meinte) Schweizer Biedermann erst jahrelang dominieren, dann kränken und lähmen ließ, wollte er einfach nicht hinnehmen. Das zeigen Henzes Briefe klipp und klar. In der Zeit ihrer »größten Niederlage« nach der Trennung von Frisch war denn auch Henze, wohl auch weil er wenig Verständnis für ihre Situation zeigte, nicht sehr ansprechbar.[133]

In dieses Vakuum tritt nun der junge Adolf Opel. Er ist es, der in jenem Moment des Winters 1964 den Schlüssel in der Hand hält, um die dunkle Kammer zuzusperren und eine andere, hellere zu öffnen. Oder mehrere Kammern. Unsichtbare Bande zum Henze-Universum bleiben hingegen bestehen. So trifft sich Opel in Athen, der ersten Reisestation auf dem Weg nach Ägypten, beispielsweise regelmäßig mit einem gewissen Chester Kallman, dem Lebensgefährten des Dichters W.H. Auden, der wiederum ein alter Bekannter von Henze aus den unbeschwerten Tagen auf Ischia in den Fünfzigern war.[134]

Der 1907 geborene Brite Auden war zuvor über viele Jahre der Partner Christopher Isherwoods gewesen, dessen Roman *Goodbye To Berlin* die Vorlage für das hinreißende Filmmusical *Cabaret* lieferte, das eine Ménage à trois (zwei Männer, eine Frau) im Berlin der sich ankündigenden Naziherrschaft schildert, mit Liza Minelli in der Hauptrolle. Diese Generation homosexueller Männer stand für eine libertäre künstlerische Bohème, die sich in der Welt tummelte, insbesondere im freizügigen Berlin der Weimarer Republik, bis die Nationalsozialisten dem Treiben ein brutales Ende bereiteten. Auden und Isherwood sind 1939 gemeinsam in die Vereinigten Staaten ausgereist. Letzterer blieb bis zu seinem Tod 1986 im kalifornischen Santa Monica, wo er sich seit den späten sechziger Jahren in der Schwulenbewegung engagiert hatte. Auden wiederum hatte ein Bauernhaus in Österreich gekauft, verbrachte die Sommer dort mit seinem neuen Lebensgefährten, bis er 1973 in Wien sterben würde. Im Todesjahr Ingeborg Bachmanns.

Opel gehörte einer jüngeren Generation an, wie auch der 1921 geborene Chester Kallman, der neue Lebensgefährte von W.H. Auden. Schöner Zufall: Für Henzes Oper *Die Bassariden* (uraufgeführt 1966) verfassten Auden und Kallman gemeinsam das Libretto. Und wer hatte 1935, um ihr einen britischen Pass zu verschaffen, Thomas Manns lesbische Tochter Erika geheiratet? Niemand anderes als Wystan Hugh Auden. Dieses kosmopolitische homosexuelle Netzwerk ist oft beschrieben worden und bleibt doch faszinierend. Wie ein Fisch im Wasser bewegte Opel sich in diesem Milieu; auf den Partys der amerikanischen Kolonie in Athen galten die eingespielten Codes. Die Hafenkneipen mit ihrer Halbweltkundschaft, den Huren, Transvestiten und Matrosen, boten den angereisten Bürgerburschen die passende Kulisse.

Es ist der Vorabend vor der Weiterreise mit dem Schiff nach Alexandria. Chester Kallman schmeißt eine Party, die Adolf Opel nicht auslassen will, während Bachmann im Hotel bleibt. Auf dem Heimweg durch die Athener Nacht liest Opel dann jene beiden jungen Männer namens Alkis und Costas auf, die er kennt und die er mitnimmt ins Hotel. Sie sind die Protagonisten jener »Orgie« zu viert. Der Begriff wird von Opel aufgegriffen, weil Bachmann ihm anvertraut haben soll, genau das würde sie einmal gern erleben: »Bei einer richtigen Orgie würde sie zumindest einmal in ihrem Leben dabei sein und mitmachen dürfen. Nein, nur Männer dürften dabei sein, keine andere Frau, geschweige denn andere Frauen.«[135] Opel schildert auf seine Weise, wie er mit Alkis und Costas im Hotelzimmer aufkreuzt und der schon eingenickten, dann sofort hellwachen Bachmann anbietet, sie könne nun ihre Orgie haben. Das sei die Gelegenheit. Angeblich zögert sie kurz, entschließt sich dann aber doch dazu. Was genau passiert, erzählt Opel nicht.

Wichtig – für uns – ist ohnehin weniger das Vorkommnis als solches als vielmehr die Frage, was es für Bachmann bedeutet. Wichtig an der Orgie ist ihre Funktion, auch ihre Wunschstruktur, die sich im literarischen Gestaltungsversuch offenbart. In der Werkausgabe von 1978 fehlt das *Wüstenbuch* noch. Erst die umfangreiche Ausgabe sämtlicher Vorstufen zum *Todesarten*-Projekt von 1995 dokumentiert diese Entwürfe.[136] Werkgenetisch steht das *Wüstenbuch* zunächst für sich. Es ist noch nicht eingebunden in die Romanhandlung um den *Fall Franza*, und gerade wegen dieser Direktheit des Wunschcharakters sind die Entwürfe so aufschlussreich.

Bemerkenswerterweise wird die Orgie sogleich verlagert von Griechenland, der Wiege Europas, in den Orient. Konkret: Das Athener Ereignis wird in die Wüste an der Grenze Ägyptens verschoben, nach Wadi Halfa, eine Hafenstadt am Nil im nördlichen Sudan, die zum Zeitpunkt von Bachmanns und Opels Reise kurz vor der Überflutung stand. Wadi Halfa war nämlich für den Bau des von sowjetischen Ingenieuren konstruierten Assuan-Staudamms preisgegeben worden, die Einwohner wurden vertrieben. Bachmann spielt auf das Politikum an. Hier, in Wadi Halfa, findet die Orgie des *Wüstenbuchs* statt.

Weiterhin fällt auf, dass das erzählende, weibliche, namenlose Ich *allein* unterwegs ist. Der reale Begleiter Adolf Opel kommt nicht vor. Er hat zwar die Reise überhaupt erst ermöglicht und bestens vorbereitet, aber als literarische Figur wird er nicht benötigt. Die Basiskonstellation besteht also aus einer allein reisenden Frau, die sich einheimischen Männern (im Plural) hingibt und dabei eine überwältigende Wandlung erlebt. Wer ist diese Frau? Eine Touristin weißer Hautfarbe, eine Europäerin, deren Ehre verletzt worden sei und die offenbar eine ordentliche Portion Selbsthass im Gepäck mitführt. Die Wüste gerät die-

sem beschädigten Ich zur Offenbarung, wird überhöht als
Ort der Erlösung, und das heißt des Selbstverlustes und
der Selbstfindung zugleich: »Ich komme zu mir, mit einem
einzigen Gedanken: Die Wüste, ich will die Wüste, die
meine Augen und alle meine Nerven beschäftigt, sie rinnt
langsam in meine Augen, nach neun Stunden in der Wüste
weiß ich, dass ich mein Gleichgewicht wieder habe, auf
der Raststätte, in der die Männer sich die Wasserpfeifen
bringen lassen und ich meinen ersten Kaffee trinke, sind
die Gleichgewichtsstörungen verschwunden.«[137] »Man erlebt nichts«, heißt es an anderer Stelle. »Man begibt sich
unter ein anderes Gesetz, in eine andere Zeit, erhält andre
Empfindungen.«[138] Ein anderes Gesetz! Eine andere Zeit!
Andere Empfindungen! Große Worte, als wäre das der
utopische Gegenentwurf schlechthin. Ganz im Sinne des
Geheilt-worden-Seins heißt es: »Es kann mir nichts mehr
geschehen.«[139]

Zu ihren besten Texten zählt das Wüstenbuch, das die
Grenze zum Kitsch streift, gewiss nicht. Auch wird der
Orgie als erotischem Heilungsphantasma viel zu viel auf-
gebürdet. Beispielsweise eine postkoloniale Moralvorstel-
lung. Oder eine pseudoreligiöse Verklärung. Allen Ernstes
wird der schöne »fremde« Männerkörper als sexualisiertes
Heiligenbild gefeiert: »Er soll hier stehen bleiben, wie er
aufgestanden ist, mit der Olivenhaut, dem Lächeln, ein
Halbgott, der seine Taschen umdreht, wenn er morgen
nicht mehr das Geld fürs Mittagessen hat, ein jemand, ein
niemand, der das Geschlecht wechselt und dem nächsten
Herrn günstig gesinnt ist.«[140] Aber vergessen wir nicht,
dass Bachmann diese Passagen nie veröffentlicht hat. Des

vorläufigen Charakters der Aufzeichnungen dürfte sie sich vollkommen bewusst gewesen sein.

Die Logik der Orgie verlangt Anonymität und die Austreibung der Emotion, was in Bachmanns Perspektive nicht zu kalter Pornographie führt; das wäre schließlich auch denkbar. Stattdessen heißt es maßlos enthusiastisch: »[…] wenn die Gefühle als überflüssig erkannt sind, wenn der wortlose Triumph des Sexus über die wortreichen Heucheleien von Jahren den Sieg davon getragen hat. Gefühl von großer Reinheit, von einiger Wahrheit, die die ganze ›Sauberkeit‹ von Beziehungen der Lächerlichkeit preisgibt. Was für ein Gelächter ist in der Nacht, wenn die abgetakelte Moral in einem Sog der Aufrichtigkeit untergeht […].«[141]

Die Heilung und Erlösung bringende Wüste, als Sehnsuchtslandschaft,[142] steht in Verbindung mit der Idealisierung des orientalischen Mannes, der sich absetzt vom abendländischen Übeltäter: »Muammed, Muammed. Drei Körper, die sich verschlingen, die einzige Befriedigung, die Tötung der anderen Rasse. Ich weiß, sie werden sich aussöhnen, sie müssen sich aussöhnen, aber ich habe in diesem Augenblick mich für immer von der höheren Rasse entfernt. Ich habe meine Rache gehabt in diesem Augenblick, über alle Biedermänner, denen ich geopfert habe, über alle Eitelkeiten und Vorstellungen, die ich selbst hatte in der Welt der Biedermänner.«[143]

In den weiteren Entwürfen aus dem *Todesarten*-Zyklus werden die schrecklichen Biedermänner Namen tragen wie Leo Jordan, der angesehene Wiener Arzt, der seine Ehefrau Franziska Jordan zum medizinischen »Fall« erniedrigt

(*Der Fall Franza* oder auch *Das Buch Franza*); oder Toni
Marek, der Schriftsteller, dem die Schauspielerin Fanny
Goldmann verfällt und der sie zerstört *(Requiem für Fanny
Goldmann)*; oder der mörderische Vater aus dem zweiten
Kapitel in *Malina*. Sie alle werden zu Gegnern des weibli-
chen Ich erklärt, aber in der Wüste, und nur dort, vermag
das Ich sich mit einem anderen Typus Mann zu trösten.
Und dieser »Mann des Trostes« ist eben der idealisierte
Orientale.

Es berührt schon seltsam, dass Bachmanns erotisch-tou-
ristischer Einzug nach Ägypten den biblischen Auszug der
Israeliten aus Ägypten motivgeschichtlich umkehrt. Wir
erinnern uns an Paul Celans Gedicht *In Ägypten*, das er
ihr zum 22. Geburtstag in Wien gewidmet hatte, im Juni
des Jahres 1948. Jenes Gedicht, das die Geliebte vom jüdischen Gedächtnis »um Ruth, um Mirjam und Noemi« aus-
schließt. Und jetzt das: Eine Frau, Ende dreißig, die sich
der eigenen »weißen Rasse« schämt, lässt sich vom afri-
kanischen Mann mit Genuss überwältigen. Dieser Mann
trägt einen arabisch-muslimischen Namen, Muammed.
Und er ist ein armer Mann (der »morgen nicht mehr das
Geld fürs Mittagessen hat«), einer, dessen sexuelle Iden-
tität variabel zu sein scheint, »ein jemand, ein niemand, der
das Geschlecht wechselt und dem nächsten Herrn günstig gesinnt ist«. Das bedeutet, er prostituiert sich; auf den
»nächsten Herrn« kann er sich nach Bedarf umstellen. Auf
den nächsten Herrn – oder die nächste Herrin?

Ob sich das Motivgeflecht aus postkolonialen Schuldgefühlen speist, was bei einer Österreicherin nicht unbedingt
zwingend wäre, oder ob es sich aus der Fixierung auf den

»weißen Mann« herleitet? Eher werden wir beim Zeitgeist fündig, scheint mir. Es ist beispielsweise recht wahrscheinlich, dass sie Frantz Fanons Bestseller *Die Verdammten dieser Erde* kannte. Die Originalausgabe, *Les damnés de la terre*, war 1961 erschienen und das Buch unter Intellektuellen in aller Munde. Und Bachmann las fließend Französisch, sie musste auf die deutsche Übersetzung nicht warten. (Die erschien 1966 bei Suhrkamp mit dem Vorwort von Jean-Paul Sartre.) Der aus Martinique stammende Frantz Fanon berichtet in diesem Klassiker des Antikolonialismus aus der Perspektive des Arztes, als der er selbst in Algerien gearbeitet hat. Er behandelte, als Psychiater, die traumatisierten Opfer des Algerienkrieges, Männer wie Frauen. Er wäre in Bachmanns Beurteilungsskala von guten und schlechten Ärzten der gute Arzt gewesen. Fanon war einer, der, wie der von ihr verehrte deutsche Arzt Georg Groddeck, den Patienten nicht nur mit Empathie begegnete, sondern der darüber hinaus die Ursachen ihrer Erkrankung außerhalb ihrer selbst erkannte: in der Gesellschaft, den Geschlechterverhältnissen, in falschen Sittlichkeits- und Hygienevorstellungen oder eben im Kolonialismus.[144] Fanon schreibt: »Der Kolonialherr und der Kolonisierte sind alte Bekannte. Der Kolonialherr kann tatsächlich mit Recht behaupten, ›sie‹ zu kennen. Er ist es, der den Kolonisierten geschaffen hat und noch fortfährt, ihn zu schaffen. Der Kolonialherr gewinnt seine Wahrheit, das heißt seine Güter, aus dem Kolonialsystem.«[145]

Die Provokation des *Wüstenbuchs* besteht darin, dass das weibliche Ich sich an die Stelle des »Herrn« setzt, während es identifiziert bleibt mit dem »Opfer«. Das sich im Um-

feld der Orgie artikulierende Ich erlebt dank des nicht-
weißen Mannes seine »Heilung« von der »Krankheit«, die
der weiße Mann ihr zugefügt habe, so die Grundidee. Zugleich gehört dieses Ich aber eben einer Frau, die vor dem
Hintergrund der Sittengeschichte handelt wie ein Mann.
Das heißt, diese Frau tut, was der Konvention nach nur
den Männern zugestanden wird. Sie entwirft sich, bei und
trotz aller Beschädigung, als Souverän – kein stimmiger,
aber doch ein erstaunlicher Kunstgriff.

Von 1849 bis 1851 war der wohlhabende Bürgerssohn und
angehende Schriftsteller Gustave Flaubert zusammen mit
seinem Freund Maxime Du Camp auf einer Orientreise,
deren »klassische« Route von Alexandria über Kairo bis
nach Wadi Halfa Adolf Opel und Ingeborg Bachmann
mehr als hundert Jahre danach weitgehend folgen. Der
Orient war Mitte des 19. Jahrhunderts absolut in Mode
gewesen, und wir brauchen uns gar nicht einzureden, dass
es seitdem einen Sittenverfall gegeben hätte. Zwar kannte
man noch nicht den Massensextourismus heutiger Tage
(etwa nach Thailand), aber auf sinnlich ausgehungerte
junge Herren wie Flaubert und seinen Freund war man im
Ägypten des Abbas Pascha eingestellt. Dieser Pascha, der
von 1848 bis 1854 herrschte, habe selbst allerdings Jungen
bevorzugt, notiert Flaubert gelassen. Daher hätten weibliche Prostituierte sich als »Tänzerinnen« ausgeben müssen. In den Bordellen hätten die Freier keinen Lärm machen dürfen, während Transvestiten, als Frau verkleidete
Stricher, problemlos geduldet wurden.

Solche interessanten Beobachtungen findet man in
Flauberts *Reise nach Ägypten*, die zu Bachmanns Reiselek-

türe zählte, wie Adolf Opel uns wissen lässt. Mit Inbrunst nahm Flaubert die Dienste von Prostituierten in Anspruch, was er ebenso knapp wie brutal in seinen Reisenotizen festhielt. Ob Bachmann das Buch im Original oder in deutscher Übersetzung dabeihatte, wissen wir nicht. Aber so viel kann man doch sagen: Sie las die gekürzte, von Flauberts Nichte zensierte Fassung. Die unzensierte Fassung erschien erst 1991. Da der Unterschied zwischen den beiden Fassungen erheblich ist, sind die folgenden Zitatbrocken der unzensierten Fassung entnommen.

Angesichts der islamistischen Prüderie unserer Gegenwart hält man den Atem an, wenn man Flaubert in ein Kairoer Bordell folgt, wo er sich eine gewisse Hadély aussucht. In Begleitung des stets anwesenden Übersetzers begeben sie sich in eine Kammer. Die »femme musulmane«, die Muslima, die normalerweise »verbarrikadiert« sei, wie Flaubert feststellt, liegt nun nackt vor ihm. Und er erblickt die »großen Lippen beschnitten«, »das Schamhaar rasiert«, der »Eindruck ihrer Möse war der von trockenem Fett«. Dann schläft er mit ihr »auf der Matte«. Das Ganze erscheint ihm wie »Pest und Lepra«, was sich grauenvoll anhört, aber der »Intensität des Blicks« zwischen Freier und Hure keinen Abbruch tut: Die »Augen sind ineinander versunken«.[146] Gewissensnöte gegenüber den Prostituierten kennt Flaubert nicht; dass sie beschnitten sind, hält er für eine orientalische Form der Poesie. Selbst als er einem fünfzehnjährigen Mädchen in einem Zelt am Ufer des Nils zugeführt wird, meldet sich keinerlei Empörung; vielmehr rühmt Flaubert die Frische des Mädchenkörpers.

Das moderne Ägypten, das unsere beiden Österreicher

bereisen, wird von dem sozialistischen Staatspräsidenten Gamal Abdel Nasser regiert, der bei westlichen Journalisten den Spitznamen »der rote Pharao« trug.[147] Der
orientalische Gesamteindruck war trotz des Autoverkehrs
und beginnenden Massentourismus noch einigermaßen
intakt. Aber besonders unternehmungslustig war Bachmann nicht. Gern blieb sie, wie von Opel zu erfahren ist,
auf dem Hausboot von James Hatch, einem amerikanischen Schriftsteller, der mit Frau und Kindern in Kairo
lebte. Opel kannte ihn aus Studienzeiten in den USA. Das
Hausboot, groß genug, um die beiden Gäste aufzunehmen,
lag vor der Nilinsel Zamalek vor Anker. Was auch immer
»äußerlich« geschah – hier fand Bachmann ihren »inneren
Orient«.[148] Und in diesem inneren Orient geht es nicht
um die muslimischen Frauen, die Flaubert gereizt hatten,
sondern um die Männer.

Unterstreiche: Es blickt eine westliche Frau auf diese
Männer. Und, zumindest nach Meinung ihres Reisebe-
gleiters Adolf Opel, betrachtet sie die Männer wiederum
wie ein homosexueller Mann. »Schon früher, wann immer wir auf das Thema gekommen sind«, schreibt Opel,
»dass sie mit Männern, die für Frauen absolut nichts übrig
haben, geradezu solidarisch empfinde; mehr noch: Wenn
sie sich zu Männern hingezogen fühle, dann keineswegs
so wie in überkommener Weise als Frau – sondern ganz
wie ein homosexueller Mann, der nur Augen für seines-
gleichen hat.«[149] Jedoch geht ihre eigene Suchbewegung
darüber hinaus, wenn sie schreibt: »Der Orient, die Männer für die Männer, sie sind nicht homosexuell, sondern
sie machen von beiden Möglichkeiten Gebrauch, aber

wir verstehen das falsch, es muss etwas Andres sein, die Grenzverwischung, Triebverwischung, die als Möglichkeit gegeben ist.«[150]

Bereits Bachmanns ungemein kluger Radioessay über Proust belegt, wie gründlich sie über das Thema seit längerem nachdenkt. Der Essay war im Mai 1958 gesendet worden; er trägt den Titel *Die Welt Marcel Prousts – Einblicke in ein Pandämonium*. Besonderes Augenmerk legt sie auf die Bedeutung des tuntigen Baron de Charlus, der in Prousts Romanzyklus *Auf der Suche nach der verlorenen Zeit* eine das ganze Gesellschaftssystem widerspiegelnde Schlüsselrolle einnimmt; nicht als »befreiter« Homosexueller, sondern im Gegenteil als maskierter. Er ist ein Angehöriger der »verdammten Rasse«, ständig in Angst vor der Entlarvung lebend. Auf Charlus trifft zu, was Proust als das allgemeine Gesetz der Liebe ausgibt: dass man erotisch in der eigenen sozialen Klasse nicht glücklich wird. Die Beispiele reichen von Swann, dem reichen kunstsinnigen Juden, der einer leicht vulgären Luxushure verfällt, bis zum Erzähler Marcel, dem eine robuste Radfahrerin aus dem Kleinbürgertum den Kopf verdreht. Der hochwohlgeborene Aristokrat Charlus seinerseits ist einem Geiger aus dem Volk verfallen. Was ihn nicht davon abhält, während Bomben auf Paris fallen, in die dunklen Gänge der Metro zu eilen – für anonymen Sex; oder, angekettet wie Prometheus an seinen Felsen, die Peitschenhiebe eines grobschlächtigen Kerls auf sich niedergehen zu lassen. Bachmann spricht von »Prousts Kühnheiten« und von »neuen Wahrheiten« und meint, die Zeit sei gekommen, »affektlos« darüber zu sprechen.[151]

Nach Affektlosigkeit sucht man in den Gedankenspielen des *Wüstenbuchs* vergeblich, ganz im Gegenteil: »Grenzverwischung« und »Triebverwischung«, die sie bei den Männern des Orients als Möglichkeit einer anderen Sexualität sehen will, haben das Zeug zum emphatischen Bekenntnis. Erstaunlich, wie sehr die Begrifflichkeit sich mit der Transgender-Obsession unserer Tage deckt. Die im *Wüstenbuch* manifest werdende Wunschstruktur verrät, dass Bachmann den Festlegungen entkommen will. Sie will der eigenen weißen »Rasse« entkommen, ein Wort, das sie verblüffend unbefangen verwendet, und sie projiziert dieses Entkommen auf die orientalischen Männer, die sie eben nicht für homosexuell hält. Das sind keine Maskierungen im Sinne Prousts, sondern affektgeladene, klar ausgesprochene, überhöhte Sehnsüchte.

Opel teilt eine weitere Orgienphantasie mit, die nicht in die Sehnsuchtslandschaft der Wüste gehört, sondern in die Stadt, nach Europa, auf die Straße. Während der langen gemeinsamen Reise, schreibt er, hätten sie auch über die »unerfüllten und wohl auch unerfüllbaren erotischen Wunschvorstellungen, die jeder von uns in sich trägt«, gesprochen. So will er in Erfahrung gebracht haben: »Was sie sich einmal wünschen würde: Bei einem Trupp von Straßenarbeitern anzuhalten, die mit nacktem Oberkörper, schweißbedeckt und rußverschmiert, ihrer Beschäftigung nachgehen; wie Stricke treten die Adern an ihren muskulösen Armen hervor, mit denen sie die ein infernalisches Getöse erzeugenden Presslufthämmer einen Zementboden aufsplittern lassen; zentaurenhaft scheinen sie mit diesen riesigen Presslufthämmern verwachsen zu sein,

Reitern gleich auf einem wild aufbockenden Pferd; von diesen fremden Männern, ohne dass ein Wort gewechselt würde – was bei dem ohrenbetäubenden Lärm wohl auch kaum möglich wäre – vergewaltigt zu werden; einer nach dem anderen, alle zusammen; eine richtige Orgie.«[152]

Wir erfahren also: Diese phantasierte Orgie, gewalttätig von mehreren Männern unterworfen zu werden, liegt bereits vor der Reise nach Ägypten in ihrem inneren Geheimfach bereit. Nach der Reise, in den Entwürfen zum *Wüstenbuch*, mündet dieser Inhalt dann in eine sanftere, »orientalische« Variante. Die Männer im Plural bleiben Bedingung. Es sind aber, halten wir das fest, zwei einander entgegengesetzte Phantasien: die europäische Straßenarbeiter-Vergewaltigung versus die orientalisch-mystische Verschmelzung mit mehreren Männern.

Und noch ein Unterschied fällt auf. Die nordafrikanische Orgie ist moralisch überfrachtet mit antirassistischen, antikolonialistischen Akzenten. Hingegen kommt die ordinäre Straßenarbeiter-Vergewaltigungsphantasie einem masochistischen Stereotyp nah. Ich würde sogar noch einen Schritt weiter gehen und die Hypothese wagen: Nur die Orgienphantasie des *Wüstenbuchs* ist verbunden mit Heilungs- und Rachephantasien, die Straßenorgie nicht. Diese gewalttätige Orgie – im Unterschied zur sanften, orientalischen Variante – wirkt authentischer und hat wohl einiges mit Bachmanns Lebenswirklichkeit zu tun.

Wie manifest ihre Vergewaltigungsphantasien sind, zeigt sich auch in dem Entwurf zu einer Erzählung namens *Rosamunde* aus dem zeitlichen Umfeld der *Todesarten*. Hinter dem harmlosen Titel verbirgt sich eine junge

Frau gleichen Namens, eben Rosamunde, Assistentin am Philosophischen Institut in Wien, die regelmäßig davon träumt, von »zwanzig Soldaten in graugrünen Uniformen« vergewaltigt zu werden (die Erzählung ist in der Nachkriegszeit situiert); danach wird sie, in ihrem Tagtraum, noch einmal von mehreren Offizieren vergewaltigt: Sie tut alles, »was man von ihr wollte«, »es war eine demütigende Sache, und sie fühlte sich gar nicht schlecht dabei«.[153]

Hartnäckig halten sich Gerüchte über Bachmanns Gewohnheiten besonders der letzten Jahre in Rom. Seit Ende 1965 wohnte sie wieder in der Stadt am Tiber, Via Bocca di Leone 60. Die Biographin kann nicht so tun, als wollte sie nicht hören, was ohnehin erzählt wird: wie Bachmann sich auf der Straße unter die Prostituierten gemischt habe, aufgetakelt, um Männer zu finden, die bereit waren, sie nach Hause zu begleiten. Ausgerechnet der feinsinnige Komponist und Pfarrer Dieter Schnebel, dessen verstorbene Frau Iris mit Ingeborg Bachmann in Rom eng befreundet war, hat es mir persönlich erzählt: dass Bachmann von einem Zuhälter vor ihrer eigenen Haustür geschlagen worden sei. Warum? Weil der keine Fremde dulden wollte, die seinen Geschäftsbetrieb störte.[154] Und auch wenn es schwerfällt, das zu glauben, weil eine entsetzliche, verzweifelte Tristesse daraus spricht, fällt mir unweigerlich das Gedicht *Via Bocca di Leone* von Marie Luise Kaschnitz ein, von der man an dieser Stelle wissen sollte, dass sie die Schwiegermutter von Dieter Schnebel war. Das Kaschnitz-Gedicht erschien ein Jahr nach Bachmanns Tod in der *Süddeutschen Zeitung*; dort heißt es: »Wohnung, dieses Versteck/Mit keinem Fenster/Zur Straße hin/Via

Bocca di Leone / In der doch eines Nachts / Der Schläger stand / Ausholte zum Fausthieb«.[155]

Die vielbeschworene »Heilung« durch die Wüstenorgie war nicht von Dauer, wie man einsehen muss, und wohl ohnehin von Anfang an eine Selbstsuggestion, ja eine Illusion. Könnte die Wüstenorgie, frage ich mich, ohne die Antwort zu wissen, die phantasmatische Kehrseite einer gefährlichen, gelebten Promiskuität gewesen sein, die vor den gesellschaftlichen Mauern nicht haltmacht, sie vielmehr durchbrechen will, und sei es um den Preis der Selbstaufgabe?

Guter Vater, böser Vater

Im März 1971 erscheint, endlich, nach vielen Jahren mü-
hevoller Arbeit, der Roman *Malina* – darin enthalten ist
das brutalste Stück Prosa, das Ingeborg Bachmann jemals veröffentlicht hat. Das mittlere von insgesamt drei
Kapiteln trägt den Titel *Der dritte Mann*: ein Kapitel der
Albträume, mit dem »Vater« in der Hauptrolle. Der Vater tritt auf als Mörder, als KZ-Scherge, als Folterer und
Vergewaltiger; er will das Ich des Romans vergasen, steckt
ihm einen schwarzen Schlauch in den Mund, er hat mit
dem Ich Blutschande getrieben, ein Kind ist daraus her-
vorgegangen; der Vater betrügt die schwache, hilflose Mutter – »meine Mutter« – mit einer jüngeren, boshaften Frau
namens Melanie. Nichts ist dem Vater unangenehm, so
etwas wie ein Gewissen kennt er nicht, er schämt sich für
nichts, im Gegenteil, lebt sich aus in den Gewaltexzessen,
die seinem Wesen entsprechen. Er trinkt viel, er schlägt
die Tochter und die Mutter, ist gereizt, brüllt und schreit.
Sein Ziel: dass das träumende, erzählende Ich ein Grab
finden möge auf dem »Friedhof der ermordeten Töchter«.
Als der Totengräber hinzutritt, zieht der Vater schnell die
Hand weg von der Schulter seiner Tochter, als schäme
er sich doch ein bisschen, zumindest vor dem Blick des
Totengräbers.

Der Friedhof der ermordeten Töchter liegt am Ufer eines Sees, der keinen Namen trägt, aber sehr wohl denkt man an den Wörthersee am Rande von Klagenfurt, wo Bachmann als Kind oft geschwommen ist. Eine heitere Aufnahme aus dem Familienalbum zeugt davon.[156] Aber der Vater, mit dem Bachmann und ihre Schwester Isolde – auf jener Fotografie vom Sommer 1937 – im Wasser des Wörthersees planschen, muss ein anderer Vater sein als der des Traumkapitels aus *Malina*. Den Roman-Vater lesen wir als die Verkörperung des Bösen schlechthin. Als absoluten Täter, als Verbrecher wider alles Zarte, wider alle Hilfsbedürftigen, wider alle Töchter dieser Welt.

1962 haben Hannah Arendt und Ingeborg Bachmann einander in New York kennengelernt, die gegenseitige Verehrung ist verbürgt. Dass Arendts Buch über den Prozess gegen Adolf Eichmann mit der legendär gewordenen (und oft missverstandenen) Formel von der »Banalität des Bösen« bei der Gestaltung des Traumkapitels inspirierend im Hintergrund steht, halte ich für wahrscheinlich. Hannah Arendt soll sich Bachmann sogar als Übersetzerin gewünscht haben (in Verkennung ihrer Englischkenntnisse).[157] Die Albträume über den bösen Vater lassen weiterhin an die blutrünstigen Szenerien eines Hieronymus Bosch denken oder an die Höllenszenen aus Dantes *Göttlicher Komödie*. Und noch etwas spielt hinein. Ihren Verleger Klaus Piper, der damals noch hoffte, die Romane des *Todesarten*-Zyklus veröffentlichen zu können, hat Bachmann um wissenschaftliche Literatur über NS-Medizin, über Euthanasie, vor allem über Versuche an weiblichen Häftlingen gebeten. Der Briefwechsel mit

Piper belegt, dass der Verlag dem Wunsch gewissenhaft nachgekommen ist. So gehörte beispielsweise Alexander Mitscherlichs Buch *Medizin ohne Menschlichkeit*, das die Dokumente der Nürnberger Ärzteprozesse auswertet, zu der ihr zugesandten Auswahl.[158]

Offensichtlich ist der Vater des Traumkapitels in seiner brutalisierten Überhöhung eine Chiffre, die für etwas Umfassenderes steht, etwas, das über das Leben eines Einzelnen hinausgeht. So darf die Gaskammer nicht die eines konkreten Konzentrationslagers, sondern muss gleich »die größte Gaskammer der Welt« sein, in der das Ich des Romans, also die Tochter des bösen Vaters, vergast werden soll. Die Stilisierung liegt schon im Superlativ. Und doch kriecht der Verdacht zwischen die Zeilen, ob nicht Züge des eigenen Vaters, des Lehrers, NSDAP-Mitglieds und Wehrmachtoffiziers Matthias Bachmann kenntlich werden sollen in diesem wagemutigen Stück Prosa. Gerade weil die Erzählerin »weiß, dass ich wahnsinnig bin«, will man wissen, welche autobiographische Botschaft im Wahn steckt.[159]

Die Traumdeutung sei »ein gewalttätiges Geschäft«, hat die Psychoanalytikerin Judith Le Soldat festgestellt. »Um den latenten Gedanken zu erfassen oder doch zumindest erahnen zu können, muss man – in umgekehrter Richtung – eine ebenso große aktive, aggressive Anstrengung aufbringen, wie sie zur Unterdrückung des latenten Gedankens notwendig war.«[160] Das scheint mir eine wichtige Einsicht zu sein: dass die Verdrängung eine gewalttätige Anstrengung bedeutet, die rückgängig zu machen wiederum dieselbe aggressive Energie erfordert. Von dieser aggressiven Anstrengung handeln die Albträume mit dem bösen Vater. Oder andersherum: Bevor man sich mit dieser Vaterfigur beschäftigt, der die Tochter zum Opfer macht, zum ganz großen Opfer der ganz großen Geschichte, muss man sich darüber im Klaren sein, wie gewalttätig diese Prosa in sich selbst ist.

Das Traumkapitel zitiert schon im Titel die zwielichtige Nachkriegsatmosphäre des Thrillers *Der dritte Mann* von Carol Reed (1949), in dem der Böse grandios von Orson Welles dargestellt wird. Das Wiener Kanalisationssystem der von Alliierten besetzten Stadt wird dem »dritten Mann« zur Falle. Er muss sterben. Womit ich sagen will: Das Traumkapitel aus *Malina* ist ein Anschlag auf die ödipale Ordnung, und die literarische Attentäterin, die sich als Opfer darstellt, dürfen wir uns keineswegs unschuldig vorstellen. Offensichtlich rächt sich Ingeborg Bachmann für etwas – aber wofür? Für das Verdrängte, das Schweigen, die Verlogenheit der ganzen Gesellschaft, die Österreich als »erstes Opfer« Hitlers ansah? Das ist zu einfach gedacht. Schließlich hat Bachmann wenn nicht in ihren Texten, so doch in der Familie dieses Schweigen mitgetragen. Wessen Schuld und welche Schuld die rachevollen Bilder des bösen Vaters entlarven sollen, ist also gar nicht so leicht zu sagen.

Dass die als Literaturalbtraum geschilderten Taten nicht die Taten des eigenen Vaters sein können, versteht sich von selbst. Aber etwas bleibt hängen, und das dürfte die schreibende Bachmann gewusst haben. Das hat sie in Kauf genommen. Darin war Ingeborg Bachmann radikal und rücksichtslos, ja, darin war sie ihrerseits gewalttätig. »Ich brauche diese Figur«, soll sie gegenüber ihrer Schwester geäußert haben, die wiederum den Vater auf das Erscheinen des Romans vorbereiten sollte.[161] Das Traumkapitel ist ein Schock und will ein Schock sein. Ihrem Vater, der noch lebte, als *Malina* erschien, hat Ingeborg Bachmann die Lektüre zugemutet.

Seine Nachfahren wollen in ihm, wie öffentliche Äußerungen von Heinz Bachmann aus jüngerer Zeit belegen, einen Geläuterten sehen. Der Vater habe »bedauerlicherweise« 1932 um Mitgliedschaft bei der NSDAP angehalten, wurde ab September 1939 als Oberleutnant eingezogen und war »zuerst an der deutschen Ostseeküste, dann in Dänemark stationiert und schließlich bis zum Kriegsende an der Ostfront gegen die Sowjetunion eingesetzt«. Nach seiner Rückkehr aus amerikanischer Gefangenschaft habe er vollkommen abgeschlossen gehabt mit den Nazis, versichert sein Sohn. Entsetzt sei der Vater gewesen über die Verbrechen der Nationalsozialisten und wohl auch darüber, dass er deren Ideologie mitgetragen habe. Heinz Bachmann habe ihn öfter zur Rede stellen wollen, aber sprechen können habe der Vater nicht über das Erlebte: Alles sei »so fürchterlich, dass er darüber nicht reden könne«.[162] Dass seine schreibende Tochter Ingeborg an dieser Leerstelle zweifelte und litt, belegt allein die Erzählung *Unter Mördern und Irren* (1961), diese gnadenlose Bestandsaufnahme sämtlicher Verdrängungsgrade der männlichen Nachkriegsgesellschaft. In dem Gedicht *Curriculum Vitae*, 1955 in den *Akzenten* erschienen, stoßen wir auf die Frage: »Mein trauriger Vater, / warum habt ihr damals geschwiegen / und nicht weitergedacht?«[163]

Aus Sicht der Familie könnte der im Traumkapitel ausgesprochene Verdacht des Inzests noch schwerwiegender und gewiss höchst irritierend gewesen sein. Die Kombination aus Inzest und Naziverbrechen steigert die albtraumhafte Szenerie vollends ins Monströse. Eine neue germanistische Studie geht dem Missbrauchsverdacht erstmals nach. Eine definitive Aussage darüber, ob ein Übergriff stattgefunden hat oder nicht, will die Salzburger Forscherin Regina Schaunig vernünftigerweise nicht treffen. Aber eines schafft sie doch, nämlich mit dem Bild des »netten« Vaters Bachmann gründlich aufzuräumen. Schaunig konnte nicht nur mit ehemaligen Klassenkameradinnen Bachmanns sprechen (die das Klischee der zerstreuten, kränkelnden Hochbegabten bestätigen), sondern auch mit einer ehemaligen Schülerin des Zeichenlehrers Matthias Bachmann, den diese als extrem streng und unerbittlich wahrgenommen hat.

Besonders aufschlussreich ist das Interview mit der früheren Magd der Familie. Magdalena Pfabigan war zwischen 1939 und 1941 in der Henselstraße 26 in Klagenfurt eingesetzt, vermittelt vom »Reichsarbeitsdienst«. Die Bachmanns haben von dieser NS-Institution definitiv profitiert. Magdalena Pfabigan, die vierzehn Jahre alt war, kamen die dreizehnjährige Ingeborg und deren Schwester Isolde verwöhnt vor. Die Bachmann-Töchter hätten nicht helfen müssen im Haushalt, Ingeborg habe ständig gelesen, auch bei Tisch. Von Übergriffen des Vaters auf die Mädchen ist nicht die Rede in den bewegenden Erinnerungen der Magd. Allerdings sei der Herr Bachmann überhaupt nur »zweimal im Jahr« auf Fronturlaub zu Hause gewesen, nein, Uniform habe er nicht getragen. Aber: »Er war so militärisch. Hat man ein Hemd geholt, hat es geheißen: ›Sollst schon da sein!‹ Hat er mich hin und her geschickt. Hatte immer ein Kommando.«[164]

Das sind notwendige, wichtige Korrekturen, die bei der Klärung der persönlichen Schuld und Täterschaft Matthias Bachmanns allerdings nicht weiterführen. Dass er vollkommen unbelastet gewesen sei, schließt schon die frühe – damals noch illegale – Parteimitgliedschaft aus. Wenigstens anfangs muss er vom Nationalsozialismus überzeugt gewesen sein. Dennoch, die konkrete Täterschaft von Bachmanns Vater muss so lange als ungeklärt gelten, bis sie von Historikern aufgearbeitet worden ist.

Anders verhält es sich mit der Frage, wie die Selbststilisierung Ingeborg Bachmanns als Opfer sich zur Lebenswirklichkeit verhält. Ein heikler, vielleicht der heikelste Punkt in der Biographie dieser Dichterin überhaupt. Dass sie litt, dass es ihr schlechtging, dass sie in die Drogensucht abglitt, dass sie sich verraten und missbraucht fühlte, zum Objekt degradiert, in ihrer Ehre verletzt – all das steht fest. Welche Ursache dafür jeweils verantwortlich zu machen sei, steht hingegen ganz und gar nicht fest. Ist es ein einzelner Mann, der sie zerstört hat, oder der latent weiterschwelende Faschismus der Vätergeneration, den sie nicht verkraften konnte? Ich bin fest davon überzeugt, dass weder das eine noch das andere zutrifft. Dennoch, die Amalgamierung von persönlichem Schmerz, Angstzuständen und Verzweiflung mit der großen Schuldfrage – genau dies geschieht im Traumkapitel von *Malina* und ist, nicht zu Unrecht, kritisiert worden.

Insbesondere die Anverwandlung ans jüdische Opfer – die erwähnte Szene in der »großen Gaskammer« – empfindet beispielsweise die Essayistin Sabina Kienlechner als anmaßend. Dies bedeute, schreibt sie in einem bemerkenswert unpathetischen Aufsatz, eine Verunglimpfung des echten Opfers.[165] Was immer Bachmanns Leiden ausgemacht habe, dem Schicksal eines weiblichen KZ-Opfers sei es nicht vergleichbar. Und Kienlechner erinnert daran, dass Bachmann selbst gefordert habe: »Auf das Opfer darf sich keiner berufen. Es ist Missbrauch.« »Ingeborg Bachmann«, so Kienlechner weiter, »war selbst kein Opfer, keine Betroffene im engeren Sinn: Sie wurde niemals verfolgt, war niemals bedroht, sondern erlebte den Krieg als heranwachsendes Kind in der österreichischen Provinz.« Auch die zum Mythos gewordene »Erinnerung« Bachmanns an den Einmarsch der »Hitler-Truppen«, angeblich das schrecklichste Erlebnis ihrer Kindheit, nimmt sie ihr nicht ab.

Im Interview mit Gerda Bödefeld vom 24. Dezember 1971 sagte Bachmann: »Es hat einen bestimmten Moment gegeben, der hat meine Kindheit zertrümmert. Der Einmarsch von Hitlers Truppen in Klagenfurt. Es war etwas so Entsetzliches, dass mit diesem Tag meine Erinnerung anfängt: Durch einen zu frühen Schmerz, wie ich ihn in dieser Stärke vielleicht später überhaupt nie mehr hatte.«[166] Darauf spielt Sabina Kienlechner an, wenn sie polemisiert: »Man will vom Bild der erschütterten, einsamen Elfjährigen nicht lassen, und zwar nicht nur deshalb, weil es so anrührend ist, sondern weil es sich zur Legitimation der traumatischen Gefühlswelt im Spätwerk so gut eignet –

es bedarf nur einer einfachen kausalen Verknüpfung. Die Wahrheit ist, dass Ingeborg Bachmann in ihrer Heimatstadt Klagenfurt zwar eine Menge Bombenangriffe erlebt hat; von dem tatsächlichen Ausmaß des Naziterrors hat sie mit allergrößter Wahrscheinlichkeit erst nach dem Krieg erfahren, als sie, inzwischen zwanzig Jahre alt, nach Wien kam.« Derlei Töne hört man selten in der Literatur über Bachmann.

Dennoch hat sich das imposante Bild des bösen Vaters durch diese berechtigten Einwände nicht einfach erledigt. Die Aufmerksamkeit sei noch einmal auf den Inzestvorwurf des Traumkapitels gelenkt, nicht um der problematischen Missbrauchshypothese zuzustimmen, sondern weil sich darin ein bisher wenig beachtetes, brisantes Motiv verbirgt – das Motiv des Kinderwunsches. Meiner Meinung nach handelt es sich um ein Schlüsselmotiv. In *Malina* tritt dieser Wunsch entstellt auf, als negative Phantasie:

Mein Kind, das jetzt etwa vier oder fünf Jahre alt ist, kommt zu mir, ich erkenne es sofort, weil es mir ähnlich sieht. Wir sehen in einen Spiegel und vergewissern uns. Der Kleine sagt leise zu mir, mein Vater werde heiraten, diese Masseuse, die so schön, aber aufdringlich sei. Er möchte deswegen nicht mehr bei meinem Vater bleiben. […] Der Kleine scheint einverstanden, wir versichern einander, dass wir beisammenbleiben müssen, ich weiß, dass ich von nun an um das Kind kämpfen werde, da mein Vater kein Recht auf unser Kind hat, ich verstehe mich selber nicht mehr, denn er hat ja kein Recht, ich nehme jetzt das Kind an der Hand und will sofort zu

ihm gehen, aber dazwischen sind andere Zimmer. Mein
Kind hat noch keinen Namen, ich fühle, dass es namen-
los ist wie die Ungeborenen, ich muss ihm bald einen
Namen geben und meinen Namen dazu, ich schlage ihm
flüsternd vor: Animus.[167]

Was für eine interessante, bedrückende Stelle. Sie läuft
darauf hinaus, dass die Komplizin des Vaters das Kind mit
einer Pistole erschießt. Am Schluss heißt es: »ich habe
mein Kind nicht im Beisein meines Vaters begraben«. Man
weiß nicht, wie die sich widersprechenden Details zusam-
menzufügen sind, aber eines ist doch klar: Der Vater ist
ein böser Vater im doppelten Sinne; weder beschützt er
seine Tochter (das Ich) noch den Kleinen (»unser Kind«).
Die schutzlose Tochter, ausgeliefert dem Vater und seiner
Komplizin, kann das eigene Kind, den »kleinen Bastard«
(wie die Komplizin sagt), kann ihren Animus selbst nicht
schützen. Das heißt: Auch sie, das Opfer des Vaters, wird
schuldig – am gemeinsamen Kind. Die unauflösbare Ver-
strickung, scheint mir, ist die Quintessenz dieser Traumszene.

Im Familienalbum der Bachmanns befindet sich eine
weitere Fotografie, deren Bedeutung man gar nicht hoch
genug veranschlagen kann. Die Fotografie, ein Hochfor-
mat, illustriert die böse, inzestuöse Traumszene als Idyll.
Zu sehen auf dieser Schwarzweißfotografie aus dem Jahr
1940 sind, von links nach rechts: Baby Heinz, Schwester
Ingeborg und Vater Bachmann. Die Figuren füllen den
Rahmen aus, als häusliches Ambiente im Hintergrund
ist lediglich eine Tapete zu erkennen. Ingeborg, dreizehn

171

Jahre älter als Heinz, hält das fröhlich lachende Brüderchen im Arm. Der Vater, auch er lachend, umschließt das Händchen des Säuglings.

Das Urmodell der Heiligen Familie also, mit der entscheidenden Variante, dass die Schwester symbolisch als Mutter erscheint, während die wirkliche Mutter, Olga Bachmann, abwesend bleibt, oder besser gesagt: verdrängt wird von Tochter *und* Vater. Nicht nur nimmt Ingeborg die Rolle der Mutter des kleinen Heinz ein, sie befindet sich zudem an der Schwelle zum Erwachsensein. Mit dreizehneinhalb, exakt so alt dürfte sie zum Zeitpunkt der Aufnahme gewesen sein, ist Ingeborg längst in der Pubertät und wohl schon geschlechtsreif. Sie könnte, biologisch gesehen, also tatsächlich die Mutter des Nachzüglers sein. Den kleinen Bruder, der im Juni 1939, kurz vor dem Eintritt des Vaters in die deutsche Wehrmacht, zur Welt kam, hat Ingeborg Bachmann nach eigenem Zeugnis abgöttisch geliebt. In ihrem *Versuch einer Autobiographie* (ca. 1964/66) spricht sie rückblickend über »erste Verwirrungen, als der kleine Bruder kam, meine Vergötterei, auf die meine Mutter mit Verärgerung reagiert. Seltsame Reaktion: Dass ich nie ein Kind haben werde, mir kein eignes vorstellen konnte, weil ich meinen Bruder zu sehr liebte, ihn schöner fand als alle anderen Kinder.«[168]

Die Konstellation Vater – Bruder – Ich, unter Auslassung der Mutter, ist also keine zufällige Spielerei, sondern beredter Ausdruck der töchterlichen Libido. Ein weiteres Mal stoßen wir auf das Motiv heftiger Bruderliebe in der hundert Seiten langen Erzählung *Drei Wege zum See* aus dem Band *Simultan*. Es handelt sich um die Schlusserzäh-

Abb. 13 Familienszene 1940

lung des Bands; Hannah Arendt sah in ihr, wie sie in einem Brief an Uwe Johnson schrieb, die »reine Erzählbegabung« Bachmanns bestätigt.[169] Erschienen anderthalb Jahre nach *Malina*, im Herbst 1972, damit ein Jahr vor Bachmanns Tod, liegt mit *Drei Wege zum See* der poetische und psychologische Gegenentwurf zum Geist der *Todesarten*-Prosa vor.

Die Hauptfigur, Elisabeth Matrei, eine international gefragte, in Paris ansässige Fotoreporterin um die fünfzig, besucht ihren alten Vater in Klagenfurt, einen liebenswürdigen Witwer. Während Elisabeth wandernd und schwimmend ein paar Tage bei ihm verbringt, ein jährliches Ritual, überdenkt sie ihr Leben. Vor allem denkt sie über die Männer ihres Lebens nach, deren es einige gab und noch gibt. Einer dieser Männer ist ihr Bruder Robert, der soeben in London geheiratet hat, und weil der alte Vater die weite Reise scheute und der Hochzeit nicht beiwohnen konnte, muss Elisabeth ihm ersatzweise wenigstens einige Fotos zeigen. Bei ihr sei es so gewesen, denkt sie angesichts der Aufnahme des frisch vermählten Bruders, dass sie zuerst »ein Kind […] und erst sehr viel später einen Mann« geliebt habe.[170] Und das habe, wie sie ihrem nichtsahnenden Vater mitteilt, zu erheblichen Spannungen mit der Mutter geführt: »Elisabeth kam ins Erzählen: Du weißt also nicht, dass Mama und ich einander gehasst haben, natürlich nur wegen Robert. Denn Mama konnte nicht verstehen, dass eine Sechzehnjährige, der sie schon dreimal alles gesagt hatte, was man Mädchen eben zu sagen hat, sie plötzlich anschrie und fragte, ob denn Robert überhaupt ihr Kind sei, er könne nämlich genauso gut ihres, Elisabeths Kind, sein. Und damals muss Mama einmal die Nerven verloren haben, weil sie mir zum ersten und letzten Mal eine Ohrfeige gegeben hat, und das hat mich natürlich noch mehr aufgebracht, und ich habe ihr gesagt, eines sei aber ganz sicher, dass ich niemals ein Kind haben würde, weil ich das nicht ertragen könnte, es würde ja niemals so schön und einzigartig sein wie Robert.«[171]

Das familiäre Setting der Bachmanns erscheint in der Erzählung nur leicht verschoben: Elisabeth ist sechzehn, als Robert geboren wird – Ingeborg war dreizehn, als Heinz zur Welt kam. Und hier wird es ausgesprochen:

Das Kind könnte ebenso gut »ihres, Elisabeths Kind« sein. Zwei Motive sind also kombiniert: Der Kinderwunsch (»könnte mein Kind sein«) mit der Verneinung (»werde niemals ein Kind haben«). Die Begründung, »es würde ja niemand so schön und einzigartig sein wie Robert«, klingt wie eine Deckbehauptung, die den frühen unbewussten Wunsch, nämlich mit dem Vater ein Kind zu haben, zensiert. Damit will ich nicht sagen, Bachmann habe mit dem eigenen Vater »wirklich« ein Kind haben wollen. Mir fällt allerdings auf, dass das Leitmotiv des Kinderwunsches als unbewusste, blutige Spur in ihrem Werk insistierend wiederkehrt, etwa in dem erschütternden Nachlassband *Ich weiß keine bessere Welt*, wo eine traumatisierte Bachmann ihre ungeborenen Kinder beweint.[172]

Und noch etwas fällt auf. Der Vater in *Drei Wege zum See* ist ein guter Vater. Ja, der alte Herr Matrei verkörpert das komplette Gegenteil des bösen Vaters aus dem Traumkapitel in *Malina*. Herr Matrei wirkt im Vergleich realistisch gezeichnet, er hat Charakter, ist keine Chiffre, keine Allegorie auf die große böse Geschichte, sondern eine psychologisch fein gezeichnete Figur. Wir erfahren einiges über diesen Mann, der seit dem Tod seiner Frau allein lebt. Die Gegenwart mit ihren Neuerungen lehnt er nicht direkt ab, doch hängt sein Herz an der untergegangenen k.u.k. Monarchie. Sein Sprachgefühl ist im Haus Österreich beheimatet, weshalb ihm die deutschen Urlauber mit ihrer harten Aussprache Unbehagen verursachen und der Tourismus ihm überhaupt als zeitgenössische Form der Okkupation erscheint. Herr Matrei beharrt störrisch darauf, »dass ein Irrtum der Geschichte nie berichtigt worden sei, dass das Jahr 1938 kein Einschnitt gewesen war, sondern der Riss weit zurücklag, alles danach eine Konsequenz des älteren Risses war, und dass seine Welt, die er doch kaum mehr recht gekannt hatte, 1914 endgültig vernichtet worden sei«.[173]

Seit er alt ist, hört Elisabeth ihm gern zu. Seinem »tiefsten Wesen« nach sei er kein Sozialist, aber er habe immer »rot« gewählt, stellt sie mit Genugtuung fest. Gegenüber seinen Kindern sei er gelassen gewesen. Nur als Robert eines Tages triumphierend mitgeteilt habe, dass er »die Kommunisten« wählt, beschimpft er ihn als »Lausbub«. Elisabeth mag ihren Vater, nennt ihn einmal sogar einen »großen Mann«. Nein, mögen reicht nicht, es ist mehr. Eine schöne, anrührende Szene ist diese: Vater und Tochter sind bereits ausgiebig geschwommen, als sie sich »im See an einem Baumstamm« treffen, »der wie eine Boje im Wasser rollte«. »Daddy, I love you, schrie sie ihm zu, und er rief: Was hast du gesagt? Sie schrie: Nichts. Mir ist kalt.«[174] Die Liebe zum Vater, gerufen, bekannt, und ungehört verhallt.

Der gute Vater oder der böse Vater, welcher ist nun »gültig«? Es sieht ganz danach aus, als ob die Vaterbilder in zwei voneinander getrennten Sphären existierten, das eine in der Sphäre des Albtraums und des Wahns, das andere in der Sphäre psychologischer Lebenswirklichkeit. Das spricht tatsächlich für eine Spaltung, die vorgenommen wurde zwischen der Idealisierung des geliebten Vaters und der Ablehnung des dunklen, bedrohlichen Vaters. Eine Versöhnung beider Vaterbilder, diese Möglichkeit existiert offensichtlich nicht.

Und die Spaltung selbst findet in genialer Weise Eingang in ihre Literatur. In *Malina* geschieht das in Reinform, wenn am Romanende das Ich in der Wand verschwindet: »die Wand tut sich auf, ich bin in der Wand, und für Malina kann nur der Riss zu sehen sein, den wir schon lange gesehen haben.«[175] Zuvor war das Ich eine bestens vernetzte, leidenschaftliche Intellektuelle gewesen. Es lebt so lange zusammen mit Malina, dem vernünftigen Doppelgänger, bis die Arbeitsteilung zwischen Kunst und Liebe auf der einen Seite und Organisation und Überblick auf der anderen Seite als Modell (der Selbstspaltung) nicht mehr hält. Das weibliche Ich überlebt nicht. Es stirbt an der zunehmenden Gleichgültigkeit seines ungarischen Liebhabers Ivan; am bösen Vater seiner Albträume; am Krieg, der im Frieden herrscht und der, wie die *Todesarten* suggerieren, alles Zarte, Ungeschützte, Liebevolle zwischen den Menschen zerstöre. Den legendären letzten Satz des Romans – »Es war Mord.« – könnte man allerdings ebenso gut als Resultat der Selbstzerstörung deuten. Das »Es« wäre dann das Freud'sche Es, das Unbewusste einer Frau, das in sich selbst mörderisch ist. Zu dieser Lesart neige ich.

Im Leben hat Bachmann Symptome produziert, deren Ursache niemand benennen kann, über die aber oft berichtet worden ist. Sie ist einigen damit erheblich auf die Nerven gegangen. So hat sie beispielsweise ihre Freunde panisch auseinandergehalten. Im umfangreichen Briefwechsel mit Henze kommt, um nur ein Beispiel zu nennen, der Name Paul Celan kein einziges Mal vor. Sie wollte die Sphären getrennt voneinander halten. Sie hat die Vermischung vermieden. Sie hat sich aufgespalten. Sie ist ausgewichen, hat die Leute hingehalten, hat ihre Geheimnisse zelebriert, sie hat geschwiegen. Auch deshalb, das scheint mir als Hypothese erlaubt zu sein, war ihr Liebesleben zwar äußerst rege, aber zugleich überaus hysterisch. Eine dauerhafte Beziehung war ihr nicht vergönnt, das Zusammenleben mit einem Mann unter einem Dach war einer Persönlichkeit wie ihr nicht möglich; der einzige Versuch, mit Max Frisch, endete als Katastrophe. Es steht zu vermuten, dass die starke, ungeklärte, tief ambivalente Vaterbindung dabei die entscheidende Rolle spielt.

Analytiker berichten von der Schwierigkeit der Töchter ihrer Generation, den geliebten, vermissten Vater aus dem Krieg heimkehren zu sehen, den Beschützer endlich zurückzuhaben, aber als gebrochenen und, wie ihnen natürlich nicht entgeht, als schuldhaften Mann zu erleben. Diesen Konflikt aufzulösen durch eine gesunde Entidealisierung gelingt nicht jeder. Ingeborg Bachmann ist das offenbar nicht gelungen. Die Spaltung zwischen dem guten und dem bösen Vater, zwischen der idealisierten und der kontaminierten, schuldhaften Vater-Imago, spricht dafür, dass bei ihr der Konflikt unbewältigt blieb. Spaltungsmechanismen produzieren auf Dauer Denkfehler, als sekundäres Phänomen dieser Spaltungen: Sich für ein Opfer der Gaskammer zu halten, und sei es im Modus des poetischen Albtraums, ist ein solcher gravierender Denkfehler.

Zwischen dem Tod ihres Vaters, am 18. März 1973, und ihrem eigenen Tod liegen nur sieben Monate. In dieser kurzen Lebenszeit, die ihr noch bleibt, reist Bachmann nach Polen, zum ersten Mal und auf eigenen Wunsch. Sie liest in verschiedenen Universitätsstädten aus ihren Werken vor, darunter in Krakau. Als auf dem Rückweg von Krakau nach Warschau das Ortsschild »Oświęcim« auftaucht, fragt sie ihren Gastgeber und Reisebegleiter, ob das nicht »Auschwitz« sei. Ob man da nicht hinfahren könne. Es war eine spontane Entscheidung, berichtet Johann Marte, der damalige Kulturattaché am Österreichischen Kulturinstitut in Warschau, in einem außergewöhnlichen, viel zu wenig beachteten Interview aus Anlass ihres 40. Todestags. Auf der ganzen Reise hat Johann Marte sie mit seiner Super-8-Kamera gefilmt, auch in Auschwitz, dort angeblich gegen ihren Willen.

Die Aufnahmen galten lange als verschollen und sind öffentlich nie gezeigt worden. Aber es ist gelungen, eine Kopie der Filmkassette von Johann Marte selbst zu besorgen. So kommt es, dass wir Ingeborg Bachmann im langen Mantel vor den Informationstafeln der Gedenkstätte stehen sehen, am Rande einer Gruppe von Touristen, oder zwischen den Baracken des Lagers Birkenau hin und her gehend, in den verblassten Farben der siebziger Jahre, tonlos.[176] Am darauffolgenden Tag gibt Bachmann dem in Polen lebenden Germanisten Karol Sauerland ein Interview, worin sie bekennt, der Besuch des Vernichtungslagers habe sie »sprachlos« gemacht. Und sie sagt noch etwas, das aufhorchen lässt: »Es ist wirklich.«[177]

Der »gravierende Denkfehler« war damit korrigiert.

Gespräche mit Zeitzeugen

Mit Hans Magnus Enzensberger beginnt sie, mit Henry Kissinger hört sie auf, diese Serie von Gesprächen über Ingeborg Bachmann. Alle, die ich habe sprechen dürfen, haben sie noch persönlich gekannt oder sind ihr zumindest begegnet. (Einzige Ausnahme: Hans-Ulrich Treichel.) Das erste Zeitzeugengespräch fand im Mai 2013 statt, das letzte im Juni 2016. Einer, dessen Erinnerungen an Ingeborg Bachmann ich wahnsinnig gern gehört hätte, ist kurz vor dem schon vereinbarten Gesprächstermin gestorben: Günter Grass. Das ist mehr als schade. Aber es gehört zum Berufsrisiko der biographischen Detektivin, sich im ständigen Wettkampf gegen die Zeit zu befinden. Auch Isolde Moser, Ingeborg Bachmanns 1928 geborene Schwester, hatte schon eingewilligt, dass ich sie besuchen könne. Der Flug war gebucht, das Treffen vereinbart. Dann verschlechterte sich plötzlich ihr Gesundheitszustand, die alte Dame kam ins Krankenhaus, die Reise musste ausfallen.

Es ist keine Neuigkeit, dass die Erinnerungen von Zeitzeugen, so interessant und bewegend sie im Einzelnen sind, als Beweismittel nicht taugen. Die Erinnerung kann trügerisch sein, daher behandle ich diese Gespräche auch nicht als Tatsachenberichte, sondern als das, was sie sind –

subjektiv gefärbte Erinnerungen, untrennbar von der jeweiligen Beziehung zu Bachmann. Nach einem anfänglichen Versuch, das Gespräch auf Band aufzunehmen, habe ich im Weiteren darauf verzichtet. Mir wurde schnell klar, dass mir gar nicht an Wort-für-Wort-Interviews gelegen war, sondern eben an der komplexeren Situation des Gesprächs. Das heißt, meine eigenen Gedanken und Empfindungen gehören zur Versuchsanordnung dazu. Nicht jeder meiner Zeitzeugen war gleichermaßen offen. Einige kämpfen noch heute mit der Bedeutung Bachmanns für das eigene Leben. Andere, so mein Eindruck, tun kühler, als sie in Wahrheit empfinden.

Entsprechend fallen die Erinnerungen bei dem einen detailreich aus, bei dem anderen kärglich, bei dem einen gefühlvoll, bei der anderen amüsiert-ironisch, bei dem einen spüre ich eine entschiedene Abwehr, bei dem anderen Empathie, Bewunderung und sogar Mitleid. Die meisten, mit denen ich sprechen durfte, mochten sie gern. Nur einer gab vor, sie nicht zu mögen, wurde dann aber im Laufe des Gesprächs immer einfühlsamer. Dies war denn auch das eigentliche Abenteuer der allermeisten Gesprächssituationen: in Berührung zu kommen mit guten und schlechten Gefühlen und mit Besitzansprüchen. Am Anfang habe ich selbst noch gedacht oder zumindest gehofft, mit den Gesprächen eine Art von Wahrheitsfindung betreiben zu können. Ich habe im Laufe der Zeit jedoch eingesehen, wie vorsichtig man mit den Aussagen von Zeitzeugen umgehen muss. Was wir durch sie erfahren, sind immer auch Projektionen. Diese Erfahrung ist jedem Historiker, jeder Historikerin bestens vertraut. Sie gilt in gleicher Weise für den, der einer biographischen Wahrheit auf der Spur ist.

Die meisten Gespräche waren im Voraus verabredet worden, einige ergaben sich spontan, etwa am Rande einer Party oder einer Veranstaltung. Meistens ging es so vonstatten: Ausgerüstet mit Schreibheft und Stift, habe ich so viel wie möglich mitgeschrieben, Notizen gemacht, Redewendungen festgehalten. Als günstig hat sich erwiesen, dass mein Gesprächspartner oder meine Gesprächspartnerin mir beim Notieren zuschauen konnte. Das Heft, das sich langsam füllte, war – wenn man so will – der Dritte im Bunde, so kam mir das vor. Dieser Dritte war die Erinnerungsspur selbst, die langsam aus dem Gedächtnis meines Gesprächspartners hervorkam. Erstaunlich, wie unterschiedlich die Menschen sich erinnern. Mir ging es darum, den Zeitzeugen beim Erinnern zuzuhören, auch zuzusehen. Dabei bin ich keineswegs gleichgültig geblieben, im Gegenteil. Ich habe mir dabei zugeschaut (in mich hineingehört), wie ich auf die einzelnen Erinnerungen reagiere. Denn natürlich war ich selbst auf der Suche nach einem Bachmann-Bild. Diese Gespräche dienen daher unter anderem dazu, mein eigenes Bild von ihr zu überprüfen. Im Folgenden sind sie chronologisch zusammengefasst.

Hans Magnus Enzensberger

Das Gespräch findet in seiner Münchner Wohnung in unmittelbarer Nähe des Englischen Gartens statt, am 16. Mai 2013. Enzensberger ist aufgeräumter Stimmung, es gibt ein Glas Wasser, nüchtern auch die Sitzordnung, nur wir zwei, und los geht's.

Das erste Mal sah er Ingeborg Bachmann bei der Gruppe 47. Näher lernte er sie dann in Rom kennen, sie wohnte damals in der Via Bocca di Leone, er hatte ein Stipendium der Villa Massimo, es waren die fünfziger Jahre. »Es herrschte Zucht und Ordnung.« Das sei nicht zum Aushalten gewesen. Mit Ingeborg Bachmann ist er »rausgegangen«. Womit er meint: ausgegangen. Auch später ist er oft nach Rom gekommen; seine Erinnerungen sind eher Inseln, Büschel von Assoziationen. Genaue Daten kann er nicht aufrufen. Als Gesamteindruck bleibt dies: »Ingeborg Bachmann in Paillettenkleidern.«

Sie sind tanzen gegangen, teilten ein Interesse für Italien. Der Eindruck drängt sich auf: Es war ein freundschaftlich-kumpelhaftes Verhältnis. Aus Ingeborg Bachmanns »Vielfachleben« macht er keinen Hehl, sie hatte »eine konspirative Seite«, beispielsweise hatte sie, während des Algerienkrieges, einen algerischen Intellektuellen als

Geliebten. Enzensberger sagt wie so viele: »Ingeborg war anfällig, sie war eine gefährdete Person.« Und: »Sie hatte Geheimnisse, das steht fest.« Für körperlich eitel hat er sie gehalten; so hätte sie ihre Brille »nicht so gerne« getragen. Mode, Schönheit – das sei ihr wichtig gewesen. Und: »Ihre Kurzsichtigkeit erklärt natürlich einiges.«

Zwischen ihm und ihr, die altersmäßig gut zusammengepasst hätten, habe es kaum bis gar nicht geknistert: »Wir haben uns früh geeinigt, das lassen wir mal. Es lag nicht fern, aber unsere Basis war: Wir lassen das weg. Auch Celebrity spielte für uns keine Rolle.« »Aus der Kunst des Weglassens hat sich eine entspannte Sache entwickelt.« So fühlte sich Enzensberger freier als jene vielen Schwärmer, die in ihr die »heilige Ingeborg sahen«. »Es wimmelte von Leuten, die Ingeborg retten wollten.« Viele hätten bezahlt für sie; in diesem Zusammenhang fällt der Name des »Herrn von Opel« (der mit Ingeborg Bachmann nach Ägypten reiste); er heißt übrigens nicht »von«, sondern einfach nur Opel.

Enzensberger erinnert sich an »eine wunderbare Ingeborg-Geschichte« und fügt an, »ich glaube, sie ist wahr«. Die Anekdote ist durchaus nicht unbekannt. Sie betrifft die Überfahrt auf einem Atlantikdampfer von Europa nach Amerika, wo Ingeborg Bachmann an Henry Kissingers Programm der Summer School an der Universität Harvard teilnahm. (Enzensberger über Kissinger: »der alte Kriegsverbrecher – aber ein nicht zu unterschätzender Mensch«.) Unseld war ebenfalls dabei, aus jener Zeit datiert die Freundschaft Ingeborg Bachmanns mit ihrem späteren Verleger. Ingeborg Bachmann fand ihren Pass nicht mehr, heftiger Funkverkehr kam zustande, und am Ende durfte sie selbstverständlich einreisen.

Enzensberger wirkt, sich erinnernd, heiter, freundlich, aber nicht wirklich involviert, mir drängt sich der Eindruck auf, sein Verhältnis zu Ingeborg Bachmann sei letztlich etwas oberflächlich gewesen, bei allem Respekt für ihre »Aura«, ihre literarische Bedeutung und Exzentrik, mit der er, der Gegner alles Biederen, sympathisierte. Oder verschweigt er nur das Wesentliche? Möglich, durchaus.

Über zwei Männer aus Ingeborg Bachmanns Umfeld äußert er sich dann präziser, Henze und Frisch.

Zunächst zu Henze: Den Maestro, für den Rom eine »Befreiung« war, scheint er zu bewundern ob seiner Mondänität. Henzes große Wohnung in Rom lag auf der gleichen Etage, so Enzensberger, wie die Wohnung des Präsidenten der Italienischen Republik; dass Henze mit dem Partito Communista geflirtet hat, störte dabei offenbar kein bisschen. »Ich konnte gut mit Henze, wir hatten gute Beziehungen – ich war auch in Marino bei ihm draußen. Ab einem bestimmten Zeitpunkt war das aber vorbei, Funkstille.« Nebenbei, bei und mit Walser sei es genauso gewesen, nein, extremer: Zuerst eine enge Freundschaft, die umschlug in Feindschaft.

So sind wir mittendrin im Männertratsch, in der Sphäre viriler Konkurrenz unter Künstlern. Und hier wirkt Enzensberger engagierter als in seiner – vorsichtigen, andeutungsweisen – Erinnerung an Ingeborg Bachmann. Uwe Johnson bekommt sein Fett weg: »ein mecklenburgischer Sturkopf«. Enzensberger spricht von seinem »Rigorismus«, wie er beispielsweise Margret Boveri mit krassen Vorwürfen darüber überzog, wie sie sich in der Nazizeit benommen habe. Oder wie Johnson immer »mit Durchschlägen geschrieben« habe, »um alles zu archivieren – den kompletten Briefwechsel«. Zweimal aber, Schadenfreude kommt auf, sei Johnson selbst »reingefallen«, auf die Hitlerjugend und auf die Jungen Pioniere in der DDR.

Über Max Frisch urteilt Enzensberger ebenfalls, ohne zu zögern. Dass er ihn nicht mochte, ist glasklar. Zum einen war da Frischs Wohlhabenheit, die sie trennte: »Frisch hatte immer Geld.« In Rom, in der großen Wohnung, die Ingeborg Bachmann mit Frisch bewohnte, lagen die Arbeitsräume möglichst weit voneinander entfernt. Auch als Lektor von Frisch ist Enzensberger tätig gewesen – »einmal musste ich *Andorra* lektorieren«, was die Beziehung nicht enger werden ließ. Neben dem Geld (»für uns war er ein reicher Schriftsteller«) habe das Schweizertum distanzierend gewirkt. Und: Frisch war »pathologisch eifersüchtig«. Alle habe er verdächtigt, inklusive Enzensberger. Seine manische Idee, später in Berlin-Friedenau (wo Frisch mit seiner Frau Marianne lebte): »Die Frauen drehen sich nicht mehr nach mir um.« Enzensberger spricht von »Erfolgsverbitterung«.

Und nun erwärmt sich Enzensberger doch noch für Ingeborg Bachmann, quasi in Abgrenzung gegen Frisch: »So grobfädig war sie nicht.« Er staunt: »Sie hat immer gut gewohnt, wie hat sie das nur gemacht!«

Und sie hatte einen »erheblichen Appetit«, nicht nur in erotischer Hinsicht: »Das Trinken gehörte dazu.« Interessant, halten wir fest: die Sucht als verbindendes, geradezu strukturelles Element. Aber er habe nicht herumgebohrt, ihre Krankheit, ihre Behandlungen, darüber wurde nicht gesprochen. Angeblich. »Ich glaube, sie hat nie eine Psychoanalyse gemacht.« Sondern lieber ein Valium genommen, Enzensberger spricht von »Beziehungen in die Schweiz«.

Wir kommen auf das Schreiben zu sprechen, ihres, seines. Immer wieder freut sich Enzensberger, dass er »Gott sei Dank« kein Romanschriftsteller sei, »dafür braucht man eine unglückliche Kindheit«, sagt er. An Bachmann schätzt er die Lyrik, das sei »die Hauptsache«, über ihre Prosa sagt er nichts. Ihre Probleme – »Beim Schreiben hatte sie es nicht leicht« – sind ihm erspart geblieben. »Vierzehn Tage Depression sind erlaubt«, dann müsse weitergemacht werden. Enzensberger nennt sich einen »Gebrauchsschriftsteller«. Kurzum: Von Ingeborg Bachmanns Zuständen trennten ihn Welten. Dann fällt der schöne Satz: »Sie schrieb ohne Rahmspritze.« Die Latte hätte sie sehr hoch gelegt. »Sie wollte was riskieren«. »Sie war nicht ängstlich – wirklich nicht.«

Leider bleibt es bei Andeutungen: Ingeborg Bachmann, die er eher als manisch-depressiv denn als schizophren einschätzt, habe sich »in die abenteuerlichsten Geschichten gestürzt«. Sie habe Kriminelle gekannt, politisch Verfolgte … Das fällt alles unter ihre »Geheimnisse«. Enzensberger meint, »das war nicht ungefährlich«. Mehr will er dazu nicht sagen. So macht er sich zum Teil ihres Geheimnisses.

Die Konkurrenz, die zwischen den männlichen Kollegen herrschte, war bei Ingeborg Bachmann offenbar ausgeschaltet. Einmal seien sie zusammen auf der Bühne gewesen (wieder nur die vage Erinnerung, kein Datum), und zwar irgendwo in Nordrhein-Westfalen. Jeder sollte jeweils eine halbe Stunde aus den eigenen Werken lesen. Man sei gemeinsam mit dem Zug angereist, sei aufgetreten, danach Essen im Ratskeller mit den Honoratioren der Stadt – »lästig«. (Die Nähe zum Publikum sucht er nicht, das spürt man, Enzensberger ist ein Distanzmensch, der in seinem Kokon bleiben möchte.) Das hätten sie zwei Abende lang so gehalten. Am dritten Abend war Ingeborg Bachmann dann außer Gefecht gesetzt, sie habe eine Ohnmacht hingelegt, erinnert sich Enzensberger, »und der Rest der Tournee wurde wegen Krankheit abgeblasen«.

Enzensberger liegt es, über andere messerscharf zu urteilen. Über Elias Canetti: »Er hatte eine böse Seite.« Über Marie Luise Kaschnitz: »Eine natürliche, vornehme Frau.« Über Adorno: »Er hatte diese verletzliche Seite. Seine Theorie war hart, nicht aber seine Seele.« Der wärmste Satz über Ingeborg Bachmann, der an diesem Nachmittag in München fällt, betrifft ihre Begabung zur Freundschaft: »Jemanden fallenzulassen war nicht ihre Sache.« Im Gegenteil. »Sie war treu.«

Martin Walser

Kurzes Gespräch über Ingeborg Bachmann, anlässlich einer Moderation in Kelkheim am 10. Oktober 2013, am Rande der Frankfurter Buchmesse. Eine Abendveranstaltung vor Publikum, im neonhell erleuchteten Zweckbau des Rathauses. Großer Saal, sehr nüchterne, anfangs geradezu steife Atmosphäre, die bald in heitere Anteilnahme übergeht. Der Rotary Club Kelkheim hat eingeladen. Vor etwa hundert Zuhörern sprechen wir zunächst ausführlich über Walsers jüngstes Buch *Die Inszenierung* (2013), aus dem er einen langen Auszug vorliest. Aber irgendwann erlaube ich mir, das Gespräch auf Ingeborg Bachmann zu bringen.

Ich erzähle Martin Walser, ich sei in Marbach im Suhrkamp-Archiv auf Briefe von ihm gestoßen, die Korrespondenz mit Ingeborg Bachmann im Zusammenhang seiner Lektoratstätigkeit an *Malina*. Das bestätigt er. (Tatsächlich war Walser einer von mehreren Lektoren.) Also, Walser ist damals zu Ingeborg Bachmann nach Rom geflogen. In ihrer großen Wohnung lagen die Blätter ihres Manuskripts, Durchschläge genau genommen, auf dem Boden verteilt. Die beiden, Walser und Bachmann, saßen dann auf dem Boden und tranken Whisky, während er – so sagt er – seine Aufgabe darin sah, bestimmte Formulierungen »zu verhindern«.

Er gibt im Gespräch in Kelkheim zu: a) Das, was dort wirklich geschehen sei, könne er nicht sagen, und b) das Manuskript sei nicht seine Art Literatur. Wozu ich anmerken möchte: Entweder tut er im Nachhinein so, als habe er mit dieser Art Literatur (was immer das heißt) nichts zu tun, oder er hat sein Literaturverständnis schlicht im Lauf der Jahrzehnte geändert. Denn: Damals, als er den Klappentext und den Text für das Rückcover verfasste, belegten seine Formulierungen, wie exzellent er den Roman erfasst hatte. Es ist, so mein Gefühl, die Koketterie des

189

Überlebenden, der sich einfacher gibt, als er war (beziehungsweise ist). Aber letztlich spielt es keine Rolle, warum Walser sich nachträglich von ihrem Roman *Malina* distanziert. Schön und aufschlussreich bleibt die Szene in Rom auch so.

Sie war übrigens generöser in der Beurteilung der Begegnung. In einem Brief aus Rom an Siegfried Unseld vom 27. November 1970 schrieb Ingeborg Bachmann, wie glücklich und dankbar sie über das Treffen mit Martin Walser sei. Sie lobt die konstruktive Arbeitsatmosphäre. Anscheinend haben die Gespräche sie einen guten Schritt weitergebracht. Sie erkennt Schwächen und weiß, wie sie darauf reagieren kann. Walser scheint ihr den richtigen Weg gewiesen zu haben.[178]

Klaus Reichert

Gespräch in Frankfurt am Main am 19. März 2014. Einladung im Hause der Verfasserin und ihres Ehemanns. Das Abendessen wird gelegentlich unterbrochen, um wie verabredet über Ingeborg Bachmann zu sprechen. Klaus Reichert ist mit seiner Frau Monika gekommen, die sich manchmal einschaltet, diese und jene Erinnerung beiträgt. Die Stimmung ist vorzüglich, Reicherts Erinnerung wie taufrisch, abrufbar, er wirkt, als hätte er die Szenen lebhaft vor Augen.

Er hat sie insgesamt zweimal gesehen. Einmal in Frankfurt, als sie *Malina* vorstellte in der Villa Bonn, Siesmayerstraße, viele Kritiker da, ein sie betreuender Lektor (Eckart Oehlenschläger). Sie: ganz Diva. Dem Lektor gegenüber immer die Klage auf den Lippen: Sie könne nicht lesen, all diese Menschen, furchtbar. Also die kapriziöse Bachmann.

Dann traf er sie in Rom. Klaus Reichert war dort, um mit Inge von Weidenbaum und Christine Koschel an deren Djuna-Barnes-Übersetzung zu arbeiten *(Antiphon)*, weil er als Barnes-Spezialist galt. Es war 1969 oder 1970. Reichert damals schon nicht mehr bei Suhrkamp angestellt, sondern freischaffender Lektor – so hat er beispielsweise auch die Joyce-Ausgabe für den Verlag betreut, was für die Begegnung mit Ingeborg Bachmann wiederum wichtig sein wird. Kurzum, die beiden Damen Weidenbaum und Koschel, die mit Ingeborg Bachmann befreundet waren und später die vierbändige Bachmann-Ausgabe herausgeben werden, richten Klaus Reichert aus: »Bachmann will Sie kennenlernen.«

Er ging also zu ihr, klingelte an der Wohnungstür in der Via Bocca di Leone, und sie öffnet. Erschrocken sieht er in ein »aufgedunsenes« Gesicht. Dabei sei sie »sehr liebenswürdig« gewesen. Im Hintergrund, erinnert er sich, »war ein junger Mann zugange«. Reichert kann das aber nicht präzisieren. Jedenfalls, der junge Besucher aus Deutschland wurde hereingebeten, nahm Platz, erzählte ihr, dass er ihr Werk schon lange kenne und verehre. Dann erzählte er vom Tod des Übersetzers und Literaturvermittlers Vladimir Kafka. Er war an einem Hirntumor gestorben nach den schrecklichen Ereignissen vom Mai 1968 in Prag. Ein großer Vermittler der deutschen Literatur in der

Abb. 14 Ingeborg Bachmann 1971 in der Villa Bonn in Frankfurt
(Barbara Klemm)

Tschechoslowakei; Monika Reichert erinnert sich an den »schönen Mann«, dessen »slawische Melancholie« auch sie bezaubert habe. »Ich war ein bisschen in ihn verliebt, so wie alle Frauen«, sagt sie und vermutet: »Bachmann bestimmt auch.« Die Reaktion auf die von Klaus Reichert überbrachte Todesnachricht widerspricht der Vermutung nicht: Bachmann sei erschüttert gewesen und habe sich für längere Zeit zurückgezogen.

Später sei sie wiedergekommen und habe Klaus Reichert für den nächsten Abend eingeladen, mit ihr essen zu gehen. Und dies war dann die eigentliche, eindrückliche, intensive Begegnung mit ihr, an die der deutsche Joyce-Herausgeber (Bachmann: »Ich wollte Sie immer kennenlernen«) sich äußerst positiv erinnert. Er holte sie zu Hause ab. Jetzt war sie elegant zurechtgemacht, anders als am Tag zuvor, an wehende Tücher und einen langen Mantel erinnert er sich. Bachmann war zwölf Jahre älter als der damals etwa dreißigjährige Reichert. »Sie schritt, ohne zu gucken, durch den höllischen römischen Verkehr. Sie streckte nur den Arm aus und schritt durch die sofort anhaltenden Autos wie Moses durch das Schilfmeer.« Auf der Piazza Navona, in schönster Umgebung, habe sie ihn dann in ein Restaurant geführt. Sie lud den jungen Mann ein. Sie redeten über Literatur, über Joyce vor allem, aber auch über Thomas Bernhard, der damals noch nicht der Schriftsteller war, als den wir ihn heute alle kennen. Auf Bernhard nämlich traf ihrer Auffassung nach ein Kriterium zu, das für sie Literatur ausmachte: »Die Literatur muss durch die Person des Autors gedeckt sein.«

Sie sagte: »gedeckt«. Das Wort hat er sich gemerkt. Bachmann hat es sich aber auch nicht nehmen lassen, profanere Informationen an den Mann zu bringen. So erzählte sie ihrem Gast beispielsweise – sie spazierten inzwischen auf der Via Veneto –, dass die jungen italienischen Rekruten sich als »Strichjungen verdingen, um Geld für ihre Hochzeit zu verdienen«. Ob sie die Information von Henze hatte? Jedenfalls zeigte sie in eine Richtung und sagte: »Da sind die Stricher«, und dann in die andere: »Da bekommt man Haschisch, dort Heroin.« Eine »ungefragte Stadtführung«, resümiert Klaus Reichert amüsiert.

Die »äußerst sympathische, herzlich-zugewandte, erzählende, fragende« Bachmann sei im Übrigen von Rom tief erschöpft gewesen. Die Stadt sei ihr »zu anstrengend« geworden. Sie wollte weg, wusste aber nicht, wohin.

Während des stundenlangen Gesprächs, das dann noch durch einige römische Bars geführt habe und mit einem Kamillentee (!) zum Abschluss kam – »den trinkt man hier immer nach einem durchzechten Abend« –, hat Reichert sie als »interessiert, liebenswürdig, als normale Frau ohne Kapricen« erlebt.

Ob er denn das Gefühl hatte, sie habe ihn womöglich verführen wollen? Auf die Frage hin gibt er zu: »Ich hatte Sorge.« Aber zu Hause saßen seine junge Ehefrau und eine kleine Tochter. Und er hatte von ihrem »Ruf« durchaus gehört, ihre »Offenheit« hatte sich herumgesprochen. Aber nein, alles lief auf intellektuell-freundschaftlicher Ebene. Auch der Abschied vor ihrer Haustür.

Klaus Wagenbach

Gespräch am 29. September 2014 in Berlin in den Verlags-
räumen, Emser Str. 40/41. Mittagszeit. Wagenbach wirkt
gutgelaunt, aber gebeugt vom Alter. Er spricht leise, nicht
in großen Bögen, erinnert sich stockend, blitzartig. Während des etwa einstündigen Gesprächs blickt er immer
wieder in sich hinein, und man hat den Eindruck, als stie-
gen allerlei Szenen vor seinen Augen auf.

Dass er Ingeborg Bachmann äußerst zugetan war, ist
zum Greifen. Sie sei eine »eindrucksvolle Person gewesen«, dabei »tief verschlüsselt«, was Wagenbach – auch –
als »Abwehrwaffe« deutet. »Ich sehe sie heute noch, wie
sie im Fernsehen einmal nach den Männern gefragt wird,
und wie sie sagt: ›Alle Männer sind krank‹, und der In-
terviewer nachhakt, wissen will, wie sie das meine, und sie
einfach antwortet: ›Wussten Sie das nicht?‹« Das gefällt
Wagenbach!

Er kannte sie von der Gruppe 47 her, das muss bei der
Tagung 1959 gewesen sein, wo sie ihre Erzählung *Alles* vorgelesen hat, »in diesem Männerhaufen«. Ihre »schusselige
Art war Teil des Spiels«. Sie beherrschte das Spiel. Die
Gruppe 47 und ihre »deutschen Sitten« habe Wagenbach
einmal den italienischen Kollegen von der »Gruppe 63«
geschildert (Umberto Eco oder Luigi Malerba gehörten
beispielsweise dazu), die hätten sich »gekringelt« über seinen Bericht. Der Schlachtruf der Italiener lautete: Literatur als Lüge.

Übrigens, dass sie mit Paul Celan zusammen war, in der
Zeit der Gruppe 47, »wusste keiner«. »Dass sie ein Paar wa-

ren, war unbekannt.« An Celan hat Wagenbach die lebhafteste Erinnerung, er war 1959/60 bei S. Fischer sein Lektor, und er macht sich nichts vor: »Celan war hysterisch, überempfindlich, es war schwierig, mit ihm zu arbeiten, man stieß an Grenzen der Empathie.«

Ingeborg Bachmann sah er dann häufiger in ihrer Berliner Zeit, sie war dort »in keinem guten Zustand«. Während Wagenbach die Situation in Berlin als eigentlich paradiesisch schildert, zumindest was das Geld angeht, die Ford Foundation sei sehr großzügig gewesen, und Höllerer habe das Geld genommen und »genial eingesetzt«. »Ein Genie der Zusammenführung.« Die Polizei habe das allgemeine Amüsement tatkräftig unterstützt, denn »eine Polizeistunde gab es nicht«; so saß man noch morgens um vier im Zwiebelfisch, der legendären Kneipe am Savignyplatz. Trotzdem spricht Wagenbach von den »schrecklichen sechziger und siebziger Jahren«. Lustig-traurig skizziert er seine eigene Situation, der Verlag in der eigenen Wohnung untergebracht, dazu drei Kinder, viel zu viele Leute waren zugegen; einmal stolperte er über einen Kerl im Schlafsack vor seiner Tür. Der fragte, was machst denn du hier? Er: Ich wohne hier! Anarchische, ehegefährdende – schließlich ehezerstörende – Verhältnisse. Sein Auto ständig weg usw.

In Berlin habe Ingeborg Bachmann die Leere auf den Straßen schockiert. Sie hatte Liebhaber, weiß Klaus Wagenbach. Die Sexualmoral der Zeit jedoch sei entsetzlich gewesen, spießig bis zum Gehtnichtmehr; die Polizei suchte den Grunewald nach Liebespaaren in Autos ab. Bachmann habe das alles nicht gekümmert. Sie war aber bedrückt wegen der gescheiterten Beziehung zu Frisch, den zu erwähnen ein Tabu war.

In Rom traf er sie dann Anfang der siebziger Jahre, besuchte sie in ihrer Wohnung in der Via Bocca di Leone nahe der Spanischen Treppe. »Ich hab sie gern gemocht«, das betont er immer wieder. »Wir zwei Schussel passten gut zueinander.« Er erzählt von einer köstlichen Szene mit Bachmann und Henze. Sie seien zu dritt mittags in ein gutes Lokal an der Piazza del Popolo gegangen, und das Theaterstück begann bereits, als der Wirt Henze von weitem sah: »Ah, Maestro, Maestro!«, wurde er über den Platz begrüßt. Dann hinsetzen und die lautstark geführte Diskussion, welches Brot, welchen Wein man haben möchte. Die hätten glatt eine Viertelstunde darüber debattiert, erinnert sich Wagenbach. Die Liebe zum italienischen Stil teilt er und fasst ihn wie folgt zusammen: »Die leben einfach, die Italiener.«

»Ingeborg Bachmann war eigentlich stabil, ging aber wie eine Fee herum«, so Wagenbach. Henze und sie hätten sich »anironisiert«; ein schöner Ausdruck, der mit einem konkreten Beispiel ausgeschmückt wird. In der prächtigen Wohnung Henzes. Er am Stehpult. Sie schleicht von hinten heran, scherzt: »Na, malst du wieder deine Notenknöpfchen?«

Sie gingen viel spazieren in Rom. Sie »immer perfekt gekleidet, sie war eine elegante Frau«. Einmal wollte sie nicht weitergehen, sagte: »Lass uns einen anderen Weg nehmen.« Von ihrer Drogensucht wusste er nichts, darüber wurde nicht gesprochen. Dennoch war klar, dass Verzweiflung in ihr schlummerte. Es habe ein »schwarzes Loch«

existiert, und Klaus Wagenbach ist sich sicher, dass dies mit den Eltern zusammenhing, dem Vater insbesondere. »Die Eltern kamen stumm aus dem Krieg und blieben stumm, und das war die Provokation, das war der Stachel.«

Ich frage ihn, ob er glaube, dass das familiär bedingte schwarze Loch von Anfang an da gewesen sei, oder ob es irgendwann einen Knacks gegeben habe. »Beides geht ja durchaus zusammen«, meint Wagenbach. Dieses Dunkle tritt im Lauf des Gesprächs immer stärker hervor. Schließlich sagt er, Bachmann sei »eine Figur, von der man viel lernen kann«.

Ich frage, wie er das meine.

So kommen wir auf ihr Werk, ihre Poetik zu sprechen, über die Klaus Wagenbach Interessantes zu sagen hat. Er scheint einer Intuition zu folgen, die Sache ist noch nicht ganz ausformuliert, nicht ganz zu Ende gedacht, aber der eingeschlagene Pfad – der Ton – gefällt mir. Er spricht von einem »unter schwierigen Umständen entstandenen Werk«. »Ingeborg Bachmann war dem Leben ausgesetzt, wollte aber nicht einfach das Leben erzählen.« Wagenbach sieht den Konflikt zwischen »Erzählen« und »Kunst«, zwischen verschlüsseltem Schreiben und dem nackten Erzählen. Die Metaphern seien ihr im Frühwerk »zugeflogen« (wie die Männer! – wir lachen über den Vergleich), hingegen kämpfte sie sehr mit dem Erzählen. Und ob dieser Konflikt bewältigt wurde oder eher nicht, lässt er offen, vielleicht ist er sich dessen auch gar nicht sicher.

Peter Handke

28. September 2014, Berlin. Das Gespräch ist nicht geplant, dauert nur kurz und verdankt sich dem Zufall einer Begegnung. Handke, seltener Gast in Deutschland, ist anwesend bei der Gedenkfeier für Siegfried Unseld, der an diesem Tag neunzig geworden wäre. Man befindet sich in der Berliner Villa von Ulla Unseld-Berkéwicz in Nikolassee, wo sich schätzungsweise hundertzwanzig Gäste in den Räumen und im Garten verteilen. Einige Prominente sind da, Claus Peymann zum Beispiel, auch ein paar Autoren des Verlags, allerdings fehlen viele, darunter Rainald Goetz und Durs Grünbein, um nur diese beiden zu nennen. Der Star des Abends ist eindeutig Peter Handke, der mit seiner französischen Frau Sophie gekommen ist, um der Hausherrin die Ehre zu erweisen. Eine Geste, die verstanden wird. Er selbst ist schwer einzuschätzen; ob ihn die harten Anwerfungen zum Ibsen-Preis in der Woche zuvor in Oslo (wo norwegische Exilbosnier ihn als Faschisten beschimpften) mitgenommen haben? Man weiß es nicht, eine männliche Sphinx, Ingeborg Bachmann ebenbürtig.

Irgendwann eine Konstellation am Tisch, die es ermöglicht, ihn auf Ingeborg Bachmann anzusprechen, die Befangenheit – auf allen Seiten – ist schon vom Alkohol betäubt worden, arbeitet natürlich unterschwellig weiter, zerrt an den Nerven, legt eine Elektrik über die Soirée. Ich für meinen Teil (die ich früher kritisch über Handkes Serbien-Engagement geschrieben habe, und der Mann soll ein Elephantengedächtnis haben) esse zu wenig und trinke zu viel Wein. Das mag diesen Vorstoß überhaupt ermöglicht haben, kurzum, ich frage:

Kannten Sie eigentlich Ingeborg Bachmann?

»O ja! Ich habe sogar mit ihr getanzt.«

Er lächelt, erst melancholisch, dann heiter. Nach einer Weile:

»Sie wird bleiben.«

Ich höre null Distanzierung heraus, nicht einmal Ironie ist zu vernehmen (ist Handke überhaupt der Ironie fähig?), sondern allein Bewunderung und Respekt.

Während Handke in aller Ruhe sein knappes Bachmann-Statement abgibt, legt ihm jemand, dessen Name hier nicht von Belang ist, gönnerhaft den Arm um die Schulter und nuschelt ihm, gut vernehmlich, etwas ins Ohr, ältere Männer und jüngere Frauen betreffend, und wenn ich mich nicht täusche, ist das Peter Handke etwas peinlich. Auch hat Handke nie etwas in dieser Art geschrieben. Der Abend endet alkoholselig in der Küche, zehn Leute vielleicht, die Gastgeberin, deren Bruder, ein paar Schriftstellerkollegen und Journalisten. Handke ist bis zuletzt dabei.

Später erst werde ich feststellen, dass Bachmann in einem Entwurf aus dem Umfeld der *Todesarten*-Romane ein entzückendes kleines Handke-Porträt verfasst hat. Es handelt sich, wie passend, um eine Party im Frankfurter Hof während der Buchmesse. Eingeladen hat der Verleger Gernreich, »der eines der größten und ältesten Verlagshäuser Deutschlands innehatte«, hinter dem sich einigermaßen deutlich erkennbar Siegfried Unseld verbergen dürfte, und alle wichtigen Leute des Literaturbetriebs sind da. In dem »liberalen Bargewoge« fällt »nur eine einzige Person auf, ein 22-jähriger junger Österreicher, der, auf den ersten Blick, wie ein mitgebrachter Sohn, ein verirrter Gymnasiast wirken konnte«; es ist jedoch ein »kleiner Revoluzzer aus der Steiermark«, der bereits Neid entfacht. Doch das »konnte diesen graziösen Kindmann nicht irritieren, der ein halbes Jahr zuvor mit einem Pamphlet die ganze etablierte Literatur vor den Kopf gestoßen hatte« – eine Anspielung auf Handkes legendären Angriff auf die Gegenwartsliteratur bei der Tagung der Gruppe 47 in Princeton (1966) – »und daraufhin sofort von ihr akzeptiert wurde«. Ostentativ steht der keusche Jüngling auf der Frankfurter Party und trinkt »ein Coca-Cola«, anstatt nach den herumgereichten Champagnergläsern zu greifen.[179] Sein Name: Jörg Maleta. Ebenso gut hätte Bachmann gleich Peter Handke hinschreiben können.

Martin Mumme

Gespräch in Berlin, in einem Café am Stuttgarter Platz, 30. September 2014. Später Morgen. Martin Mumme ist guter Dinge und bester Stimmung; in vier Wochen wird er wie jedes Jahr nach Florida aufbrechen, um dem deutschen Winter zu entkommen.

Den Onkel meiner Freundin Stephanie Castendyk treffe ich dank ihrer freundschaftlichen Vermittlung. Mumme gehört nicht in das offizielle Bachmann-Umfeld. Er war als

Schüler am Birklehof, hat Philosophie und Germanistik studiert, einige Jahre als Dozent an verschiedenen Universitäten im Ausland unterrichtet sowie als Deutschlehrer am Goethe-Institut gearbeitet. Danach ist er Unternehmer geworden. Außerdem ist er Autor eines vielbeachteten Buches über die deutsche Außenpolitik.

Seine Bekanntschaft mit Ingeborg Bachmann datiert aus seiner Zeit am Goethe-Institut in Rom. Institutsleiter war seinerzeit Michael Freiherr Marschall von Bieberstein, den Mumme aus dem Birklehof kannte, die Internatsschule im Schwarzwald hatten beide besucht. Wie wir wissen, schmiedet das milieumäßig Bünde fürs Leben. Marschall von Bieberstein wiederum war der Neffe Marie Luise Kaschnitz' gewesen, die mit Ingeborg Bachmann gut befreundet war und 1953 bis 1956 selbst in Rom lebte. Ihr Mann, Guido Kaschnitz von Weinberg, leitete in jenen Jahren das Deutsche Archäologische Institut in Rom. Kaschnitz blieb Rom lebenslang verbunden, hat Ingeborg Bachmann dort oft besucht.

In diesen Kreisen also lernte Mumme, ein unkonventioneller, hochgewachsener, rüstiger Herr, Ingeborg Bachmann Anfang der siebziger Jahre kennen. Er war damals Anfang vierzig. Obwohl Mumme sagt, er sei mit Bachmann befreundet gewesen, habe sie öfter in ihrer Wohnung nahe der Spanischen Treppe besucht, bleibt seine Erinnerung auf zwei, drei allerdings bemerkenswerte Beobachtungen begrenzt.

So habe Siegfried Unseld – der neue Verleger Ingeborg Bachmanns – einmal einen Empfang in einem schicken Restaurant in Trastevere gegeben; eingeladen waren die Honoratioren der deutschen Kulturpolitik; schwere Mercedes-Limousinen fuhren vor. Mumme war da, Marschall von Bieberstein natürlich. Ingeborg Bachmann kam auch: »Aber mit dem Fahrrad!« – Das fand Mumme so bezeichnend wie absurd.

»Ich war öfter bei ihr, sah auch, was sie für Bücher las. Darunter ein schwieriges philosophisch-linguistisches Buch. Da dachte ich: Jetzt ist ihr Nervenkostüm total ruiniert.« Warum schwierige Lektüre die Nerven anfressen soll, bleibt allerdings unklar …

»Ingeborg Bachmann ging an Männer ran wie ein Päderast«, fasst er ihr erstaunliches Verhalten zusammen. Das etwas altertümliche Wort »Päderast« mag dem Alter des Berichtenden geschuldet sein. »In den Bars nahm sie sich die muskulösen Männer, Typ Matrose. Sie war es, die die Männer aussuchte. Um sie zu kriegen, zog sie sich an wie eine Prostituierte.«

Er erinnert sich, sie einmal bei Bieberstein in einem solchen Look gesehen zu haben: Sehr kurzer Rock, grüne Jacke, lila Strümpfe. Freundinnen von Ingeborg Bachmann, mit denen sie ausgegangen war, bezeugten in aller Offenheit: Die Ingeborg »ging weg wie warme Semmeln« (Wortlaut Mumme), »wir blieben sitzen«. »Die Tragödie war«, so Mumme weiter, »dass sie älter wurde. Als ich sie das letzte Mal sah, sah sie doch sehr verlebt aus.« Für ihn ist klar: So kam sie an die begehrten jungen Kerle nicht mehr heran. Ob seiner Meinung nach Geld geflossen sei, will ich wissen. Nein, gibt er sich überzeugt, »das lief ohne Geld«. Über ihren Drogenkonsum in jener Zeit, über den man inzwischen einiges weiß, wusste er damals nichts.

Dass allerdings Drogen sich negativ auf die Libido aus-
wirken, hält er für eine »von Tugendwächtern verbreitete
Legende«. Er ist sich sicher: Sie wollte weiterhin die jungen Männer haben für schnellen Sex, aber sie bekam sie
nicht mehr. Auch wirkte sie »ein bisschen melancholisch
und fremd«, wenn sie auf Partys herumstand. *Er* sah das in
ihr, das sei festgehalten. »Diese Form der Sexualität führt
ins Leere« – wie er das meine? »Sie führt ins Leere, weil
man alt wird.« Ob er einen Zusammenhang sehe zwischen
ihrer Promiskuität und ihrer Todessehnsucht, frage ich.
Antwort: »Unbedingt.«

»Die Tragödie war, dass sie alterte und vereinsamte«, variiert und erweitert er seine Aussage.

»Natürlich war sie kompliziert.«

»Ich habe sie sehr bewundert.«

Was ihren schrecklichen Tod angeht, fügt er ein Detail
an: Die Portale der römischen Wohnhäuser seien nachts
verschlossen gewesen. Niemand sei hineingekommen.
Nicht unwichtig, wenn man bedenkt, dass Ingeborg Bachmann nicht die Feuerwehr anrief, keinen Notruf wählte,
sondern die mit ihr befreundete ehemalige Haushälterin
Maria Teofili, von der nicht sicher ist, ob sie überhaupt
einen Schlüssel hatte, und die eine Weile brauchte, um
anzukommen bei der schwerverwundeten Ingeborg Bachmann.

Noch eines will er sagen: *Böhmen liegt am Meer* hält
Martin Mumme für »das schönste Gedicht des 20. Jahrhunderts«.

Marianne Frisch

Gespräch in Berlin am 21. November 2014. Marianne Frisch empfängt in ihrer Friedenauer Wohnung in der Sarrazinstraße, wo sie schon mit Max Frisch wohnte. Es ist gut geheizt und der Tisch gedeckt, blauweißes Porzellan, Tee, Aprikosenstrudel stehen schon bereit, als ich, glücklicherweise mit Blumen, ankomme. Denn eine großzügigere Gesprächspartnerin kann man sich kaum wünschen. Marianne Frisch nimmt sich Zeit. Sie habe »nicht viel zu berichten«, warnt sie, das Gegenteil ist der Fall. Es ist, als lägen die Erinnerungen auf Abruf wartend in ihrem erstaunlichen Gedächtnis bereit. Außerdem hat sie einen schönen Sinn für Situationskomik, vielleicht, weil sie mit dem Gewesenen im Reinen ist.

Das erste Mal sah sie Ingeborg Bachmann in Rom, Ende März / Anfang April 1962. Marianne Frisch, damals zweiundzwanzig Jahre alt und Studentin in München, war befreundet mit Tankred Dorst, der in jenem Jahr in der Villa Massimo zu Gast war. Sie besuchte ihn dort. Eines Tages verkündete Tankred, dass sie beide bei Ingeborg Bachmann und Max Frisch mittags zum Aperitif eingeladen seien. Die Villa Massimo war damals ein Hort des Anstands, nicht einmal Ehefrauen durften bei ihren Männern in der Villa übernachten, erst recht nicht Freundinnen! Sie hatten abends um zehn das Gelände zu verlassen. An einen »Direktor mit Monokel« erinnert sich Marianne Frisch, eine strenge Aufpassfrau und einen »schrecklichen Pförtner«, was sie nicht daran hinderte, gelegentlich mittels einer über die Mauern geworfenen

Strickleiter den strengen Regeln des Künstlerinternats zu trotzen.

Wenn sie während der Semesterferien zu Gast in Rom war, wohnte Marianne Frisch, zusammen mit Uwe Johnsons Frau Elisabeth, bei einer gewissen Signora Chiesa, die Zimmer an Damen vermietete. Das hatte, später, den »Vorteil«, dass die sich anbahnende Affäre mit Max Frisch zunächst verheimlicht werden konnte. Er holte sie nicht in der Villa Massimo ab, wo Tankred Dorst weilte, sondern in der Pension der Signora Chiesa – was übersetzt »Frau Kirche« bedeutet, Marianne Frisch erwähnt es mit einem Augenzwinkern.

Als die junge Marianne zusammen mit ihrem Freund Tankred zu dem berühmten Schriftstellerpaar kam, kam sie als Fan. »Ich kannte alles von beiden.« Im Studententheater hatte sie die Jennifer aus *Der gute Gott von Manhattan* gespielt. »Dann kamen wir mit dem Lift in diese Wahnsinnswohnung, wo Ingeborg Bachmann uns erwartete. Sie kam mir damals sehr alt vor. Später stellte sich heraus, dass sie eine wüste Nacht hinter sich hatten, mit Streit und so. Doch dann kam erst einmal jemand die Treppe herunter, und das war Max Frisch. Er hatte sich zwei Krawatten umgebunden, eine blaue und eine gelbe. Keiner hat was dazu gesagt.«

Die beiden hätten einen traurigen Eindruck gemacht; Frisch habe einen Fernet-Branca getrunken und habe ansonsten »ganz bescheiden« gewirkt. Bachmann habe einen verwirrten Eindruck gemacht und die »Hilflosigkeitsrolle gespielt«. Marianne erzählte ihr von ihren Auftritten als Jennifer. »Ich verehrte sie«, resümiert sie im Gespräch, und das schien Ingeborg Bachmann positiv registriert zu haben. Die deutsche Studentin, die bald nach München zurückfuhr, gefiel der Dichterin. Tankred Dorst schrieb nach München: »Max Frisch und Ingeborg Bachmann sind beide vollkommen begeistert von Dir.« »Ja, beide warben um mich«, bestätigt Marianne.

Köstlich die Beschreibung der vollständig möblierten »Moviestarwohnung« mit Blick auf die Borghese-Gärten, mit drei Bädern und einer Bediensteten, »die gehörte dazu«. Die Einrichtung, erinnert sich Marianne Frisch, als wäre sie gestern noch dort gewesen, »war absurd«. Bücherattrappen wiesen beispielsweise eine vierundzwanzigbändige Baudelaire-Ausgabe aus, eine Phantasieausgabe, denn Baudelaire hat, wie die belesene Marianne wusste, gar kein umfangreiches Werk hinterlassen. Sie erlaubte sich eine entsprechende schnippische Bemerkung, was ihr offenbar niemand verübelte. Auch das »venezianische Esszimmer« empfand sie als schräg, mit einer Spiegeltür zur Küche, aus der unvermutet das Dienstmädchen trat.

Die Beschreibung der Situation vermischt sich mit generellen Überlegungen und einem Wissen, das sich in zwanzig langen Jahren des Zusammenlebens mit Max Frisch akkumuliert hat. So erwähnt Marianne Frisch das legendäre Schreibmaschinenklappern, das Ingeborg Bachmann verrückt gemacht haben soll – in *Montauk* hat Frisch darüber berichtet. Die römische Wohnung sei zwar riesengroß gewesen, man hätte sich gut aus dem Weg gehen können. Aber die neurotische Schreibkonkurrenz dominierte offenbar das Zusammenwohnen. »Max, der Erfinder der Eifersucht«, wie Marianne Frisch ihn mehrfach nennt, hatte aber seinerseits auch zu leiden unter Ingeborg Bachmann. So verschwand sie etwa zum Schreiben, offiziell jedenfalls, nach Zürich. Dann war er allein in Rom, des Italienischen kaum mächtig.

Die Lage war offenbar lange schon vergiftet. Max, so Marianne Frisch, war »krank vor Eifersucht«, und Ingeborg Bachmann sei nicht zu unterschätzen: »Wenn's drauf ankam, war sie ein Kärntner Bauernmädchen.« Diese physische Kraft betont Marianne Frisch im Zusammenhang mit der »unglaublichen Trinkfestigkeit« Bachmanns. »Nein, schön war sie nicht. Sie glänzte durch ihre Art, nicht durch ihr Aussehen.« Eine Verführerin, klarer Fall: »Mich hatte sie auch sofort im Netz.«

Als Marianne Oellers, wie sie damals hieß, zum Semesterende zurückkam nach Rom, ab Mitte Juli 1962, war Ingeborg Bachmann weg. Frisch, allein in der Stadt, lud das junge Paar – Tankred und Marianne – zu sich ein, »in die Moviestarwohnung«. Die Haushälterin hat gekocht, und er habe sie provoziert nach dem Motto: Ihr Frauen wollt doch nur unter die Haube kommen. Sie, Marianne, habe sich gewehrt: »Wir essen Schwarzbrot, damit ihr euer Werk schreiben könnt!« »Schwarzbrotmarianne« scherzte Max Frisch dann. Tankred Dorst neigte absolut nicht zur Eifersucht, er war geradezu blind, was Marianne Frisch auf seine Teilnahme am Krieg zurückführt; es habe sie gequält, diese Verstricktheit in den Krieg.

In Rom folgten dann Ausflüge, zunächst zu zweit. Max Frisch und Marianne fuhren zu den Etruskergräbern nach Tarquinia (»ein wunderschöner Tag, es knisterte bereits«), später, als Ingeborg Bachmann wieder da war, im Juli, ging es nach Sperlonga. Diesmal zu fünft: Frisch und Bachmann, Marianne und Tankred, plus Max Frischs achtzigjährige Mutter. In Frischs Fiat-Zweisitzer saß der Wagenbesitzer mit seiner Mutter. Bachmanns VW-Käfer wurde von Tankred Dorst gefahren, als Beifahrerinnen Ingeborg Bachmann und Marianne. Irgendwann hielt Frisch an; er wollte, dass Marianne zu ihm ins Auto wechselte, was auch geschah. Die Reise nach Sperlonga wurde spontan verlängert, es ging bis nach Neapel, wo man übernachtete und in einer Bar tanzte. Frisch, der die Jukebox bediente, tanzte mit Marianne zu italienischen Schnulzen. Was seine Mutter davon gehalten habe, frage ich: »Sie hat das nicht wirklich mitgekriegt.«

Ingeborg Bachmann musste nach Rom zurück, weil sie Peter Rühmkorf vom Flughafen abzuholen versprochen hatte. Es gab Streit, sagt Marianne Frisch, weil Ingeborg Bachmann den deutschen Schreiberkollegen unbedingt allein abholen wollte. »Das missfiel Max. Er war wütend.« Am selben Abend, bereits zurück in Rom, habe er ihr, Marianne, einen Zettel in die Tasche gesteckt: Sie möge ihn am Abend treffen, heimlich. Was auch geschah. Allmählich habe auch Tankred Dorst geahnt, was sich zwischen Frisch und Marianne abspielte. Uwe Johnson, sein Mitstipendiat in der Villa Massimo, hatte ihm wohl einen Fingerzeig gegeben. Doch verliefen die Beziehungen Mariannes – zu Tankred Dorst, zu Max Frisch – noch eine Weile parallel. Zum Abschied in Rom habe Frisch ihr ein Flugticket von München nach Rom zugesteckt, das heißt, sie sollte wiederkommen.

Als »wohlerzogenes Mädchen« habe Marianne Ingeborg

Bachmann ein Telegramm geschickt, sie wolle sie treffen – der Zufall wollte, dass Ingeborg Bachmann sich ebenfalls in München aufhielt. Sie wohnte bei Reinhard Baumgart. Mittlerweile war es November geworden. Sie verabredeten sich im Hotel Carlton in der Nähe des Odeonsplatzes. Da habe sie der großen Bachmann eröffnet, Max wolle, dass sie nach Rom komme. Ob sie einverstanden sei? Und Bachmanns Antwort kam, ohne Zögern:

»Aber sicher!«

»Bitte fahren Sie.«

Es mag Bachmann recht gewesen sein, Max abgelenkt zu wissen. »Aber sie hat mich total unterschätzt«, stellt Marianne Frisch richtig. Sie jedenfalls fuhr nach Rom, und die Beziehung zwischen dem Schriftsteller Frisch und der achtundzwanzig Jahre jüngeren Studentin Oellers entwickelte sich unübersehbar. Und genau zu der Zeit hat Ingeborg Bachmann sich in Zürich ins Krankenhaus gelegt für eine Operation. Ins Krankenhaus soll sie sich selbst, wie Frisch in *Montauk* schreibt, Rosen geschickt haben, um einen Verehrer vorzutäuschen. Ich frage, ob es sich bei der Operation um die gerüchteweise kursierende Abtreibung gehandelt habe? Marianne Frisch verneint das entschieden.[180]

Zu einer Reise nach New York aus Anlass zweier Inszenierungen seiner Stücke, *Andorra* und *Biedermann und die Brandstifter*, hat Frisch dann nicht Bachmann, sondern Marianne mitgenommen. Es sei eine schwierige Situation gewesen, was man sofort glaubt. Ingeborg Bachmann, meint Marianne Frisch, habe gehofft, Max würde sie nach New York rufen. Das tat er nicht. Stattdessen fuhr er mit seiner jungen Begleiterin noch weiter nach Mexiko. Marianne war »zögerlich und ja auch noch gar nicht getrennt von Tankred«.

Bei der Rückkehr nach Zürich war Ingeborg zugegen. Frisch ging in die gemeinsame Zürcher Wohnung, Marianne schlief im Hotel; ob sie noch mal nach Rom fuhren, weiß sie nicht mehr. Die nächste Erinnerung, die ihr vor Augen steht, gehört nach München: Max Frisch kommt am Bahnhof an und verkündet: »Ich will jetzt Klarheit haben, ich muss mit Tankred reden.« Das hat seine Wirkung bei Marianne nicht verfehlt, »es hat mir Eindruck gemacht«. In der Folge waren sie zwanzig Jahre lang ein Paar. Die Eheschließung erfolgte allerdings erst, »ausgerechnet«, 1968.

Bevor sie sich in der Schweiz niederließen, lebten sie noch eine Weile in Rom. Ingeborg Bachmann sei einmal noch aufgetaucht, bereits von Berlin aus. Bei dem letzten Treffen in einem römischen Café war Marianne Frisch jedoch nicht dabei. Es habe eine laute Szene auf der Straße gegeben. Das war das unrühmliche Ende der Beziehung von Ingeborg Bachmann und Max Frisch.

Es ist klar, dass Frisch seiner Frau Marianne viel erzählt hat, »von sich aus«, sagt diese, »ich habe nie gefragt«. Zu den Details gehören die Tabletten, die Ingeborg Bachmann noch in jenem römischen Café eingenommen habe, als Max Frisch eintrat, das habe ihn »sehr gestört«. Ingeborg Bachmann sei es gewesen, die Max Frisch in den Alkoholismus hineingezogen habe. »Wenn er zu viel trank, konnte er ausflippen. Ingeborg vertrug viel mehr als er.«

Ob Max Frisch Bachmann geliebt habe, frage ich. Marianne Frisch sagt »Ja«. Und ob Bachmann Frisch geliebt habe? Da ist sie sich nicht ganz so sicher. Ingeborg Bachmann habe ja »noch nie vorher mit einem Mann unter einem Dach gelebt«. Ob Bachmann auf Marianne eifersüchtig gewesen sei? Erstaunlicherweise nicht. Vielleicht hatte sie Probleme, die Realität überhaupt zu sehen. Frisch habe sich jedenfalls verantwortlich gefühlt, sich Sorgen gemacht, ihr auch Geld angeboten – Ingeborg Bachmann habe abgelehnt. Das war, laut Marianne Frisch, 1963/64.

Über den Anfang der Liebesgeschichte Frischs und Bachmanns, 1958, weiß Marianne ebenfalls Details beizusteuern; sie weichen in einem entscheidenden Punkt von dem ab, was Frisch in *Montauk* berichtet. Frisch hatte Bachmann einen Brief geschrieben, letztlich einen Fanbrief, in dem er ihr Komplimente für das Hörspiel *Der gute Gott von Manhattan* machte. Diesen Brief, sagt Marianne Frisch, habe Bachmann als »Liebeserklärung« verstanden. Sie sei daraufhin sofort nach Zürich gefahren und habe sich im Hotel Storchen eingemietet, um Frisch zu treffen. In *Montauk* wird dieser erste Schritt, sollte er stattgefunden haben, ausgelassen; dort begegnen Ingeborg Bachmann und Frisch einander persönlich das erste Mal in Paris.

Dass deren Beziehung mehr oder weniger sofort begann, steht wohl fest. Frisch war damals liiert mit einer verheirateten Frau; »das war kein Zustand«, resümiert Marianne pragmatisch. Er war eigentlich frei. Richtig sei, dass es in Paris losging mit Max und Ingeborg. Frisch war damals nicht reich, stellt Marianne Frisch klar, er war noch nicht geschieden, musste Alimente zahlen. Und in Bezug auf Bachmann hält sie nochmals fest: »Es gab keine Abtreibung.«

Wir erörtern die Drogen- und Alkoholsucht und kommen auf das Ehepaar Auer zu sprechen. Fred Auer sei für Max Frisch immer der »Dorfarzt vom Zürichsee« geblieben, mit dem er in die Sauna gegangen sei, eine alte Kumpanei sozusagen. Seine erste Praxis hatte Fred Auer 1951 in Männedorf bei Uetikon eröffnet; die Bekanntschaft Frischs mit Fred Auer datiert aus dieser Zeit.[181] Erst später sei Heidi dazugekommen. Nachdem Fred Auer seine Praxis nach St. Moritz verlegt habe, hätten die Auers ein Gästehaus gehabt, nicht jedoch eine Privatklinik (wie später oft behauptet wurde). Marianne Frisch, die sich letztlich auf den Bericht ihres Mannes beziehen muss, beschreibt Bachmann als selbstzerstörerisch und anarchisch. »Und dann der Max dazu, der bis zum vierzigsten Lebensjahr keinen Wein angerührt hatte und schon gar nicht Drogen! Erst in New York wurden wir zum Jointrauchen gedrängt.«

Dann fällt ein Stichwort, das hellhörig macht: »Ingeborg Bachmann liebte den Underground.« Mir kommt der Gedanke, dass Bachmann, sofern sie, wie schon Enzensberger andeutete, wirklich gefährliche Sachen gemacht hat, in jenem Underground zum Beispiel Drogen besorgt haben könnte. Ich male mir aus, wie Bachmann furchtlos die Milieugrenzen überschritt. Ich denke an das Mordkomplott, das Freunde um Henze – der womöglich mehr wusste als alle anderen – bei Bachmanns Tod vermuteten. Ich frage mich, warum Henze, Unseld, das Ehepaar Auer und der mysteriöse Pierre Evrard Mordanzeige gegen unbekannt erstattet haben? Die Gerichtsakte ist längst geschlossen. Der Eindruck einer pasolinihaften Seite Ingeborg Bachmanns lässt sich nicht ganz vertreiben.

Als ich Marianne Frisch an diesem Abend verlassen habe, fällt mir ein, dass ich eine Frage noch hatte stellen wollen: Warum kein Foto bekannt sei, auf dem Bachmann und Frisch gemeinsam zu sehen sind? Ich reichte die Frage in einem kleinen Brief nach und erhielt ein paar Wochen später die Antwort: »Ja, es existiert tatsächlich kein einziges Konterfei von I. B. + M. F. – miteinander. Dieter Bachmann hat damals als Chefredakteur der Zeitschrift ›Du‹ eine weltweite Suche nach einem solchen Dokument angestellt und dabei eine Wette verloren. Er wollte es nicht glauben, aber ich wusste, dass er keine Chance hatte, für sein Bachmann- und Frisch-Heft dergleichen aufzutreiben.«

Hans-Ulrich Treichel

Seit 1995 lehrt Hans-Ulrich Treichel am Deutschen Literaturinstitut in Leipzig. Erfreulicherweise ist er bereit, über seine Erinnerungen an die Zeit mit Hans Werner Henze zu sprechen, für den er einige Opernlibretti verfasst hat. Für die Arbeitsphasen war Treichel auf Henzes italienischem Anwesen zu Gast, in Marino bei Rom, und hat bei dieser Gelegenheit sowohl illustre Gesellschaften erlebt als auch Henzes Berichte über Ingeborg Bachmann vernommen. Ich hatte mir für dieses Interview den Begriff der sekundären Zeugenschaft zurechtgelegt, da er, Treichel, Ingeborg Bachmann nicht kannte, dafür aber jemanden, eben Henze, der sie sehr gut kannte, der sie vielleicht sogar am besten von allen kannte.

Während meines Gastsemesters am Deutschen Literaturinstitut verabreden wir ein ausführliches Gespräch. Zu Semesterbeginn, am 22. Oktober 2014, laufen wir uns im Kopierraum des Literaturinstituts über den Weg, und Treichel schlägt spontan vor, in der Cafeteria der Albertina (Universitätsbibliothek) etwas zu trinken; er müsse ohnehin dort Bücher abholen. Dieses kurze Treffen ist von der Stimmung her sehr lustig, da Treichel sofort in Fahrt kommt und bereits die eine oder andere Anekdote andeutet. Aber ich bremse ihn aus, weil ich nicht ausgerüstet bin (kein Notizblock, kein Stift).

Für Ingeborg Bachmann interessiert Treichel sich schon lange. So erzählt er beispielsweise von seinem Besuch im Klagenfurter Bachmann-Haus in der Henselstraße, das zu einem Wallfahrtsort geworden sei. Der Bestand des dort lagernden Archivs, so Treichel amüsiert-verblüfft, enthalte »eine Mappe mit selbstausgedachten Witzen«. In der Tat, dazu wäre vieles zu sagen – selbstausgedachte Witze! Bachmanns humoristische Seite gehört nach wie vor zu den unterbelichteten Seiten ihrer Persönlichkeit.

Nach der Weihnachtspause wird das Gespräch fortgesetzt. Wir verabreden uns für den 21. Januar 2015 in Treichels Institutsbüro. Aber es treibt uns hinaus. In der Stadt ist die größte Demonstration seit 1989 angekündigt, die Polizei ist an diesem Abend massiv im Einsatz. Eine Leipziger Variante der fremdenfeindlichen »Pegida«-Bewegung, die in jenen Wochen in Dresden regelmäßig demonstriert, will massenhaft auf die Straße gehen. Die Leipziger nennen sich »Legida«. Erwartet werden Auseinandersetzungen mit Gegendemonstranten, die am Ende glücklicherweise in der Überzahl sein werden. Wir wollen diese »Pegida«- beziehungsweise »Legida«-Typen einmal »in echt« sehen. Daraus wird nichts. Wir irren herum, unter lauter Grüppchen von Gegendemonstranten, die ebenfalls den »Feind« suchen. Überall stößt man auf Polizei, nicht aber auf die »Legida«-Demo. Wir geben auf, zumal es kalt ist, und suchen ein Restaurant auf.

Hans Werner Henze und Hans-Ulrich Treichel, beide aus Westfalen, das ihnen keine Heimat geworden war, lernten einander 1985 kennen und hielten zwanzig Jahre lang Kontakt. Treichel sei bei dem berühmten Komponisten »in die Schule gegangen, die Schule des Librettisten«. Gern hat der kommunikationsfreudige Henze Anekdoten erzählt. Er hatte wohl, sagt Treichel, ein ganz gutes Gedächtnis: Die Verwandlung des Gehörten »in eine noch bessere Geschichte« sei sein narratives Prinzip gewesen. Henze lebte damals bereits mit Fausto Moroni zusammen, den Treichel als bäuerlich-dunklen Typ bezeichnet, gutaussehend und überaus freundlich. Er war Verkäufer in Rom gewesen in einem Geschäft für »edlere Haushaltswaren«; so hatte Henze ihn kennengelernt. Irgendwann ist aus dem Geliebten »der Chef des Hauses« geworden, der sich um alles kümmerte, der morgens zum Einkaufen fuhr und mittags und abends das Essen zubereitete. Fausto war Mitte der sechziger Jahre in Henzes Leben aufgetaucht, Ingeborg Bachmann verstand sich ausgezeichnet mit ihm.

216

Sie soll eine besondere Vertrauensbeziehung zu Fausto gehabt haben.

Höchst anschaulich schildert Treichel die Szenerie in Marino, wo auch Ingeborg Bachmann oft gewesen war. Ein Anwesen. Im Park wirkte Gärtner Giovanni: Einmal hat Henze den Gärtner und Treichel gemeinsam auf einem Bildchen porträtiert, das er »La merenda di Giovanni ed Ulrico« betitelte. Treichel besitzt das Bild noch, und es zeigt Treichel und den Gärtner beim gemeinsamen Pausenfrühstück. Uli, wie Treichel von Henze genannt wurde, war wunderbar umsorgt: Eine nette »famiglia« spielte die Rolle der Haushälter, Fausto kochte, und zwar »sehr gut«. Mittags um vierzehn Uhr wurde gegessen, abends noch einmal. Henze hatte feste Arbeitszeiten, »Thomas-Mann-mäßig«. Beim Essen wurde erzählt. Für Henze, sagt Treichel, gab es keine Sphären, die verschwiegen wurden. Alles war transparent. Gelegentlich waren Aristokraten zu Gast, zum Beispiel die Prinzessin von Hessen, »eine nette alte Dame«, und Treichel erklärt: »Je höher und nobler, desto direkter und netter.«

In dem schönen Garten, der von einem weißen Zaun umgeben war, liefen allerhand Tiere herum: Enten (im agrarischen Bereich befand sich ein Teich mit Entenhäuschen); die rote Katze Minette (sie wurde verewigt in Henzes Katzenoper *The English Cat*); ferner gehörten mehrere »total glückliche« Windhunde zum Bestand in Marino. So erinnert Treichel sich noch an Daphne und James; letzterer lag gern in Henzes Arbeitszimmer auf dem Boden, während sein Herrchen komponierte.

In dem Haus habe man eigentlich nur arbeiten können,

fasst Treichel das mondäne Leben nüchtern zusammen. Vom Grundstück aus sah man in der Ferne, malerisch auf Felsen gelegen, das Dorf Rocca di Papa, wo Luise Rinser wohnte. Henze hatte ihr einen Spitznamen verpasst, über den Treichel sich heute noch schieflacht. Aber er will ihn mir auf keinen Fall verraten.

An das zu schreibende Libretto drückte Henze seine Erwartung wie folgt aus: »Es muss sehr schön werden!« Produktionsdruck sei entstanden durch Henzes eiserne Disziplin, sagt Treichel. Ich frage ihn, was Henze über die gemeinsame Arbeit mit Bachmann erzählt habe. Schließlich ist die Anekdote überliefert, er habe sie eingesperrt, bis das Libretto fertig gewesen sei. Treichel: »Er wird wohl kaum den Schlüssel umgedreht haben.« Aha, leichte Zweifel an der Überlieferung. »Es war mehr ein Spiel, ein So-tun-als-ob, eine Koketterie mit dem Selbstbild.« Was nichts am Prinzip ändert: Henze hatte sein unerschütterliches Arbeitsethos. »Letztlich war der Kern seines Lebens die Arbeit – alles andere diente ihr.« Bachmann hingegen »war keine Vollenderin«. (Interessante These.) Bei Treichel überwiegt der Eindruck einer guten, produktiven Freundschaft. Immerhin sind zwei abendfüllende Opern entstanden (*Der junge Lord*, *Prinz von Homburg*) und eine Ballettpantomime *(Fürst Myschkin)*; ferner hat Henze die Musik zu Bachmanns Hörspiel *Die Zikaden* geschrieben und einige ihrer Gedichte vertont *(Nachtstücke und Arien; Lieder von einer Insel)*. Der größte Erfolg war, mit circa fünfzig Aufführungen, *Der junge Lord*, Uraufführung 1965 in der Deutschen Oper in Berlin.

Anfang der fünfziger Jahre, auf Ischia und in Neapel,

hätten sie »Prinz und Prinzessin gespielt«, wie »Königskinder, die zueinanderkommen«. Es sei ein »schönes, platonisches Glück« gewesen. In Neapel hatte Henze eine große Wohnung und einen Butler, der weiße Handschuhe trug. Ingeborg Bachmann habe dort ihr Zimmer bekommen, aber Treichel meint, sie sei nicht wirklich eingezogen, sondern zu Gast gewesen. Jedenfalls, die beiden »spielten Aristokratie«. »Mit Henze war sie glücklich«, meint Treichel, »und schön«. Dass im Briefwechel Bachmann – Henze der Name Celan nicht vorkommt, sei »ein Symptom«. Es spricht dafür, dass sie »mehrere Leben« hatte.

Nur nebenbei: Im Briefwechel Bachmann – Celan stört Treichel der »hohe Ton«, er sieht darin wenn nicht etwas Falsches, so doch sehr Bemühtes. Während Celan der große Unerwähnte war, bedeutete Max Frisch eine enorme Störung für die Freundschaft mit Henze. Über Frisch sprach Henze »nur ironisch«, das sei ein »Konkurrenzverhältnis« gewesen. Aber Treichel gibt zu: »So ganz verstehe ich das nicht.« Tatsache ist: Henze und Frisch, da fügte sich nichts.

Insgesamt hat Henze nur von der »guten Zeit« mit Ingeborg Bachmann erzählt. Ihre Abstürze, ihre Sucht, ihr Lebensende, über all das habe es nur geheißen: »schrecklich, schrecklich«! Henze selbst sei zwar ein Hedonist gewesen, aber kein Alkoholiker. Welche Mengen an Tabletten Ingeborg Bachmann nahm, das wusste er nicht, ist Treichel überzeugt; Fausto habe vermutlich mehr gewusst. Großartig (für Henze) war ihre Musikbegeisterung, so wie umgekehrt ja auch Henze ein beachtliches schriftstellerisches Talent besaß, plus die gemeinsame Sprachbegabung.

Ihr *Todesarten*-Projekt nannte er ihr »Proust-Projekt«, um die Dimension anzudeuten. Ingeborg Bachmann war die einzige Frau, mit der Henze so lange zusammengearbeitet hat, resümiert Treichel. »Ich würde sagen, sie hatten eine Schnittmenge.« Und kommt auf etwas zu sprechen, das für Henze »ganz wichtig« war: Ironie, Witz und gemeinsames Lästern. »Das muss sie gekonnt haben.« (So gesehen wäre Celan der Anti-Henze, und umgekehrt Henze der Anti-Celan.) »Was Henze und Bachmann verbunden hat, waren das Arbeitsethos und der Humor.«

Über die Ursache für Bachmanns Unglück und Einsamkeit wagt Treichel eine These: »Sie hat die eine entscheidende Person nicht gehabt. Jemanden, der nicht nur der Wichtigste für einen selbst ist, sondern für den man der Wichtigste ist. Die Wichtigste.« Ein kluger Gedanke: Dass Ingeborg Bachmann für niemanden die Wichtigste war. Auch für Henze nicht, der ja Fausto hatte. (Treichel: Dass der sehr viel jüngere Fausto vor Henze starb, sei eine Tragödie gewesen.) Vielleicht kannte Ingeborg Bachmann dieses Gefühl, die Wichtigste zu sein, nur vom eigenen Vater, als Kindheitserinnerung.

Schließlich ihr Tod. Irgendwann deutet Treichel an, er gehe davon aus, dass Henry Kissinger sich bemüht habe, Bachmann in das American Hospital verlegen zu lassen. Mir ist das neu: Woher die Information stamme? Angeblich aus der Monographie von Peter Beicken in der Beck'schen Reihe. (Später prüfe ich das, finde den Namen Kissinger darin nicht – es muss sich also um eine andere Quelle handeln.) Was Treichel über die Sache mit der Mordanzeige denke, möchte ich wissen. Als Ingeborg Bachmann starb, wussten Henze und Fausto gar nicht, dass sie in Rom war, sagt Treichel. »Der Kontakt war nicht mehr so eng. Dann starb sie, völlig unerwartet. Es gab Vermutungen aufgrund dieses Schocks«, und es gab die Phantasie, Ingeborg Bachmann habe am Strand in Ostia Drogenhändler getroffen. Treichel glaubt: »Sie konnten sich nicht abfinden mit einem Verbrennungstod.«

Christine Koschel und Inge von Weidenbaum

Gespräch in Rom am 17. Januar 2015 in deren Dachwohnung an der Piazza Maddalena nahe des Pantheons. Die beiden Herausgeberinnen der ersten Bachmann-Werkausgabe bei Piper wohnten schon zu Ingeborg Bachmanns Lebzeiten hier. Ingeborg Bachmann kam oft vorbei, auf der Dachterrasse sonnte sie sich gern. Zu dem von langer Hand geplanten Treffen begleitet mich Ruth Beckermann. Wir sind unterwegs auf Ingeborg Bachmanns Spuren und auf der Suche nach Drehorten, Bildern, Szenen für einen Film. Die Wohnung ist sehr klein, gemütlich, vollgestopft mit Büchern, der Flur dient als Wohnzimmer; ein Sofa, zwei Sessel, ein Couchtisch; Tee und Gebäck stehen bereit.

Trotz altersbedingter Beschwerden wirken die beiden Damen munter, fast ein bisschen aufgekratzt, und sehr liebenswürdig. Noch bevor wir Platz nehmen, dürfen wir die Leiter – es ist wirklich eine Leiter, keine Treppe – aufs Dach hochklettern, um die Terrasse mit dem herrlichen Blick über die Stadt zu bewundern. Oben angekommen, liegt vor unseren Augen die Dächerlandschaft von Rom, dazu das Rauschen der Stadt. Im Sommer dürfte es lauter sein, was die Bewohnerinnen bestätigen. »Sehr laut.«

Zuerst sprechen wir über Celan, wegen unseres Films, der von Bachmann und dem Dichter handelt. Verschiedene Verbindungen werden zunächst geklärt, zu Ilana Shmueli, auch zu Eric Celan, Paul Celans Sohn, den Christine Koschel für seinen Eigensinn bewundert: Bei *dem* Vater Zauberkünstler zu werden, das sei schon toll. Sie erinnert sich gern, wie sie Eric Celan bei seinen Kunststücken assistierte.

Die Briefe von Celan fanden sich nach Bachmanns Tod in einem Sekretär in ihrem Schlafzimmer. Celan, davon sind Koschel und Weidenbaum überzeugt, sei Ingeborg Bachmanns große Liebe gewesen. Aber, schränken sie ein: »Sie hat nur selten von ihm gesprochen.« Nach seinem Selbstmord habe sie angerufen und mit Inge von Weidenbaum eine halbe Stunde lang gesprochen, aber seinen Namen im Entsetzen vermieden. Sie hatte »eine große Gabe, um Dinge herumzusprechen«. »Schweigen war ihre noble Waffe.«

Diese Zurückhaltung Ingeborg Bachmanns hat für die biographische Forscherin den Nachteil, auch im Gespräch mit Zeitzeugen einiges eben nicht in Erfahrung bringen zu können, z.B. gilt dies auch für Bachmanns Beziehung zu Max Frisch. Die Freundschaft Ingeborg Bachmanns zu Christine Koschel und Inge von Weidenbaum – übrigens siezte man sich – tat der Dichterin offenbar gut.

Man kann sich das vorstellen: Koschel und Weidenbaum waren freundschaftlich, offen, belesen, clever, lustig, sprachen ihre Sprache. Bei ihnen musste Ingeborg Bachmann sich nicht verstellen, keine diplomatischen Spiele spielen: »Wenn sie herkam, war sie ganz natürlich.« Ich kann mir mühelos vorstellen, wie Ingeborg Bachmann in dieser kleinen Wohnung mit der schönen Dachterrasse aufatmete.

Koschel kannte Ingeborg Bachmann seit 1958. In Berlin hat sie sie 1964 im Krankenhaus besucht. Bachmann hat ihr etliche Jahre später gesagt: »Der Arzt in Berlin hätte mir sagen sollen, nehmen Sie sich einen Anwalt, statt mir Tabletten zu geben.« Mit diesem nichtgegebenen Rat, so Koschels Vermutung, wäre sie besser gewappnet gewesen gegen die Nachwirkungen der Krise mit Frisch. Worum sie aber juristisch hätte streiten können oder sollen, bleibt offen. Ingeborg Bachmann selbst soll über ihren Berliner Klinikaufenthalt später gesagt haben, sie habe eine »iatrogene Krankheit«, gemeint ist wohl die Psychopharmakasucht.

In Rom kam dann Inge von Weidenbaum hinzu, ab Mitte der Sechziger. Nach »der Demütigung durch Frisch« habe Ingeborg Bachmann das Bedürfnis gehabt, »ihre Weiblichkeit extravagant zu betonen«, sagt Inge von Weidenbaum. Eine etwas rätselhafte Bemerkung. In dieser Zeit begann die Freundschaft.

Was das anregende, herzliche Gespräch gelegentlich kompliziert werden lässt, ist eine gewisse Konkurrenz zwischen Koschel und Weidenbaum. Sie lieben ihre Ingeborg, aber auf unterschiedliche Weise. In den Abneigungen, etwa gegen Max Frisch, gegen Unselds »Herrengebaren«, gegen die »große Verdreherin« Ilse Aichinger, gegen Marie

Luise Kaschnitz' »degoutantes« Bachmann-Gedicht *Via Bocca di Leone*, sind sie sich jedoch einig. Ihre Linie lautet: »gegen die Mythisierung«. Denn um Ingeborg Bachmann würden viele falsche Mythen gewoben.

Einen besonderen Stellenwert nimmt »die Auer-Geschichte« ein, die sich wie ein lastender Schatten besonders auf Christine Koschel gelegt zu haben scheint. Die Rolle Heidi Auers und ihres Mannes, des Arztes aus St. Moritz, ist ihr mehr als suspekt. Sie weist ihr, wie ja auch Koschels im Herbst 2014 in *Sinn und Form* erschienene Tagebuchaufzeichnungen belegen, durchaus Schuld für Ingeborg Bachmanns Tod zu. Die Rolle der Auers: »Sie waren Lieferanten von Psychopharmaka.« Einmal habe Ingeborg Bachmann »hier in der Küche gesessen«, tief enttäuscht, dass Frau Auer ihr kein Geld leihe. Sie brauchte 10 000 DM; von ihrem Bruder Heinz Geld zu leihen war ihr offenbar sehr unangenehm. So Christine Koschel. Der »Auer-Salon« in St. Moritz, wo auch Unseld und Bloch zu Gast gewesen seien, wird in dieser römischen Dachwohnung als Unheilsort betrachtet. Womit nicht gesagt sein soll, dass sie unrecht hätten. Ich frage: Warum hat Ingeborg Bachmann Geld gebraucht und wann war das? Koschel vermutet: »Sie hatte Schulden bei Piper, wollte aber nach dem Celan-Baumann-Eklat 1967 weg vom Verlag.«

Die Mordanzeige gegen unbekannt nach Ingeborg Bachmanns Tod »kam von den Auers«, das ist laut Koschel gerichtlich dokumentiert. Zwar hätten sich auch Henze und Pierre Evrard der Anzeige angeschlossen, aber von den Auers sei die Initiative ausgegangen. Es wurden Verbindungen Ingeborg Bachmanns in die römische Unterwelt vermutet. Was sie von diesen Gerüchten halte, frage ich. Koschel hält das entschieden für »Unsinn«, eben für einen jener unendlich wiederholten Mythen. »Alles Gebräu von Leuten um Auer.« Das sei erfunden, würde aber »weitergetragen, weil es opportun ist«.

Und warum sollte Henze das mitgemacht haben?

Nun folgt eine Anekdote, die verdeutlicht, dass auch Henze bei Christine Koschel nicht hoch im Kurs steht. Drei Tage nach Bachmanns Tod kam ein Anruf; Koschel sei mit Ingeborg Bachmanns Geschwistern in Bachmanns Wohnung im Palazzo Sacchetti gewesen: Henze am Apparat. Ob Koschel nach Marino kommen könnte, er habe ihr etwas mitzuteilen. Er ließ sie von seinem Chauffeur abholen. Dort habe Henze hinter dem Schreibtisch gesessen und gesagt: »Wenn Sie nicht zugeben, dass Sie die Ingeborg ermordet haben, kann ich Sie binnen 24 Stunden ins Gefängnis bringen.« Ihre Antwort: »Wiederholen Sie diesen Wahnsinn nicht, sonst rufe ich aus Rom einen Freund zu Hilfe.«

Dann sei der *turning point* gekommen. Koschel: Nach einer Weile scheint Henze »plötzlich kapiert zu haben, dass er die falsche Person beschuldigt«. Daraufhin wurde Richard Wagners *Liebestod* aufgelegt, als Akt der Trauer. Koschel wirkt immer noch entsetzt. Das alles spielte sich im Parterre ab. Bei der Verabschiedung habe Henze nach oben gewinkt und gerufen: »Heidi, ich komme gleich zu dir.« »Das heißt«, resümiert Koschel, »Heidi Auer war da und hat alles mitgehört.« Nach Koschels Überzeugung wurde Henze von Heidi Auer aufgehetzt. Es gebe nur eine plausible Erklärung für die Mordanzeige: Auer habe von ihrer eigenen Schuld ablenken wollen.

Wenig später brachte der Chauffeur Christine Koschel wieder nach Rom. Entschuldigt habe Henze sich nie. In seiner Autobiographie wird er, als käme es nicht darauf an, das Krankenhaus, in dem Ingeborg Bachmann starb, mit einem anderen verwechseln. Was Koschel, die fast täglich die lange Fahrt mit dem Bus nach EUR auf sich nahm, verständlicherweise empört. Sie selbst kommt in dem grandiosen Lebensrückblick des Komponisten namentlich nicht vor, sondern wird auf eine »deutsche Sekretärin« reduziert. Ja, man kann wohl davon ausgehen, dass Henze Ingeborgs Freundin Christine Koschel, die unbestreitbar in der Sterbesituation eine wichtige Rolle spielte, aus seinem Gedächtnis mehr oder weniger gelöscht hat.

Das sind Kränkungen, die Wunden hinterlassen haben. Und es waren nicht die einzigen. Weitere sollten hinzukommen. Mit Isolde Moser, der Schwester Ingeborg Bachmanns, sind die Herausgeberinnen der Werkausgabe schon lange zerstritten. Schon während der Edition der Werkausgabe habe es wegen hart umkämpfter editorischer Entscheidungen geknirscht. Später erleben die Herausgeberinnen, wie Isolde Moser versucht, ihre Freundschaft mit Ingeborg Bachmann als bedeutungslos hinzustellen. Koschel habe als »Schreibkraft« für sie gearbeitet (in Wahrheit hat sie nie ein Wort für sie geschrieben). Weidenbaum habe sie »so gut wie keine fünf Minuten gekannt«. Ein Vorfall aus jüngster Zeit deutet laut Koschel die unverändert feindselige Haltung an. Koschel erinnert sich, wie sie kurz nach Bachmanns Tod, als ein vertrauensvolles Verhältnis zur Familie bestand, mit Isolde Moser in Bachmanns Wohnung die Briefpost durchgesehen hat. Neben einem Stapel ungeöffneter Briefe einige wenige, die geöffnet waren; obenauf der Brief, den Koschel Ingeborg Bachmann zuletzt geschrieben hatte. Koschel freute sich zu sehen, dass *ihr* Brief an die Freundin geöffnet worden war. Aber im Bachmann-Briefnachlass sei er nicht mehr vorhanden. – An einen Zufall will sie nicht glauben. Wer hat ihn verschwinden lassen? »Frau Moser reagiert unwirsch auf offizielle Befragungen.« Koschel sagt, sie habe »viel gehässigen Neid erlebt, weil *sie* von Ingeborg Bachmann ins Krankenhaus gerufen wurde, und andere wichtige Freunde nicht«.

Vor dem Palazzo Sacchetti in der Via Giulia haben Ruth Beckermann und ich am Vormittag noch gestanden, einem abweisenden Steinkoloss aus dem 16. Jahrhundert. Wir fragen die beiden Damen, wo denn Ingeborg Bachmanns Wohnung lag. Die zweistöckige Wohnung hatte zwei große Fenster auf die Via Giulia, andere Fenster gingen zum Tiber. Bachmann habe aber nicht beide Etagen bewohnt, im unteren Stockwerk standen die weniger gelesenen Bücher. Einmal habe Ingeborg Bachmann zu Koschel am Telefon gesagt: »Wenn mir hier etwas passiert, hört mich niemand.«

Und irgendwann in den letzten Monaten ihres Lebens: »Eigentlich müsste ich in einer Einzimmerwohnung leben mit ein paar Kartons.« Dann sagt Koschel etwas, das mich wirklich erstaunt: Der Freund, den Bachmann in die Romanfigur Ivan in *Malina* verwandelt hat, habe ihr durch seine Bürgschaft zu der Wohnung im Palazzo Sacchetti verholfen. Sie sei »verführt worden, die Wohnung dort zu nehmen«. Noch ein Geliebter? Den Namen, der sich hinter jenem Ivan verbirgt, verrät Koschel nicht, nur so viel: Er sei verheiratet gewesen und *kein* Italiener.

Isolde Moser (von Uwe Johnson »Erbenmoser« genannt, was die beiden Damen sichtlich amüsiert) habe darauf bestanden, dass in den biographischen Daten der Werkausgabe Max Frisch nicht genannt wird. (Aber auch Celan durfte später in *Bilder aus ihrem Leben* nur »Kollege« genannt werden.) »Der Tod von der Ingeborg Bachmann hat in der Schwester das Gefühl erzeugt, Max Frisch sei schuld«, fasst Koschel zusammen. Isolde, das wisse sie, hätte ihn am liebsten die Treppe hinuntergestoßen. Aber Ingeborg Bachmann hat doch bei ihrer Schwester in den letzten Jahren Erholung gesucht und gefunden, werfe ich ein. Das sei nicht richtig! Richtig sei vielmehr, dass Ingeborg Bachmann gegenüber der Schwester kritisch gewesen sei, geradezu hochmütig. Netter sei Olga Bachmann gewesen, die Mutter von Ingeborg, Isolde und Heinz; Koschel und Weidenbaum haben sie kennengelernt. Nie war die Rede davon, wenn Ingeborg Bachmann nach Österreich, nach Hause aufgebrochen ist. Dennoch ist Koschel überzeugt: Isolde Moser arbeitet am Mythos heiler Familienbande.

Erfreulicher fällt dann der Bericht über Maria Teofili aus, die Haushälterin aus der Via Bocca di Leone. Für Ingeborg Bachmann war Maria eine Freundin. Maria Teofili war die Tochter der Concièrge und lebte in der Wohnung neben Ingeborg Bachmann, sie kümmerte sich offenbar um mehr als nur deren Haushalt. Als Ingeborg Bachmann in den Palazzo Sacchetti zog, blieb Maria in der Via Bocca di Leone zurück. Auch dort hatten Ruth Beckermann und ich am Vormittag gestanden: Ein schmales Innenstadthaus, längst renoviert, mitten in der Touristengegend und ausgestattet mit einer Gedenktafel. Was für ein Unterschied zum Steinkoloss des Palazzo Sacchetti. Maria stößt ausnahmsweise bei den kritischen Damen auf keinerlei Vorbehalte, im Gegenteil: »Sie war außerordentlich charakterfest und klug.« »Dass wir die Krankenblätter [aus dem Ospedale Sant'Eugenio] bekommen haben, ist Maria zu verdanken. Ohne Maria hätten wir das nicht geschafft. Sie war geschickt im Umgang mit den Ämtern.«

Christine Koschel und Inge von Weidenbaum sind also im Besitz eines Ärzteberichts! Er sei handschriftlich verfasst, ein schreckliches, unleserliches Gekritzel. Ich bitte darum, eine Kopie zu bekommen. Dann könnte man den Bericht transkribieren und übersetzen lassen; gern würde ich ihn meinen Ärzteberatern zeigen, deren Einschätzung sehr wichtig wäre. Die Damen versprechen es. (Und werden ihr Versprechen nicht halten.)

Die Besucherinnen sind erschöpft. Draußen ist es dunkel geworden, seit drei Stunden sitzen wir zusammen. In dem mäandernden Gespräch ist es nicht immer leicht, den Überblick zu behalten. Klar ist allerdings: Diese beiden deutschrömischen Damen sind Kämpferinnen im »Deutungskrieg« um Bachmann; ein Wort, das sie selbst verwenden.

Wir kommen dann noch auf die politische Haltung zu sprechen. Über »68« seien Henze und Bachmann »absolut nicht einig« gewesen. Seine Faszination für die RAF habe

Bachmann ironisch kommentiert: »Fasziniert war er in Wahrheit von den jungen Männern« (und ich denke: weil er Andreas Baader sexy fand). Dennoch, Bachmann sei eindeutig links gewesen, fassen Koschel und Weidenbaum zusammen. Über Enzensberger habe Ingeborg sich geärgert, »aber der hatte einen Bonus«. Wen sie wirklich nicht gemocht habe, sei Peter Weiss. »Da ist eine Ablehnung, die rücksichtslos ist – literarisch und politisch«, erinnert sich Inge von Weidenbaum.

Die schönste Anekdote, die an diesem langen Nachmittag erzählt wird, hat mit Bachmanns Eitelkeit und ihrem Sinn für Mode zu tun. Ingeborg Bachmann war ja extrem kurzsichtig; die Dioptrinangabe der Protagonistin in der Erzählung *Ihr glücklichen Augen* habe sie von Inge von Weidenbaum eins zu eins übernommen. In Wirklichkeit sei Ingeborg Bachmann noch viel kurzsichtiger gewesen. Ihre Brille setzte sie aber so gut wie nie auf. »Ungeheuer tapfer versuchte sie den Eindruck zu erwecken, als könne sie auch jenseits von zwei Metern noch deutlich sehen«, sagt Inge von Weidenbaum.

In der Freundschaft mit den beiden, die, das muss man sich klarmachen, zehn Jahre jünger waren, spielten auch typische Frauendinge eine Rolle. So hatte Ingeborg Bachmann, was damals sehr en vogue war, gelegentlich falsche Wimpern angeklebt. Diese hatte Inge von Weidenbaum sehr bewundert, und was tat Ingeborg Bachmann? Sie brachte zum nächsten Treffen, als Geschenk, der jüngeren Freundin ein Paar falsche Wimpern mit.

Adolf Opel

Telefongespräch mit Adolf Opel (Wien) am 22. April 2015. Gern hätte ich Opel, der Ingeborg Bachmann in den sechziger Jahren gut kannte, persönlich getroffen, aber er steht bei meiner Kontaktaufnahme kurz vor der Abreise nach Argentinien, wo er für einige Wochen bleiben wird. Alarmiert durch den plötzlichen Tod von Günter Grass, mit dem ein Treffen schon avisiert war, neige ich jetzt zu schnellem Handeln. Lieber ein Telefonat als gar kein Gespräch, sage ich mir.

Adolf Opel, neun Jahre jünger als Ingeborg Bachmann, hat die damals siebenunddreißigjährige Dichterin Anfang 1964 in Berlin kennengelernt und ist noch im selben Jahr zweimal mit ihr nach Prag gereist sowie nach Ägypten und in den Sudan. Die Ägyptenreise hat sich in einem Kapitel des Romanfragments *Der Fall Franza* niedergeschlagen, insbesondere ist die Orgie aufsehenerregend, die die Romanfigur am Rande der ägyptischen Wüste erlebt. Dem liegt, nach dem Zeugnis von Opel, ein reales Ereignis zugrunde, wovon er in seinem Erinnerungsbuch *»Wo mir das Lachen zurückgekommen ist ...« Auf Reisen mit Ingeborg Bachmann* ausführlich berichtet.

Das passagenweise recht indiskrete Buch ist in der Bachmann-Gemeinde umstritten, tatsächlich basiert es auf bloßer persönlicher Erinnerung im Abstand vieler Jahre, und man weiß ja, wie trügerisch die Erinnerung sein kann. Dennoch gehört Opels Buch, das sich weder um die Forschung noch sonstige biographische Literatur schert, zu den aufschlussreichsten, die über Ingeborg Bachmann geschrieben wurden. Einen gewissen Vorbehalt spüre ich selbst auch. Er betrifft weniger Zweifel am Faktischen. Jedoch frage ich mich, ob man Opels Definition seiner Beziehung mit Ingeborg Bachmann folgen kann. Genau genommen, definiert er die Beziehung gar nicht, und eben das erscheint mir seltsam.

Was war das für ein Pakt?

Wir sind für den 22. April am frühen Abend verabredet, eine Stunde ist für das Telefongespräch reserviert. Es wird länger dauern. Die freundliche Vermittlung durch Christine Koschel und Inge von Weidenbaum ermöglichte, dass Adolf Opel, der es offenbar ein wenig leid ist, über Ingeborg Bachmann Auskunft zu erteilen, zum Sprechen bereit war. Er ist sofort am Apparat, spricht ein weiches, leises Wienerisch und wirkt insgesamt zurückhaltend. Erst im Lauf des Gesprächs erfahre ich, dass seine Katze, die offenbar auf seinem Schoß sitzt und gestreichelt wird, ihm das Telefonieren »verbieten« will. Einmal schafft sie es: Die Verbindung reißt ab – ich rufe sofort wieder an, und weiter geht es.

Adolf Opel sagt zu Anfang, dass er dem Aufgeschriebenen nichts hinzufügen könne. Das stimmt jedoch nicht ganz. Er hat seit der Publikation seiner Erinnerungen einiges in Erfahrung gebracht, zum Beispiel seine Briefe an Ingeborg Bachmann betreffend. Er selbst besitzt ihre Briefe an ihn und hat daraus auch zitiert in seinem Erinnerungsbuch – allerdings, mit Rücksicht auf die Familie Bachmanns, keineswegs vollständig. Ob auch Ingeborg Bachmann seine Briefe aufbewahrt habe, das wusste er lange Zeit nicht. Inzwischen weiß er es: Sie existieren

und liegen im Bachmann-Nachlass der Wiener National-
bibliothek.

Opel würde seine Erinnerungen gern fortschreiben,
für diesen Zweck ist auch eine Information relevant, die
ihn durch Jenny Schon erreichte. Die Information betrifft
Jacob Taubes. Hierzu muss man wissen, dass Jacob Taubes
auf einem posthum gefundenen Papier von einer Lieb-
schaft mit Ingeborg Bachmann berichtet, andere meinen:
sie sich erfindet.[182] Der in Berlin ansässige jüdische Philosoph Taubes hatte darin mit einer Reise nach Prag im Jahr
1964 geprahlt, die er mit Ingeborg Bachmann unternommen haben will. Doch diese Reise hat wohl ausschließlich
Adolf Opel mit ihr gemacht; der Reisepass von Taubes,
den die aus Böhmen stammende Jenny Schon habe auf-
finden können, weise keinen Transit- oder Visa-Stempel
auf.

Die zweite, von Opel als wichtig eingeschätzte Information erreichte ihn per Brief durch die deutsche Pasto-
rin und Bachmann-Verehrerin Anne Lungova. Sie habe,
schrieb sie ihm, in einem tschechischen Archiv recherchiert und herausgefunden, dass Ingeborg Bachmann und
Opel während ihrer Pragreise ständig bespitzelt worden
seien. Jener Mexikaner mit dem schönen Namen Abelardo
aus Opels Erinnerungsbuch, der eines Nachts im Hotelzimmer die schlafende Ingeborg Bachmann überrascht
(die sich dann mit ihm wacker unterhalten habe, wie Opel
schreibt[183]), war demnach ein Spitzel. Seine Decknamen,
erzählt Opel mit spürbarem Amüsement, hätten Ricardo
und Domino gelautet.

Sollte also ein zweiter Band seiner Erinnerungen an

die Zeit mit Ingeborg Bachmann folgen, dürfte es span-
nend werden. Während des Telefongesprächs mit Opel,
der allmählich auftaut, bekomme ich den Eindruck, dass
er Ingeborg Bachmann zwar gut kannte, sie mitreißen
konnte, ihr »neue Szenen« eröffnete, ihr aber nicht gerade in tiefer Leidenschaft verbunden war. Um es gleich
zu sagen: Mein Gefühl ist, dass Ingeborg Bachmann in
Adolf Opel keinen Liebhaber gefunden hat, der sie über
den Trennungsschmerz mit Frisch hinwegzutrösten ver-
mochte. Mir scheint, sie hat einen jungen unerschrockenen
Gefährten in schweren Jahren gefunden, mit dem sie eine
libertäre Komplizenschaft teilte. Eine Komplizenschaft,
durch die sie selbst teilhaben konnte an Konstellationen,
die ihr allein nicht zugänglich gewesen wären und die ihr
Opel durch seine Kontakte in ein libertäres bis homosexu-
elles Milieu ermöglichte. Für ihn war klar, wie er in einer
Deutlichkeit schreibt, die nichts zu wünschen übriglässt,
dass Ingeborg Bachmann den homosexuellen Blick auf
Männer hatte. Dass er selbst diesen Blick mit ihr teilte,
sagt er nicht. Aber er lässt keinen Zweifel daran, dass er
es war, der die zwei griechischen Männer für jene »Orgie«
mitgebracht hat in das Hotel in Athen.

Opel, ein Mann mit guten österreichischen Manieren,
war in der Zeit um 1964 auffallend attraktiv, parkettsicher
als Gast des brasilianischen Konsuls in Berlin, er war sorglos und abenteuerlustig. Ihr Werk kannte der knapp dreißigjährige Dramatiker und Kritiker kaum, das mag eine
Entlastung für Ingeborg Bachmann bedeutet haben. Waren
sie ein Liebespaar? Ich bezweifle es, obschon Opel das nahelegt. In seinem Wikipedia-Eintrag fällt der Begriff vom

234

Lebensabschnittpartner, eine damals noch unbekannte Bezeichnung. Sein Bericht über die erste Begegnung zum Tee am 5. Januar 1964 in Bachmanns Berliner Wohnung, über die Reisen, die bald folgten, die gemeinsamen Partybesuche, all das klingt empathisch, aber nicht leidenschaftlich. Hinzukommt, dass Opel und Ingeborg Bachmann sich bis zum Schluss – die Beziehung zerbrach 1967 – gesiezt haben. Wir wissen, dass sie sich mit Frisch und Celan selbstverständlich duzte, desgleichen mit Henze. Die Beziehung zu Opel fällt schon deshalb in eine andere Kategorie, es fragt sich, in welche.

Einige der typischen Charakterzüge Ingeborg Bachmanns betont auch Opel: ihr notorisches Vermeiden von Namen etwa. So habe sie den Namen Frisch nie erwähnt, habe nur gesagt: »der Mann«. Oder »dieser Mann«. Erst sehr viel später habe sie seinen Namen ihm gegenüber genannt. (In Opels Besitz befindet sich ihr Handexemplar des Frisch-Romans *Mein Name sei Gantenbein* mit Anstreichungen Ingeborg Bachmanns.) Als der Name Celan einmal fällt, weil Opel die *Todesfuge* in einem Band ihres Bücherregals in Berlin entdeckte und spontan die Idee zu einer Verfilmung des Gedichts hatte, habe Ingeborg Bachmann ihn streng gewarnt, wie Opel in einem erst 2006 verfassten weiteren Erinnerungstext schreibt. Jeder, der mit Celan zu tun hätte, habe Ingeborg Bachmann gesagt, »würde früher oder später in chaotische Verwicklungen geraten, mit ständigen Meinungsänderungen und Widerrufen von bereits Zugesagtem zurechtkommen müssen«.[184]

Offenbar wurde Opel nicht in das Netzwerk der vielen,

vielen Bekanntschaften und Freundschaften Bachmanns eingeführt. »Die einzige Bekannte von ihr, die ich kennengelernt habe, ist Heidi Auer«, sagt er am Telefon. Ausgerechnet Heidi Auer! Die Ehefrau des St.Moritzer Arztes, deren Ruf sehr fragwürdig ist. Ein Urteil über die umstrittene Heidi Auer lässt Opel sich nicht entlocken: »Es war eine oberflächliche Begegnung.« Überhaupt zeigt sich, dass Opel nicht gern über andere abfällig spricht; immerhin antwortet er auf die Frage, wie er denn mit Ingeborg Bachmanns schlimmen Zuständen, der Tablettensucht und dem Alkoholkonsum zurechtgekommen sei. »Immer schlechter.«

Mir bleibt die Beziehung der beiden letztlich rätselhaft. Man muss sie sich vielleicht wirklich als Pakt eines jungen Mannes und einer traumatisierten Diva vorstellen, die eine gewisse Leidenschaft für Männer teilten. Offenbar wusste er etwas über ihre sexuellen Vorlieben und Phantasien, das andere nicht wussten. Sie lieh Opel die Berliner Wohnung, wenn sie einmal wieder fort war. Öfter fuhr sie nach St.Moritz, bestätigt Opel. 1965 besuchte er sie im Sanatorium in Baden-Baden. In Wien erlebte er, wie sie einen Termin bei dem berühmten Arzt und Tiefenpsychologen Dr.Hans Strotzka ausmachte und sich höchst beeindruckt von seiner spontanen, allein aufgrund ihrer Werke getätigten Diagnose zeigte. Dennoch sei sie nicht wieder zu ihm gegangen. Einmal, um 1966, habe sie mit Heiratsplänen gespielt: Adolf Opel als Ehemann? Das erschien wohl auch dem Betroffenen absurd: »Sie war nicht dazu geschaffen, mit jemandem unter einem Dach zu leben«, sagt Opel am Telefon.

Ich frage ihn, wer denn die Sanatoriumsaufenthalte bezahlt habe und ob er glaube, sie sei dort richtig behandelt worden. Es waren, so Opel, »Entzugsbehandlungen, und sie taten ihr immer gut«. Und Geld? »Es wurde nie über Geld gesprochen.« 1964, als ihr im Herbst der Büchner-Preis in Darmstadt verliehen wurde, war Adolf Opel anwesend. Wer noch? Er erinnert sich an keinen. Henze war nicht da, ist er sich sicher. Es sei dramatisch zugegangen, denn sie habe erstmals »Haftschalen« – Kontaktlinsen – ausprobieren wollen. Das klappte ganz und gar nicht; so musste am Ende doch die Brille aufgesetzt werden, was sie hasste. Ihre Eitelkeit – das Thema wird in fast allen Gesprächen gestreift. Ich frage Opel, ob sie sich die Haare gefärbt habe, denn mir sei aufgefallen, dass sie auf den frühen Fotos dunkelhaarig gewesen sei und irgendwann nur noch blond. »Ich glaube nicht, dass sie die Haare färbte«, meint er.

Über die Orgie in dem Athener Hotelzimmer, kurz vor der Weiterreise nach Ägypten, schreibt Opel, sie sei »höflich« vonstattengegangen. Eine höfliche Orgie? Meine Nachfrage beantwortet er lachend: »Das ist doch gerade das Schöne.« Und die ganze Zeit sagte man Sie zueinander? Was bedeutet das Siezen, will ich wissen. Opel: »Achtung, positiver Abstand.«

Über wen hat Ingeborg Bachmann positiv und mit Liebe gesprochen? »Über den Vater.« Die Mutter habe sie eigentlich nie erwähnt. Und wie hat Ingeborg Bachmann über andere Schriftsteller gesprochen? »Nun«, sagt Opel, »nicht gut.« Proust habe sie verehrt. Ich frage: Aber was ist mit den lebenden Schriftstellern? Sie hielt sich für die

Beste, legt Opel nahe. »Sie hatte eine sehr hohe Meinung von sich.« Über ihre Arbeit sagt er, sie habe »nächtelang an Sätzen gefeilt – sie musste kämpfen«. Frage: Sie hatte also ein enorm großes Selbstbewusstsein, obwohl das Schreiben ihr schwerfiel? »Ja.« Und wie wirkten sich ihre Verzweiflungszustände auf dieses Selbstbewusstsein aus? »Es wurde dadurch nicht tangiert.«

Es folgen noch ein paar anekdotisch-heitere Details, etwa wie Ingeborg Bachmann ihm in Uetikon bei Zürich einmal ein zähes Steak gebraten habe oder wie fabelhaft Ingeborg Bachmann andere Leute parodieren konnte, bis Opel dann das dramatische Ende ihrer Beziehung andeutet. Das war 1967, Ingeborg Bachmann wohnte nun wieder in Rom. Opel hatte, zusammen mit einem befreundeten amerikanischen Maler, auf dem Weg von Rom nach Ostia einen furchtbaren Autounfall. Blutend habe er sich zur nächsten Telefonzelle geschleppt, um Bachmann anzurufen. Die war am Apparat, doch zeigte sie kein Mitgefühl. Sie habe gesagt: »Rufen Sie später an. Ich habe gerade einen wichtigen Termin mit einem Verleger.« – Für Opel bedeutete das innerlich das Ende. Er habe sie so oft unterstützt, ihr geholfen (man meint die Enttäuschung durchs Telefon noch zu spüren), und dann diese Zurückweisung in einer Notsituation.

Joachim Unseld

Gespräch am 9. Mai 2015 auf dem Flug von Frankfurt via
Istanbul nach Tiflis. Wir gehören beide einer Gruppe von
Verlegern, Lektoren und Journalisten an, die auf Einladung des georgischen Kultusministeriums ein paar Tage
in Tiflis verbringen.

Im Flugzeug sitzen wir zufällig nebeneinander. So nutze
ich die Gelegenheit, den Verleger der Frankfurter Verlagsanstalt und Sohn des einst mächtigen Suhrkamp-Verle-
gers Siegfried Unseld zu fragen, ob er Ingeborg Bachmann
kennengelernt habe. Im Haus seiner Eltern gingen die
berühmten Schriftsteller ein und aus. Ja, sagt er, mehrmals
habe er sie getroffen, es seien allerdings oberflächliche Begegnungen gewesen. Schüchtern, unsicher, zerbrechlich
habe sie auf ihn gewirkt. Er will oder kann das nicht weiter ausführen. Von sich aus bringt er die Rede auf Max
Frisch, der nicht nur Ingeborg Bachmanns Lebensgefährte
von 1958 bis 1962 war, sondern zudem ein wichtiger, aufla-
genstarker Autor des Suhrkamp Verlags, des Verlags seines Vaters. Es ist glasklar, dass Joachim Unseld mit dem
Schweizer Autor schlechte Erfahrungen gemacht hat; er
spricht von »Froscheskälte«, mangelndem Humor und einem »Zug ins Hinterhältige«. Eine Anekdote soll diesen
Eindruck untermalen. Joachim Unseld war, damals siebenundzwanzig Jahre alt, einige Zeit in New York; ebenso
Frisch (es muss also Anfang der achtziger Jahre gewesen
sein). Frisch habe ihn eingeladen und dann systematisch
ausgefragt. Beispielsweise habe Frisch wissen wollen: »Was
halten Sie von Joyce?« Ob man den *Ulysses* gelesen ha-

ben müsse? Joachim Unselds Antwort: »Nein, muss man nicht.« So bedeutend sei Joyce nun auch wieder nicht. Woraufhin Frisch ihn bei seinem Vater Siegfried Unseld verpetzt habe: Joachim sei ein Kulturbanause. Frisch, resümiert Joachim Unseld, »ist der kälteste Autor gewesen, den ich je getroffen habe«. Bei Ingeborg Bachmann, vermutet er, habe Frisch »Schwachstellen« gefunden.

Peter Härtling

Das Gespräch ergibt sich am Rande einer Veranstaltung in Darmstadt am Abend des 6. Juni 2015 und wird fortgesetzt bei einem Telefonat am 15. Juni 2015. Peter Härtling moderiert seit über dreißig Jahren das Quiz *Literatur im Kreuzverhör* im Hessischen Rundfunk, bei dem das Publikum vorgelesene Stellen rät und »Experten« über das Gelesene diskutieren, und das war in diesem Fall ich. (Es war eine der letzten Sendungen, das Literaturquiz wurde Ende 2015 eingestellt.) Vor Beginn der Aufzeichnung erkundigt sich Härtling, was ich so triebe im Moment, und ich erzähle ihm von meinem Vorhaben. Spontan ruft er aus: »Ingeborg Bachmann habe ich schon mal ins Bett getragen!«, wobei er auf eine schwer zu deutende Weise lacht. »Ich habe sie oft bei Grass gesehen. Sie saß da und trank.« Ich bin natürlich neugierig geworden. Doch die Situation in Darmstadt lässt eine Vertiefung nicht zu. Wir verabreden uns zum Telefonieren. Das Ergebnis beider Kurzgespräche ist hier zusammengefasst.

Es geht um die Berliner Zeit Anfang der sechziger Jahre, als Ingeborg Bachmann in Grunewald wohnte, Koenigsallee 35. Härtling war damals Redakteur der Zeitschrift *Der Monat.* Er habe Ingeborg Bachmann zwei- oder dreimal bei Taubes erlebt, der damals schon mit seiner Frau Margherita von Brentano zusammenlebte in einer großen Wohnung der Villa Wertheim in Grunewald; dort betrieben die beiden eine Art Salon. »Taubes gefiel mir sehr«, sagt Peter Härtling, ein »sprunghafter, skurriler Charakter.« Seine Frau mochte er weniger.

An jenem Abend, als Härtling das zweifelhafte Vergnügen hatte, Ingeborg Bachmann ins Bett zu tragen, war man bei Taubes zu Gast gewesen. Peter Szondi, der sich »sehr gut mit Taubes verstand«, war auch da. »Ingeborg Bachmann saß zwischen Szondi und mir, war rege am Gespräch beteiligt und trank beständig.« Sie war kurz rausgegangen, vermutlich auf die Toilette, und als sie wiederkam, kündigte sie an, dass sie gleich einschlafen könnte, denn die Tabletten wirkten sofort. Und sie bat darum, dass man sie sofort nach Hause brächte. Den Schlüssel zu ihrer Wohnung überließ sie den beiden Herren.

Härtling erinnert sich genau, wie sie sie dann gemeinsam getragen hätten, Peter Szondi und er fuhren sie in die Koenigsallee. Bachmann hatte eine Erdgeschosswohnung (erinnert sich Härtling), und dort bugsierten sie sie aufs Bett. Das Gespräch mit Szondi, vor ihrem Bett stehend, hätte er gern aufgezeichnet. Das ging ungefähr so: Was machen wir jetzt? Ausziehen? Szondi habe gemeint: Die Schuhe müssen runter. Und so geschah es, wobei Szondi die Schuhe »akkurat« vor das Bett der Schlafenden stellte.

Aus dem Ereignis hat Härtling sogar ein Gedicht gemacht, *Bildnis einer Schlafwandlerin.*[185] Im Gedicht ist das »Bett« der mündlichen Erinnerung allerdings ein »Diwan«, sei's drum. Nicht nur bei Taubes in Grunewald, auch bei Grass in Friedenau hat Härtling die Schlafwandlerin oft gesehen. »Dort saß sie immer in derselben Ecke des großen Wohnraums, mit einer Rotweinflasche.« Wie standen Sie denn nun zu ihr, frage ich. »Ich hab' sie schon gemocht. Man merkte, dass sie oft unsicher war und sehr verletzbar«, resümiert er und fügt zu meinem Erstaunen hinzu: »wie Grass«. »Sie trank wie eine Bäuerin, saß aber da in Chiffonkleidern.« Auch im Restaurant Habel am Roseneck habe Härtling Ingeborg Bachmann mehrmals gesehen, Szondi ging ebenfalls gern dorthin. Ich stelle fest: Es mag ihr in Berlin schlechtgegangen sein, über ihren Krankenhausaufenthalt wussten wohl auch alle Bescheid, aber einsam war sie nicht. Das bestätigt Härtling; Klaus Wagenbach zum Beispiel sei ein ganz anhänglicher Freund gewesen; ebenso Grass, der sie beschützt hatte.

Auf ihre literarische Qualität angesprochen, erzählt Härtling, die Bachmann-Gedichte seien ihm, als er neunzehn war, von Helmut Heißenbüttel »aufs Gemüt gedrückt worden«; er sei fasziniert gewesen von ihrer »ganz großen melodischen Sicherheit«. *Undine geht* rühmt er noch als fabelhafte Erzählung, mit *Malina* hadert er.

Eine letzte Frage: Ob er sich vorstellen könne, dass Taubes und Ingeborg Bachmann eine Liaison hatten, wie Taubes in einem posthum entdeckten Brief behauptet. Härtling habe sicherlich von dem Gerücht gehört; gemeinsame Pragreise, Zusammenleben in Rom etc. Oder ob er annehme, es handele sich seitens Taubes um bloße Angeberei? Taubes sei »ein Frauentyp« gewesen, meint Härtling, dennoch antwortet er ohne Zögern: »Ich halte eine Liaison für unwahrscheinlich. Taubes war ein genialer Aufschneider.«

Renate von Mangoldt

Gespräch am 10. Juni 2015 in deren Haus in Charlottenburg, Nähe Olympiastadion. Die Witwe Walter Höllerers und, was mir in diesem Fall wichtiger ist, die Fotografin eines der prägnantesten Porträts Ingeborg Bachmanns empfängt mich in ihrem hellen Wohnzimmer. Auf dem Tisch liegt ein flacher Ilford-Karton bereit, darin die Abzüge der Aufnahmen Ingeborg Bachmanns. Die Fotografin, die sich gern »Zeitzeugin mit Kamera« nennt, hat vorab schon verkündet, viel habe sie nicht zu berichten. Ein Muster, das mir inzwischen bekannt vorkommt.

Es ist dann ganz anders: Sie hat viel zu sagen, allerdings tatsächlich nicht sehr viel zu erzählen. Der Ereignischarakter ihrer Erinnerungen bleibt übersichtlich. Denn begegnet ist sie Ingeborg Bachmann nur zweimal. Das erste Mal, das Datum hat sie noch im Kopf, und gleich wird man erfahren, warum, sieht sie Ingeborg Bachmann am 14. Dezember 1963.

Zwei Tage zuvor war sie einer Einladung Walter Höllerers nach Berlin gefolgt. Vielleicht um sie zu beeindrucken, nahm er sie mit in die Börsenstuben, wo er an diesem Abend mit Günter Grass, Ingeborg Bachmann, Hans Werner Richter und anderen verabredet war. »Ich fühlte mich unbehaglich, in einer falschen Situation«, sagt Renate von Magoldt. Und: »Der Runde entging das nicht. Also frotzelte man, Günter Grass fielen meine weichen Fingernägel auf. Ich führte sie dem erstaunten Publikum vor.« »Nun lasst sie doch in Ruhe«, habe endlich Ingeborg Bachmann verlangt, »sie ist eine selbständige Frau, sie hat einen Beruf.« Selbst da habe Renate von Magoldt noch freundlichen Spott herausgehört. »Ich war froh, dass wir uns früh verabschiedeten, Walter wollte noch meinen Geburtstag mit mir feiern.«

Die zweite Begegnung fand sechs Jahre später statt, 1969 in Rom, aus Anlass des Films *Das literarische Profil von Rom*, produziert vom Literarischen Colloquium Berlin. Die Autorenfilme des LCB nahmen sich Prag, Stockholm, London und eben Rom vor. Renate von Mangoldt, damals längst mit Walter Höllerer verheiratet, Mutter eines gemeinsamen Sohnes (Florian) und wieder schwanger (was man aber noch nicht sah), war als Fotografin des LCB am Set anwesend.

»Ingeborg Bachmann war nicht kamerascheu«, erinnert sich Renate von Mangoldt, »wirklich nicht«. Allerdings dauerte es eine Weile, bis sie die inzwischen wieder in Rom lebende Ingeborg Bachmann tatsächlich fotografieren konnte. Es hieß, sie sei eine schwierige Person, was sich dann auch bestätigte. Dreimal hat Ingeborg Bachmann den Termin platzen lassen. Der Österreicher Gerald Bisinger führte für den Film das Interview; Walter Höllerer war ohnehin nicht die ganze Zeit dabei. Am vierten Tag tauchte Ingeborg Bachmann dann endlich auf, »glänzend gelaunt«, perfekt zurechtgemacht. Sie hatte den schwarzen Lackmantel an, den wir von Renate von Mangoldts Fotografien kennen, die ebenfalls schwarzen Stiefel gingen in eine enge schwarze Hose über. Fanden Sie sie hübsch?, frage ich. »Das Wort würde ich nicht verwenden.« Renate von Mangoldt sucht nach dem passenden Ausdruck, findet ihn jedoch nicht auf die Schnelle.

Beim Drehen des Films entstand die berühmte Aufnahme von Ingeborg Bachmann, wie sie die Via dei Condotti hinunterschlendert, im Hintergrund die Spanische Treppe, nichts in den Händen als eine Sonnenbrille, von oben bis unten schwarz gekleidet, in Lack und Leder, die Insignien des Sadomasochismus zumindest zitierend, darüber das tadellos frisierte, schwingende blonde Haar. In diesem außergewöhnlichen Outfit schreitet sie, den Blick nach unten gerichtet, direkt auf die in einiger Entfernung stehende Filmkamera zu, hinter der wiederum Renate von Mangoldt sich mit ihrer Kamera bewegte. Vielleicht deshalb ist die Aufnahme so unscharf.

»Sie muss Stunden beim Friseur zugebracht haben«, sagt Renate von Mangoldt, woraufhin ich gern wissen möchte, ob sie glaube, dass Ingeborg Bachmann sich die Haar färbte. »Bestimmt hat sie sich die Haare gefärbt, da bin ich mir so gut wie sicher.« Ich freue mich still, endlich jemanden zu treffen, der über diese Offensichtlichkeit das Notwendige sagt. Es zeigt sich, dass Renate von Mangoldt die Dichterin nicht nur betrachtet hat; sie hat sie auch erspürt mit Sinn für seelische und charakterliche Züge: »Sie war mehr als intelligent, sie war lebensklug. Und gleichzeitig war sie schüchtern, gehemmt. Die meisten haben ihr das nicht abgenommen. Aber ich habe ihr die Schüchternheit abgenommen. Auch wenn ich sie in einem Interview in ihrer Wohnung in Rom, wo ich auf sie wartete, als sehr scharfzüngig und dominant erlebte.« Dann betont sie noch Ingeborg Bachmanns Vitalität, vergleichbar der Vitalität von Grass, mit dem sie sich gut verstanden habe. »Ihre Vitalität habe ich gespürt, sie gehörte zu ihrer Substanz.«

Die Ilford-Box wird geöffnet, und ich darf die Schwarzweißabzüge in die Hand nehmen, die meisten Motive sind mir bekannt, einige aber nicht. Insgesamt liegen ein Dutzend Abzüge in dem Karton. Ihre eigene Aufnahmetechnik beschreibt Renate von Mangoldt so: »Ich fotografiere nicht mit einem vorgefassten Blick, sondern versuche, den Blick oder die Geste zu erspüren, die das Gegenüber mir anbietet, und dies dann festzuhalten. Ich bestimme nur den Augenblick und den Ausschnitt.« Das Lackmantelbild der Via dei Condotti bestätigt diese Selbstbeschreibung vorzüglich, buchstäblich kommt die Porträtierte auf die Fotografin zu.

»Nach dem Drehtermin fragte mich Ingeborg Bachmann, ob ich Lust hätte, morgen mit ihr eine Shopping-Tour zu unternehmen.« Renate von Mangoldt habe selbstverständlich zugesagt (»ich sage immer zu«). Am nächsten Tag holte sie sie also in ihrer Wohnung in der Via Bocca di Leone ab. »Ich glaube«, sagt Renate von Mangoldt, »sie war neugierig auf meine Beziehung zu Walter Höllerer.« Und fügt hinzu, ihre Ehe mit Höllerer habe quasi »unter öffentlicher Beobachtung gestanden«; so

Abb. 15 Ingeborg Bachmann 1969 vor der Spanischen Treppe in Rom (Renate von Mangoldt)

wusste etwa Hans Werner Richter von einer Ehekrise, die ihr selbst noch gar nicht aufgefallen war. Und nun erzählt sie etwas Köstliches, nämlich dass Ingeborg Bachmann habe wissen wollen: »Wie ist das eigentlich, einen Heiratsantrag zu bekommen?« Ingeborg Bachmann behauptete, sie selbst habe noch nie einen Heiratsantrag bekommen, was aber eine Lüge war, wie Renate von Mangoldt später erfuhr.

»Ich habe ihr gerne Auskunft gegeben und ihr erzählt, dass ich Höllerers Heiratsantrag abgelehnt hätte, weil mir der Altersunterschied von achtzehn Jahren als zu groß erschien und ich keinen ›fertigen Professor‹ habe heiraten wollen. Aber ein Jahr später sei ich seinem Werben erlegen, meine Skepsis in Liebe umgeschlagen, und nun sei ich es gewesen, die ihm einen Antrag gemacht habe. 1965 haben wir geheiratet.«

Ich, ungläubig: Das haben Sie ihr alles erzählt?

»Ja, das habe ich ihr so erzählt.«

Sie seien an dem Vormittag in die schicksten Boutiquen gegangen. Überall sei Ingeborg Bachmann herzlichst begrüßt worden, habe italienisch parliert und hier und da an den Sachen gezupft. In mindestens vier Geschäften seien sie gemeinsam gewesen. Im letzten Geschäft habe Ingeborg Bachmann beschlossen: »Renate, jetzt kauf ich Ihnen was!« Und das tat sie.

Renate von Mangoldt verlässt den Raum, um kurz darauf wiederzukommen, in der Hand hält sie ein Paar knallgelber Ohrclips. Man muss sie beschreiben: Sie sind recht pompös mit einem Durchmesser von 2 cm, sind besetzt mit runden, bei der kleinsten Bewegung zitternden Plastikplättchen, die verbunden sind durch winzige, perlenbezogene Röhrchen; Modeschmuck zwischen Flitter, Pop und Camp. Auf der Shopping-Tour war sie ohne Kamera unterwegs, war »nicht einmal auf die Idee gekommen, sie mitzunehmen«. Diese kreischend gelben Wunderdinger, wie sie da in Berlin vor uns auf dem Tisch liegen, kom-

Abb. 16 Geschenk von Ingeborg Bachmann:
Die Ohrclips aus Rom (Renate von Mangoldt)

men mir vor wie magische Objekte. Sie sind nicht nur ein wehmütig stimmendes Relikt des Modejahres 1969, sie offenbaren auch einen Sinn für Witz und die Fähigkeit zur Ehrung einer alltäglichen Situation. Über Ingeborg Bachmann, so empfinde ich das, sagen sie etwas sehr Freundliches aus. Die Ohrclips begeistern mich kolossal, so herrlich geschmacklos, nein geschmackvoll, so exzentrisch und lustig, wie sie sind! Und so gar nicht passend zu der knabenhaft schmalen Renate von Mangoldt. Sie habe die Dinger auch nur zweimal getragen, beim Fasching.

Ob sie die Ohrclips fotografieren könnte? Kein Problem für Renate von Mangoldt, sie zögert nicht eine Sekunde, holt ihre Kamera, arrangiert das Andenken ihrer römischen Shopping-Tour auf dem Balkontisch und macht ein paar Aufnahmen.

Zwei Tage nach unserem Gespräch schickt Renate von Mangoldt als Nachtrag eine Mail: »Das Wort, mit dem ich Ihre Frage nach der ›Schönheit‹ beantworten wollte und das ich nicht fand, ist ›ausdrucksstark‹. Alles an ihr war ausdrucksstark, bis hin zur Kleidung. Und ihre Stimme habe ich vergessen zu erwähnen. Wie sie ihre Gedichte las: die Weichheit, das Vibrieren, die Bewusstheit der Form, grandios.«

Günter Herburger

Gespräch in Berlin-Wilmersdorf am 30. September 2015. In der Wohnungstür der Familie Herburger tauchen auf: Zwei Raucher, jeweils mit Zigarettenspitze, und zwei schwarzweiß gefleckte Kater. Sofort erfasst man die wuselige, sympathisch unaufgeräumte Atmosphäre. Wir begeben uns in Herburgers Arbeitszimmer, in dessen Mitte ein Bett steht, umrandet von Bücherstapeln, und am Fenster ein Schreibtisch, darauf eine altmodische Schreibmaschine. Auf dem Fensterbrett entdecke ich eine kleine Marx-Büste aus weißem Porzellan.

Der Schriftsteller Günter Herburger, zum Zeitpunkt unseres Treffens dreiundachtzig Jahre alt, ist ein unkonventioneller Typ. Ich kenne seinen Namen seit Kindertagen, denn auf der antiautoritären Schallplatte *Warum ist die Banane krumm?* (1971 als Quartplatte 7 im Verlag Klaus Wagenbach erschienen) erzählte er Geschichten über »Birne«, ein Schabernack treibendes Wesen, von dem man nicht mit Sicherheit sagen kann, ob es sich um ein Kind oder ein Zwischenwesen handelt. Ich habe diese Geschichten geliebt, besonders die mit dem Titel *Birne macht Reklame.*

Ich glaube nicht, dass Eifersucht bei ihm eine Rolle spielt, wenn er Ingeborg Bachmann ein »geziertes Girl« nennt, das mit seiner »hohen Stimme« seine »viel zu schönen Gedichte« las. Er habe damals gedacht: »Was ist denn das für eine dekorative Fliederstimme? Und die Pausen, und die Ausdruckskraft!« Er hielt das für Show. Der Ton, resümiert er, war »auf Hochdeutsch versemmelt«. Dazu muss man wissen, dass Herburger aus dem Allgäu stammt. In den sechziger Jahren hatte er schon einmal in Berlin gelebt, in Westberlin, in dieser »Sonderwelt«, wo »jeder Zwölfte ein Spion war«. Das Soziotop, in dem er sich bewegte, war das von Grass, Enzensberger und Walter Höllerer. Dem Menschen Grass (nicht aber seinen letzten Büchern) ist er eng verbunden, seinen Tod hat er noch nicht verwunden. Enzensberger, dieses »Sprachgenie«, nennt er einen »Selbstbespötter«. Henze kam gelegentlich besuchsweise vorbei, mit Pelzkragen, mitten im Sommer.

Es ist die Friedenauer Enklave, zu der unter anderen der mecklenburgische Dickschädel Uwe Johnson gehörte, den Herburger entsetzlich fand »in seiner Besoffenheit«. »Alle waren da, funkelten herum.« Trinken, reden, das waren die Hauptbeschäftigungen. Wenn Grass angegriffen wurde, ging er beleidigt hinaus und kochte einen Fisch (der nicht besonders gut schmeckte). Aber Herburger lässt auf Grass nichts kommen, erinnert sich, wie sie »Hand in Hand«, sich küssend (!) durch die Straßen gewandelt seien. Und nicht zu vergessen Walter Höllerer: »Den mochte ich sehr, so schnell, so zünftig, dann seine scharfe Nase. Ich war manchmal sein Diener, und war es gern.« Dieser »Impresario aller Künste« habe »saumäßig viel Geld« gehabt und »viele Wohnungen« an der Hand.

Das Gerede in den sechziger Jahren über »die Bachmann« ging meinem Gesprächspartner auf die Nerven. Ich wende ein, dass es ihr gerade in jener Zeit in Berlin extrem schlecht gegangen sei. Herburger: »Es ging vielen Leuten schlecht. Mir auch. Ich war öfter im Irrenhaus.« Als er erfährt, dass auch Bachmann in Berlin im Krankenhaus war, fügt er hinzu, »Depression ist das Schlimmste, was es gibt«. Er sei in seiner Jugend schwer depressiv gewesen und wurde eingewiesen. Dort habe er »eine andere Welt der Hilfe« kennengelernt. »Denken Sie, Sie sind *nur* krank – was für eine Erlösung.« (Kranksein – auch – als Erlösung, ein kluger Gedanke.)

Konkrete Anekdoten oder Storys hat Herburger nicht parat, seine Erinnerungen sind eher impressionistischer Art, und Alkohol spielt dabei die Hauptrolle. »So wie damals wird heute nicht mehr getrunken. Das war eine Pest. Man musste mitmachen. Aber ich fand's gut.« Er habe ohnehin alles Mögliche probiert, hatte die Botschaften des Drogengurus Timothy Leary inhaliert.

Dass Bachmann tablettenabhängig war, wusste er nicht. Aber trinkend und betrunken hat er sie erlebt. Betrunkene Frauen ertrage er nicht. Er gibt zu, in dem Punkt konservativ zu sein: »na und?«. Er fand schrecklich zu sehen, wie sie lallte und mit der Hand auf den Tisch schlug. »Dieses Wesen, das so viel Eleganz und Zerbrechlichkeit in sich hatte!« Für ihn war sie »von innen heraus hübsch«. Obwohl Sie sie nicht mochten? Ich wundere mich. Kann man es Erbarmen nennen? Herburger stimmt zu. Er habe tatsächlich Erbarmen empfunden, aber auch »Scham darüber, dass jemand wie sie so haltlos sein konnte«. Er hätte ihr auch gern geholfen, aber »einer von den Kerlen« war immer schneller als er und hat sie weggebracht. Der Name Rudi Dutschke fällt. Der habe sie auch mal weggebracht. Dutschke? »Ja, der saß auch dabei.« Wohlgemerkt, dies war die Zeit vor den Studentenunruhen.

Wichtig scheint mir seine Beobachtung zu sein, dass die Freunde ihren Zustand nicht wahrhaben wollten. Ob das stimmt in Bezug auf Wagenbach und Grass? Ich wage es zu bezweifeln. Doch vielleicht ist dennoch etwas dran. Sie hatte im Alltag niemanden an ihrer Seite, das muss man sich vergegenwärtigen. Alle anderen »Freunde« hatten ihre Frauen und bald auch Kinder. Aber Ingeborg Bachmann saß allein in ihrer Wohnung. Sie hatte keinen, der sich zu ihr bekannte, der sie vor den Augen der anderen liebte, Frisch war ja weg. Sie hatte »keine Mauer«, sagt Herburger. Mir gefällt das Bild: Eine Frau ohne Mauer.

Wir sind beide erschrocken, als wir uns das klarmachen: Sie war immer allein. »Das ist sehr wichtig«, unterstreicht Herburger. »All diese Freunde haben gar nichts genützt. Die wollten nicht an sie ran. Sie war unbeschützt. Sie musste alles selber machen. Und dann diese Tabletten, ich kenne ja alle Tabletten, die sind toll.« Womit er meint: Toll und gefährlich.

»Irgendwann ist sie für mich verschwunden.« Aber *Malina* hat er noch gelesen. »Was soll das Buch?«, habe er sich gefragt. »Ich war sehr traurig bei dem Buch. Was ist denn, wo steckst du?« Gute Frage. Wo steckt die Frau ohne Mauer. Als wir uns nach zwei Stunden verabschieden, kann ich mich des Eindrucks nicht erwehren, dass Günter Herburgers anfängliche Abwehr (»ich mag sie nicht«) nur die Oberfläche eines tieferen Empfindens dafür war, dass mit ihr »etwas nicht stimmte«.

Henry Kissinger

Monatelang hat es gedauert, den Termin zu bekommen, dann klappt es plötzlich. Ich solle mich, mailt seine Büroleiterin, am 8. Juni 2016 in die Lobby des Hotel Adlon in Berlin begeben. Henry Kissinger, dreiundneunzig Jahre alt, ist zu Besuch in der Stadt und wird am Abend in der American Academy am Wannsee erwartet.[186] Wir sind für zehn Uhr morgens verabredet. Ich bin zuerst da und wähle einen Tisch neben dem Springbrunnen. Dann erscheint gestützt auf seinen Stock und vorsichtigen Schrittes jener Mann, der Ingeborg Bachmann 1955 nach Harvard eingeladen hat. Sein Sicherheitsboy wird sich zwei Tische weiter niederlassen und während der nächsten Stunde mit seinem Smartphone spielen.[187]

Das erste Mal hat Henry Kissinger sie im Rahmen des »International Seminar« an der Harvard University getroffen, wo er als Programmdirektor fungierte. Diese zwei Monate des Sommers 1955 waren zugleich die intensivste Zeit ihrer »strange relationship«. Eine »merkwürdige Beziehung«? »I liked her *very* much«, gibt er unumwunden zu. Kissinger spricht leise, hört nicht mehr perfekt, so dass wir bald

Abb. 17 Ingeborg Bachmann 1955 auf dem
Harvard-Campus

die Köpfe nah beieinanderhaben, nebenbei mache ich Notizen. Das Plätschern des Springbrunnens schirmt gegen die Geräusche des Hotelbetriebs ab, gegen das Kommen und Gehen der Gäste. Ich habe nicht den Eindruck, dass Kissinger erkannt oder besonders beachtet wird. Wir unterhalten uns auf Englisch.

Ein Anekdotenerzähler ist er nicht, stattdessen lauscht er in sich hinein. Nichts Hektisches ist zu vernehmen, mir kommt es vor, als würde er sich mit einer großen Behaglichkeit an Ingeborg Bachmann erinnern wollen. Die Sache mit dem Reisepass – oft gehört, oft gelesen – erwähnt er ebenfalls, ohne nähere Details zu liefern: Sie war »ein hilfloses Kind« und völlig »chaotisch«. Offenbar hatte sie ihren Pass auf der Überfahrt nach Amerika verloren: »Alles, woran ich mich erinnere, ist, dass es ein großes Durcheinander war, bevor sie einreisen konnte. Es war immer ein Problem, sie dahin zu bringen, wo sie erwartet wurde.« Und: Sie schwirrte herum (»she flowed around«). Zugleich habe sie »gewusst, was sie wollte«.

Es ergibt sich der Eindruck einer multiplen Persönlichkeit – »sophisticated and innocent« lautet eine seiner Formeln, raffiniert und unschuldig. »Sie war beides«, fasst Kissinger zusammen. »Von ihrem Wesen her war sie dauernd in Schwierigkeiten.« (»She was inherently in trouble.«) »Technically helpless« sei sie gewesen, »but very strong in her head.« Also eine hilflose Person (von ihrer Kurzsichtigkeit wusste er nichts), dafür aber eine sehr fähige Denkerin. Und sehr gefühlvoll, warmherzig, radikal unkonventionell. Das mochte er. Ob er sie schön gefunden habe? Die Frage amüsiert ihn: »Not in the sense of a fashion model.«

Das Internationale Seminar in Harvard hat Kissinger in bester Erinnerung, es habe wirklich seinen Zweck erfüllt, was man »weiß Gott« nicht von allen akademischen Programmen behaupten könne. Man müsse sich das nicht als Lehrbetrieb vorstellen, sondern als anregende Diskussionsrunden unter Gleichen. Er unterstreicht: »Ich war von meiner Persönlichkeit her noch nicht fertig damals – Sie müssen bedenken, ich war knapp über dreißig – und die anderen auch nicht.«

Nach Amerika zu reisen war keineswegs so selbstverständlich wie heute, was zu der Intensität der Begegnung
beitrug.[188] Die Seminarteilnehmerin Bachmann stach in
seinen Augen deutlich heraus: »Niemals wieder habe ich
einen Menschen wie sie getroffen. Ihre Reaktionen auf
die Welt waren komplett anders als die gewohnten. Sie
lebte, teilweise, in einem anderen Universum. Mich hat sie
extrem fasziniert.« In den Harvard-Wochen haben sie sich
»oft gesehen«, was »nicht ganz einfach« war, wie Kissinger
mit Hinweis auf seine damalige erste Ehe zugibt: »Ich war
schließlich verheiratet.« Die Sache verdichtet sich zur Ge-
wissheit: Für ihn war es eine romantische Geschichte.

Und was passierte nach Harvard? »It is hard to maintain
such a relationship on such a distance.« Es sei schwierig,
eine »solche Beziehung« über eine so große Entfernung
aufrechtzuerhalten. Einmal hätten sie sich in Deutschland
wiedergesehen, »irgendwo in der Rheingegend«. Mit hör-
barem Stolz erklärt der alte Herr: »We arranged it.« Einen
ganzen Abend habe er sich in seinem dichten Terminka-
lender für »Ingeborg« freigeschaufelt. Eine letzte Begegnung fand 1959 statt. Ob dies der arrangierte Termin war,
lässt sich nicht mehr rekonstruieren. Als Bachmann 1962
nach New York reiste, wo sie Hannah Arendt kennenlernte,
wusste Kissinger angeblich »gar nicht, dass sie da war«. Zu
ihrer eindeutig linksliberalen politischen Haltung befragt,
stellt er gönnerhaft fest: »Ihre politischen Einstellungen
habe ich nicht ernst genommen. Ihre Persönlichkeit dafür umso mehr.« Ob er ihr Werk kenne, möchte ich gern
wissen. »Ihre Gedichte, ja. Sie hat sie mir nach Amerika
geschickt.«

Dass ihr Vater ein Nazi war, wusste er nicht. Ich informiere ihn über Matthias Bachmanns Parteimitgliedschaft in der NSDAP seit 1932. Kissinger hört es zum ersten Mal. Und bemerkt zweierlei dazu: a) Hätte er es gewusst, hätte das an seiner Beziehung zu ihr nichts geändert. Und b) In die Partei »so früh« einzutreten, »und dann noch in Österreich«, das sei eindeutig ein Beleg für echte Überzeugung. Bachmann aber habe »nie« mit ihm über ihre Familie gesprochen. Ich frage: Und haben Sie ihr etwas über Ihre eigene Familie erzählt? Daran könne er sich nicht erinnern.

Seinen Vorlass hat Kissinger nicht nach Harvard, sondern an die Yale University gegeben. Dort liegen auch einige Briefe Bachmanns an ihn, wie dem elektronischen Verzeichnis zu entnehmen ist. Um sie zu lesen, bedarf es der Genehmigung durch Kissinger. Ich spreche ihn darauf an. Er hatte diese Briefe wohl vergessen, verspricht aber, sie sich kommen zu lassen, und stellt in Aussicht, ich könne sie dann »vermutlich« lesen.

Was er ebenfalls vergessen hat, ist das Datum ihres Todes. »Wann ist sie doch gleich gestorben?«, will er wissen. Ich sage es ihm und liefere die bekannten Details zu den Todesumständen, die Drogen, das versengte Polyesternachthemd, die Verbrennungen, die Entzugserscheinungen in der Klinik, die Wochen im Koma, den Tod einen Monat nach dem Unfall. Er hört bewegt zu, sagt dann: »You see, how strong she was.« Als er sie in den fünfziger Jahren kannte, »trank sie noch nicht«, ist er sich sicher. Aber dennoch wundere er sich über ihre spätere Entwicklung »eigentlich nicht«. »War es Selbstmord?«, die Frage stellt er sich.

Als wir uns verabschieden, bin ich mir ganz sicher, dass Bachmann diesem umstrittenen, konservativen, gnadenlosen Machtpolitiker sechzig Jahre nach der ersten Begegnung immer noch enorm viel bedeutet. Sonst hätte er sich gewiss auch gar nicht auf das Berliner Gespräch eingelassen, das gezeigt hat: Ihre Präsenz in seinem Gefühlshaushalt ist überhaupt nicht verblasst. Kissingers Biographen allerdings wollen das bis heute nicht wahrhaben.

Epilog

Nach dem Treffen mit Henry Kissinger beeilte ich mich, das Gespräch zu protokollieren. Als ich damit fertig war, stand fest: Dies war mein letzter Zeitzeuge.

Ich war bewegt von der Begegnung, weil der alte Herr seine Gefühle gezeigt hatte. Seine Beziehung zu Ingeborg Bachmann war zweifellos »tief« gewesen, für ihn selbst. Wie stand es aber um die andere, um ihre Seite?

Um das in Erfahrung zu bringen, müsste ich ihre Briefe an ihn kennen. Ich war höchst gespannt, ob Kissinger sein Versprechen halten würde, sich den Briefwechsel aus dem Archiv der Yale-Universität zu besorgen und zu prüfen und mir dann gegebenenfalls die Erlaubnis zu erteilen, die Briefe lesen zu können.

Nach zwei Monaten kam die Antwort, und zwar gleich in doppelter Hinsicht: Ja, Kissinger hat sein Versprechen gehalten. Und nein, Bachmann teilte seine Gefühle nicht in dem Maße, wie er sich das gewünscht hatte.

Die Korrespondenz erreichte mich auf elektronischem Weg. Wunder der Technik! Man braucht gar nicht in die Tausende Kilometer weit entfernte Bibliothek zu reisen, sondern bekommt die Originale gescannt frei Haus auf den Bildschirm, direkt von der Yale Library, wo der gesamte Kissinger-Vorlass elektronisch erfasst wurde. Die erhaltenen Briefe, insgesamt um die fünfunddreißig Stück, umfassen ein knappes Jahrzehnt, 1956 bis 1965; wobei die meisten Briefe vom männlichen Briefpartner stammen. Kissinger hat seine Briefe, die als Durchschläge archiviert sind, vermutlich diktiert und dann ablegen lassen im Bewusstsein seiner kommenden Bedeutung für die Weltgeschichte.

Ihre Briefe hingegen sind Unikate. Sie schreibt meistens kurz und insgesamt selten, zu selten für seinen Geschmack. Er beklagt sich regelmäßig über ihre schmollende Schreibfaulheit. Aber da täuscht er sich, normalerweise ist Bachmann eine leidenschaftliche Briefschreiberin. Ihm ausführlich zu schreiben, zumal auf Englisch, das sie nicht perfekt beherrschte, war ihr wahrscheinlich zu mühsam. Ihr Ton ist freundschaftlich bis professionell, kaum vertrauensvoll.

Kissinger hingegen gibt sich in seinen Briefen draufgängerisch. Er will sie unbedingt wiedersehen. Unverblümt beflirtet er sie in charmanten Floskeln: Während *er* sich mit dem bürokratischen Alltag herumschlage, halte *sie* sich »zweifellos auf Ischia, in Griechenland oder an einem anderen zivilisierten Ort« auf und genieße das Leben. Das schreibt er ihr am 15. November 1956, über ein Jahr nach der gemeinsamen Zeit der Harvard Summer School in Cambridge. Sie hat ihm den soeben erschienenen Gedichtband *Anrufung des großen Bären* zukommen lassen, wofür er sich auf originelle Weise bedankt:

»When I was in Cambridge the other day, I received the book of poems which you wrote. I think they are extraordinarily sensitive and *surprisingly masculine*. I don't know whether you consider that a compliment.«[189]

Ihre Gedichte seien »außerordentlich feinfühlig und überraschend männlich«. Er wisse selbst nicht, spöttelt er ironisch, ob sie das als Kompliment empfinden werde. Eines steht fest: Bachmann hatte den nötigen Humor, um derlei geistreichen Machismo abzufangen. Im Zweifelsfall dürfte ihr sein literarisches Urteilsvermögen genauso gleichgültig gewesen sein, wie ihm ihr politisches Urteilsvermögen gleichgültig war.

»Drop me a note, and I hope that we can meet again. After my deadly existence here, I'm badly in need of a bizarre poetess« – diese schönen Zeilen sendet er ihr am 14. Dezember 1956. Auf seinen Europareisen, über deren Verlauf er sie detailliert informiert, versucht er immer wieder, eine Lücke im Kalender zu finden, damit man sich zum Beispiel in Paris oder in Rom treffen könne: »I can't imaging visiting Europe without seeing you.« (Brief vom 27. August 1957) Und mindestens einmal, eher zwei- oder dreimal, scheint das geklappt zu haben.

In München, wo Bachmann damals beim Bayerischen Rundfunk arbeitet, hat es geklappt, wie Bachmanns Brief vom 24. Dezember 1957 zu entnehmen ist. Sie schreibt von ihrem Treffen in der bayerischen Metropole und von einem möglichen Wiedersehen.[190] Wie unzuverlässig die Erinnerung doch ist! In unserem Berliner Gespräch hatte Kissinger ein Treffen in der Rheingegend genannt. Das in München scheint er vergessen zu haben.

Eine amüsante Trouvaille ist ein Brief von Kissingers Sekretärin vom 7. Juni 1962, adressiert an Miss Ingeborg Bachmann, c/o Goethe House, 1014 Fifth Avenue, New York, New York. Kissingers Ehefrau lässt anfragen, ob

Bachmann sie treffen möchte, denn Henry war in jenen Tagen nicht da. (*Deshalb* also konnte er sich bei unserem Gespräch nicht an diesen Aufenthalt in New York erinnern.) Ob Mrs Kissinger und Miss Bachmann sich dann wirklich verabredet haben, um in seiner Abwesenheit Höflichkeiten auszutauschen? Auszuschließen ist es nicht.

Ingeborg Bachmann war eine geerdete Persönlichkeit, kompliziert und schwierig zwar, gefährdet ohnehin, aber auch witzig, klug, praktisch, dem Alltag zugewandt und schon früh erstaunlich politisch denkend. Ihre sagenhafte Karriere war befeuert worden von den Aufmerksamkeitsströmen und Geldzuwendungen der transatlantischen Kulturpolitik des Kalten Kriegs, von der sie extrem profitierte als Dichterin, als Intellektuelle und nicht zuletzt als Freundin bedeutender Personen der Zeitgeschichte. Sie war ein Medienprofi und eine hellwache Beobachterin ihrer eigenen Epoche, was ihr bis zur Ermüdung besungenes Diventum am Ende doch sehr relativ aussehen lässt.

Einen der letzten erhaltenen Briefe an Henry Kissinger schreibt Ingeborg Bachmann am 15. April 1965, diesmal auf Deutsch, und der Tonfall lässt jetzt doch, obgleich sie ihn siezt, auf ein Vertrauensverhältnis schließen: Von Krankheit ist darin die Rede, aber auch von Zuversicht und Freundschaft.

Niemals hätte ich zu Beginn meiner biographischen Reise zu Ingeborg Bachmann geahnt, dass ausgerechnet Henry Kissinger, der Politikwissenschaftler aus Harvard, Atomwaffenexperte, Sicherheitsberater und US-Außenminister unter Nixon, den viele Linke am liebsten als

Kriegsverbrecher verurteilt sähen, so etwas wie der rote Faden dieses Buchs werden sollte. Die Kissinger-Frage hatte ich mir zwar gestellt, weil die Freundschaft einer als ätherisch geltenden österreichischen Dichterin und eines deutschamerikanischen Kalten Kriegers mir Rätsel aufgab. Aber eigentlich hatte ich vor allem eines herausfinden wollen: Ob Kissinger in der Sterbesituation in Rom aufgetaucht war, wie es gerüchteweise hieß, oder nicht. (Er tauchte nicht dort auf.) Nachdem diese ungewöhnliche Beziehung nun doch in den Bereich des Vorstellbaren gerückt ist, müssen wir uns eingestehen, dass gerade anhand der Figur Kissingers die Zeitgenossenschaft Ingeborg Bachmanns in ihrer vollen, abenteuerlichen Dimension hervortritt.

Anhang

Anmerkungen

1 Christine Koschel: *Tagebuchaufzeichnungen zum Sterben von Ingeborg Bachmann. September – Oktober 1973*, in: *Sinn und Form*, Heft 5, Berlin 2014, S. 624–637.

2 Christine Koschel / Inge von Weidenbaum: *Ingeborg Bachmanns Tod: ein Unfall*, in: *Süddeutsche Zeitung* vom 30.12.1980.

3 Anonymus: *Suche nach Seresta*, in: *Der Spiegel* vom 5. Januar 1981. Ich habe beim *Spiegel* nachgefragt, wer den anonym erschienenen Artikel verfasst hat. Sehr freundlich bemühte sich ein Herr vom Archiv. Doch die hausinternen Recherchen blieben, auch für ihn überraschend, ergebnislos. Weder war der Verfasser des Artikels zu ermitteln noch der zuständige Redakteur.

4 Alfred Grisel, genannt Freddy, war Manager des römischen Hilton gewesen und zählte zu Bachmanns Freundeskreis. Nun war er Food-Manager des Hilton auf Malta, wo Bachmann sich zu erholen versuchte und wo auch Heidi Auer sie besucht haben soll. Laut Koschel soll Grisel die Information von Heidi Auer gehabt haben, die ihn wiederum gebeten habe, das nicht preiszugeben. Grisel war, wie Adolf Opel, ein weiterer Freund Bachmanns, versichert, »hochgradig schwul« (Telefongespräch mit Opel am 22. April 2015). Vgl. auch das Kapitel *Orgie und Heilung* in diesem Buch.

5 Für die medizinischen Informationen bedanke ich mich bei Dr. med. Friedrich Flemming (Bad Segeberg und Düsseldorf) und Dr. med. Falk Stakelbeck (München).

6 Hans Werner Henze: *Reiselieder mit böhmischen Quinten*, Frankfurt am Main 1996, S. 401.

7 Laut Christine Koschel (Telefongespräch am 26. Oktober 2014) haben sich an der Anzeige ferner Fausto Moroni, Henzes Le-

bensgefährte, und der französische Freund Pierre Evrard beteiligt.

8 Hans Höller: *Ingeborg Bachmann*. Monographie, Reinbek bei Hamburg 1999, 5. Aufl. 2009, S. 157.

9 Telefongespräch mit Eva Stocker-Auer am 4. Januar 2016.

10 Anonymus: *Stenogramm der Zeit*, in: *Der Spiegel* vom 18. August 1954 (8. Jahrgang, Nr. 34), S. 26–29.

11 Hans Magnus Enzensberger: *Die Sprache des Spiegel* (1957), in: ders., *Einzelheiten I. Bewußtseins-Industrie*, Frankfurt am Main 1962. Das Taschenbuch in der edition suhrkamp folgte 1964; dort S. 81. Dass der *Spiegel* selbst Teile seines Essays abdruckte, widerspricht Enzensbergers Diagnose keineswegs.

12 Vgl. Herbert List: *Die Monographie*. Herausgegeben von Max Scheler mit Matthias Harder, München 2000.

13 Herbert List: *Portraits. Kunst und Geist um die Jahrhundertmitte*. Vorwort Manuel Gasser. Herausgegeben von Max Scheler, Hamburg 1977, S. 77.

14 *Die Sprache des Spiegel*, a.a.O., S. 91.

15 Das Archiv des *Spiegel* kann nicht mit Sicherheit sagen, wer den Artikel verfasst hat. Es spricht einiges wohl für Klaus Wagners Autorschaft, zum Beispiel ein Stilvergleich mit einem Artikel, den er später für die *Frankfurter Allgemeine Zeitung* verfassen sollte und in dem er in einem Zuge gegen den Theaterautor »Herrn« Gerd Oelschlegel und Ingeborg Bachmann polemisiert (*Der einäugige Autor ist König*, FAZ vom 23.10.1957). Wagner verließ 1957 den *Spiegel* und ging zur FAZ, für die er als Hamburg-Korrespondent für Politik und Kultur von 1958 bis 1990 tätig war. In einem Geburtstagsartikel zum Achtzigsten von Klaus Wagner schrieb die FAZ: »An den Universitäten Breslau und Frankfurt am Main, wo er Germanistik, Philosophie und Kunstgeschichte studierte, erhielt er seine theoretische und praktische Musikausbildung. *Wehrdienst, Kriegsgefangenschaft* und der *Verlust der niederschlesischen Heimat* waren für den 1923 in Landshut geborenen Kaufmannsohn nicht leicht zu verarbeitende, prägende Erlebnisse.« (FAZ, 6.9.2003, Hervorhebung von mir.) Das heißt: Klaus Wagner war Soldat der Wehrmacht; er war in Kriegsgefangenschaft gewesen; und er kam aus dem Osten in die Bundesrepublik – nicht ausgeschlossen, dass er sich

selbst als »Ostvertriebenen« sah. Im Alter von 88 Jahren starb Klaus Wagner am 27. Januar 2012 in Aumühle bei Hamburg, wie einer kurzen Notiz der FAZ vom 1.2.2012 zu entnehmen ist.

16 *Stenogramm der Zeit*, a.a.O., S. 27–28. Die Behauptung, Celans Eltern seien »in der Gaskammer« gestorben, ist falsch. Sie sind im Konzentrationslager Michailowka in der Ukraine ums Leben gekommen, der Vater durch Typhus, die Mutter durch Genickschuss.

17 Ein erster Sohn, François, war kurz nach der Geburt am 7. Oktober 1953 gestorben. Gisèles Geburtsname de l'Estrange wurde später zu Lestrange vereinfacht.

18 Ingeborg Bachmann / Paul Celan: *Herzzeit. Der Briefwechsel.* Herausgegeben und kommentiert von Bertrand Badiou, Hans Höller, Andrea Stoll und Barbara Wiedemann, Frankfurt am Main 2008, S. 94.

19 Ingeborg Bachmann: *Werke*, Bd. 3 *(Malina)*. Herausgegeben von Christine Koschel, Inge von Weidenbaum und Clemens Münster, München 1978 (2. Auflage 1982), S. 195.

20 Vgl. *Displaced. Paul Celan in Wien 1947–1948.* Herausgegeben von Peter Goßens und Marcus G. Patka im Auftrag des Jüdischen Museums Wien, Frankfurt am Main 2001.

21 Vgl. Joseph McVeigh: *Ingeborg Bachmanns Wien.* Berlin 2016, S. 148.

22 *Werke*, Bd. 3, S. 275.

23 Die Briefe vom 17. und 20. Mai 1948 befinden sich im privaten Nachlass Bachmanns. Zitiert nach *Herzzeit,* S. 251.

24 Ingeborg Bachmann / Paul Celan: *Poetische Korrespondenzen.* Herausgegeben von Bernhard Böschenstein und Sigrid Weigel, Frankfurt am Main 1997.

25 Vgl. McVeigh, *Ingeborg Bachmanns Wien.* Der Autor hat im Nachlass Hans Weigels allerhand Briefe Bachmanns an Weigel gefunden, die meisten sind in einem sorglos-burschikos-koketten Ton geschrieben. Am 13.8.1950 versichert sie ihm: »Du bist halt einmal meine grosse Liebe, auch wenn ich es Dir und mir nie eingestehen werde.« Am 16.10.1950 aus Paris: »Er (Celan) will mich heiraten, wenn er in einem Jahr die Staatsbürgerschaft bekommt.« Oder am 6.11.1950, immer noch aus Paris: »Schwie-

rig ist's, weil mein Jeweiliger doch so entsetzlich eifersüchtig
ist.« (S.147–150)

26 Aus dem privaten Nachlass Bachmanns; zitiert nach *Herzzeit*,
S.251.

27 Zufall oder nicht: Ruth Keller wird Ingeborg Bachmanns
Pseudonym lauten, als sie 1954/55 für die *Westdeutsche Allgemeine
Zeitung* als Italien-Korrespondentin verpflichtet wird.

28 Vgl. Israel Chalfen: *Paul Celan. Eine Biographie seiner Jugend*,
Frankfurt am Main 1979.

29 Chalfen, S.155.

30 *Herzzeit*, S.33.

31 Dank an Jonathan Sheehan für die »neue« Ringparabel.

32 Paul Celan / Gisèle Celan-Lestrange: *Briefwechsel*. Herausgegeben und kommentiert von Bertrand Badiou in Verbindung
mit Eric Celan. Anmerkungen von Barbara Wiedemann. Zwei
Bände, Frankfurt am Main 2001. Am 11. Dezember 1951 schreibt
Gisèle an ihren »chéri« – es herrscht das Du vor, das sehr bald
vom konventionellen Sie verdrängt wird; Gisèle also schreibt:
»Es muss sehr schwierig sein, einen Dichter zu lieben, einen
schönen Dichter. Ich fühle mich Deines Lebens, Deiner Dichtung, Deiner Liebe so unwürdig – und schon scheint alles nicht
mehr für mich zu existieren, wenn Du es nicht bist.« Das ist
bereits, kurz nachdem sie ihn kennengelernt hat, die Grund-
melodie von Gisèles Liebe. Sie folgt dem Ideal vollkommener
Hingabe und Unterordnung.

33 Edith Silbermann: *Begegnung mit Paul Celan. Erinnerung und
Interpretation*, Aachen 1993, S.56.

34 Hans Werner Richter: *Mittendrin. Die Tagebücher 1966–1972*.
Herausgegeben von Dominik Geppert in Zusammenarbeit
mit Nina Schnutz, München 2012, S.158. Dort schreibt Hans
Werner Richter unter dem Datum des 7. Mai 1970 aus Anlass
von Paul Celans Suizid: »Ich wusste damals [1952, zum Zeitpunkt der Tagung der Gruppe 47 in Niendorf] noch nicht,
dass Ingeborg die Geliebte Paul Celans gewesen war, ja, dass
er sie in ihrer Lyrik maßgeblich beeinflusst hatte. So kam es
zu seltsamen Zwischenfällen. Nach der Lesung Celans beim
Mittagessen hatte ich *ganz nebenbei und ohne jede Absicht* gesagt, dass die Stimme Celans mich an die Stimme Joseph

Goebbels erinnere. Da beide Eltern Celans von der SS umgebracht wurden, kam es zu einer dramatischen Auseinandersetzung. Paul Celan verlangte Rechenschaft und versuchte mich in die Position eines ehemaligen Nationalsozialisten zu drängen. Ilse Aichinger und Ingeborg Bachmann weinten und baten mich unter wahren Tränenströmen immer wieder, mich zu entschuldigen, was ich dann schließlich tat. Trotzdem, Paul Celan hat es mir nie vergessen.« (Hervorhebung von mir)

35 Abwägend: Helmut Böttiger (*Die Gruppe 47*, München 2012, S. 122 ff.) und polemisch scharf: Klaus Briegleb (*Ingeborg Bachmann, Paul Celan. Ihr (Nicht-)Ort in der Gruppe 47 (1952–1964/65)*«, in: *Poetische Korrespondenzen*, S. 29–81).

36 Milo Dor besteht in einem ironisch-herablassenden Ton darauf, dass Ingeborg Bachmann für ihn »ein Mädchen« sei und das in seinen Augen immer geblieben ist. Sagen wir so: Er mochte sie nicht wirklich. Oder auch: Sie scheint ihm auf die Nerven gefallen zu sein. Trotzdem schmeichelt er sich selbst mit der Anekdote, dass, mitten in der eskalierten Auseinandersetzung wegen des Goebbels-Vergleichs, Bachmann ihn, Milo Dor, »aus heiterem Himmel fragte, ob ich sie nicht heiraten wolle, obwohl ich nicht gerade glücklich, aber immerhin schon verheiratet war«. Ist schon beachtlich, dass gleich zwei Männer, Celan und Dor, mit Bachmanns Heiratsanträgen kokettieren. Zugleich bezeichnet Milo Dor sie als »herb«, »scheu«, »selbstbewusst« und »verwirrt«. Das sagt einiges, und nicht unbedingt das Beste, über das damals herrschende Klima. Vgl. Milo Dor: *Auf dem falschen Dampfer*, Wien 1988, S. 214–215.

37 Edith Silbermann, a. a. O., S. 51.

38 Reinhart Meyer-Kalkus: *Das Gedicht läuft beim Sprechen durch den ganzen Körper. Als Paul Celan 1952 vor der Gruppe 47 seine Gedichte vortrug, tönte es ihm entgegen, das klinge ja wie – Joseph Goebbels. Über eine akustische Ungleichzeitigkeit*, in: *Frankfurter Allgemeine Zeitung*, 12. Februar 2014.

39 Celan / Lestrange: *Briefwechsel*, Bd. 1, S. 19.

40 Der NWDR, der Nordwestdeutsche Rundfunk, war der Vorläufer des NDR.

41 Paul Celan / Klaus und Nani Demus: *Briefwechsel*. Herausgege-

ben und kommentiert von Joachim Seng, Frankfurt am Main 2009, S.100, Hervorhebung von mir.

42 Hans Weigel: *Unvollendete Symphonie*, Graz 1992 (zuerst 1951).

43 Am 18.Juli 1952 schreibt Klaus Demus an den »armen liebsten Paul«: »So wie wir – sehr spät erst – erfuhren, dass auch Inge nach Hamburg fahren würde, wussten wir, dass Dir wieder viel Schweres bevorstehen würde. Nani sagte, dass Dir jede Begegnung mit ihr zuviel kosten würde. Dies ist unsere Einstellung zu ihr. Ich glaube, es wäre gut, wenn Du sie nicht mehr wiedersehen wolltest.« Briefwechsel Celan/Demus, S.102–103.

44 Ebd., S.101–102.

45 *Herzzeit*, S.50–51.

46 *Erklär mir, Liebe! Ingeborg Bachmann liest Ingeborg Bachmann.* Auswahl der Tondokumente: Christine Koschel und Inge von Weidenbaum, Deutsche Grammophon, 1983.

47 *Werke*, Bd.4, S.215–16. Unter dem Titel *Wirklichkeitswund und Wirklichkeit suchend* erschien in der FAZ am 4.Februar 1958 Celans Ansprache anlässlich der Entgegennahme des Literaturpreises der Freien Hansestadt Bremen. Darauf nimmt Bachmann in ihrer Vorlesung offenkundig Bezug.

48 Streng genommen, war Wien eine Fünfsektorenstadt, da die vier Besatzungsmächte USA, Großbritannien, Frankreich und Sowjetunion den Ersten Bezirk als Internationale Zone definiert hatten. Die Internationale Zone kam zu den vier Zonen der Besatzer als fünfte hinzu.

49 Vgl. Oliver Rathkolb: *US-Medienpolitik in Österreich 1945–1950. Von antifaschistischer ›Reorientierung‹ zur ideologischen Westintegration*, in: *Medien-Journal*, Bd.8, 1984, S.2–9. Siehe auch den Abschnitt *Rot-Weiß-Rot als Gegenpol zu Radio Wien* in: Norbert P. Feldinger: *Nachkriegsrundfunk in Österreich*, München 1990.

50 In Löckers Privatwohnung in der Gottfried-Keller-Gasse hatte Ingeborg Bachmann zudem ein Zimmer gemietet; Networking unter Damen.

51 Vgl. hierzu Joseph McVeigh: *Ingeborg Bachmann und die Politik des Kalten Kriegs 1947–1953*, in: Günther Stocker und Michael Rohrwasser (Hrsg.): *Spannungsfelder. Zur deutschsprachigen Literatur im Kalten Krieg (1945–1968)*, Wuppertal 2014, S.311–330. Und Joseph McVeigh: *Ingeborg Bachmanns Wien*, Berlin 2016.

52 McVeigh zitiert aus dem »Report of Mr A. A. Micocci« vom Januar 1951: »For the time being, therefore, something of a vacuum exists in the direction of the Red-White-Red network in that we have largely given up editorial control of the contents of the broadcasts and the Austrian personnel is free wheeling.«. Siehe auch Viktor Ergert: *50 Jahre Rundfunk in Österreich*, Wien 1975.

53 Ingeborg Bachmann: *Die Radiofamilie*. Herausgegeben von Joseph McVeigh, Berlin 2011.

54 Unter den Sprechern fanden sich unter anderen Hans Thimig, Vilma Degischer, Guido Wieland und Elisabeth Markus, allesamt bekannte österreichische Schauspieler, die schon vor dem Krieg am Burgtheater, am Theater in der Josefstadt oder in Spielfilmen mitgewirkt hatten. Elisabeth Markus beispielsweise, in der Rolle der Hühnerfarmerin Tante Liesl, war Jahrgang 1895 und lebte bis 1970, nur um eine Vorstellung davon zu geben, was für tiefreichende Erinnerungen für die Wiener Radiohörer mitgeklungen haben mögen, als sie den *Florianis* lauschten.

55 Das erzählte Adolf Opel am Telefon. Er habe Peter Weiser bei einer Veranstaltung in Wien anlässlich des Erscheinens der *Radiofamilie* getroffen. Weiser und Opel seien die Einzigen gewesen, die Ingeborg Bachmann noch persönlich gekannt hatten.

56 *Herzzeit*, S. 37.

57 Hans Werner Richter: *Im Etablissement der Schmetterlinge. 21 Porträts aus der Gruppe 47*, München 1986, S. 15.

58 Hans Werner Richter: *Briefe*. Herausgegeben von Sabine Cofalla, München 1997, S. 623.

59 Es handelte sich um den Protestaufruf vom 1. April 1958 des von Hans Werner Richter gegründeten »Komitees gegen Atomrüstung«. Eine Woche zuvor hatte die CDU/CSU-Fraktion im Bundestag mit absoluter Mehrheit die Aufrüstung der Bundesrepublik mit atomaren Sprengköpfen beschlossen.

60 Hans Weigel: *Offener Brief in Sachen Unterschrift*, in: *Forum* 5 (Juni 1958), Heft 53, S. 218. Abgedruckt als Faksimile in: Hans Höller: *Ingeborg Bachmann*, Reinbek bei Hamburg 1999, S. 94.

61 Zu ihrer Marx-Lektüre in jungen Jahren vergleiche die Passage in Bachmanns sogenanntem *Kriegstagebuch*, das erst 2010 veröffentlicht worden ist und für einiges Aufsehen gesorgt hat. Dort heißt es: »Ich lese das ›Kapital‹ von Marx und ein Buch von

Adler.« Der Eintrag datiert vom Juni 1945, als die damals neun-
zehnjährige Bachmann sich mit dem britisch-österreichischen
Besatzungssoldaten Jack Hamesh angefreundet hatte, dessen
Briefe an sie ebenfalls in dem Band veröffentlich sind. Der jüdische Hamesh wanderte wenig später nach Palästina aus, wo
sich seine Spuren verlieren. Er schreibt noch ein, zwei Briefe an
sie, dann bricht der Kontakt ab. Ingeborg Bachmann: *Kriegstagebuch. Mit Briefen von Jack Hamesh an Ingeborg Bachmann.*
Herausgegeben von Hans Höller, Berlin 2010, S. 21.

62 Im legendären, radikal politisierten *Kursbuch* 15 von 1968, in dem
das Lied der Kulturrevolution gesungen wurde und überhaupt
mit der bürgerlichen Kritik abgerechnet werden sollte, veröffentlichte sie lediglich vier Gedichte, darunter eines ihrer besten,
Böhmen liegt am Meer. Das war eine Geste der Verweigerung
gegenüber dem linksradikalen Zeitgeist. Oder man erinnere sich
der späten Erzählung *Drei Wege zum See* aus dem Band *Simultan*
(1971); dort macht sie sich unverhohlen über einen verwöhn-
ten Pariser Bürgerspross lustig, der sich bei den Mai-Aufstän-
den 1968 in seiner Barrikaden-Eitelkeit sonnt, um kurz darauf
wieder das angepasste Muttersöhnchen zu werden, das er im
Grunde seines Herzens immer war.

63 In: *Simone Weil: Das Unglück und die Gottesliebe.* Mit einer Ein-
führung von T. S. Eliot. Aus dem Französischen von Friedhelm
Kemp, München 1953, S. 11.

64 Simone Weil: *Fabriktagebuch und andere Schriften zum Industrie-
system.* Aus dem Französischen von Heinz Abosch, Frankfurt
am Main 1978, S. 121.

65 Ingeborg Bachmann: *Das Unglück und die Gottesliebe – Der Weg
der Simone Weil,* in: dies., *Kritische Schriften.* Herausgegeben von
Monika Albrecht und Dirk Göttsche, München 2005, S. 155–186.

66 Simone Weil möchte gern zu den Résistance-Kämpfern in
Frankreich stoßen, was die Exilregierung in London ihr aus
Sorge um ihr Leben nicht gestattet. Bachmanns Essay formuliert das so: »Man fürchtete ihrer Rassenzugehörigkeit wegen
das Schlimmste für sie in einem Land, in dem die Gestapo
hauste.« Das Sprachbewusstsein hatte die Vergangenheit, so
muss man wohl aus der Verwendung des Begriffs »Rassenzugehörigkeit« schließen, noch nicht vollständig bewältigt.

67 Ebd., S.172. Simone Weils Aufsatz von 1941/42 ist in dem Band *La condition ouvrière* enthalten, in dem auch das legendäre *Journal d'usine*, ihr Fabriktagebuch von 1934/35, abgedruckt ist. So gut wie alle Texte Simone Weils sind posthum erschienen. In voller Länge lautet das von Ingeborg Bachmann stark gekürzte und zugespitzte Zitat: »En tant que révolte contre l'injustice sociale l'idée révolutionnaire est bonne et saine. En tant que révolte contre le malheur essentiel à la condition même des travailleurs, elle est un mensonge. Car aucune révolution n'abolira ce malheur. Mais ce mensonge est ce qui est la plus grande emprise, car ce malheur essentiel est ressenti plus vivement, plus profondément, plus douloureusement que l'injustice elle-même. D'ordinaire d'ailleurs on les confond. Le nom d'opium du peuple que Marx appliquait à la religion a pu lui convenir quand elle se trahissait elle-même, mais il convient essentiellement à la révolution. L'espoir de la révolution est toujours un stupéfiant. La révolution satisfait en même temps ce besoin de l'aventure, comme étant la chose la plus opposée à la nécessité, qui est encore une réaction contre le même malheur.« *La condition ouvrière*, Paris 1951, S.263.

68 Hannah Arendt war von dieser Einsicht Simone Weils ebenfalls fasziniert, wie ein Eintrag in ihr *Denktagebuch* von 1952 belegt. Nach Lektüre der *Condition ouvrière* kommt Arendt zu dem Schluss: »Das wirkliche Problem, die wirkliche Ratlosigkeit beginnt <u>nach</u> der Lösung des sozialen Problems.« In: Hannah Arendt: *Denktagebuch 1950 bis 1973*. Bd.1. Herausgegeben von Ursula Ludz und Ingeborg Nordmann, München 2002, S.208.

69 Vgl. Ingeborg Bachmann: *Kritische Schriften*. Herausgegeben von Monika Albrecht und Dirk Göttsche, München 2005, S.368–377. In Teilen war aus den *Entwürfen* schon vorher zitiert worden, etwa von Hans Höller in seiner Bachmann-Monographie von 1999.

70 *Kritische Schriften*, S.373–74.

71 Ebd., S.372.

72 Ebd.

73 Ebd. Hervorhebung von mir.

74 Jeremi Suri: *Henry Kissinger and the American Century*, Cambridge 2007.

75 Ebd., S. 92–137. Das Zitat wurde von mir ins Deutsche übersetzt.

76 Archiv Ford Foundation, grant file 05500009(PA55-9), Harvard University, SUPPORT OF INTERNATIONAL SEMINAR (Reel 0492). Request and Authorization for Program Action, 29–30. Oktober 1954, S. 62.

77 Eine Kopie des Typoskripts der 1955er-Teilnehmerliste der Harvard Summer School (Harvard University Archives) hat mir zuerst freundlicherweise Holger Klitzing zur Verfügung gestellt. Das Gerücht, Giorgio Agamben und Pierre Evrard wären ebenfalls eingeladen gewesen, ist damit widerlegt. Sie stehen nicht auf dieser Liste.

78 Hans Magnus Enzensberger: *Wiedersehen mit den Fünfzigern. Ein Gespräch mit Jan Bürger*, in: *Zeitschrift für Ideengeschichte*, Heft IX, München 2015, S. 95–120, hier S. 99.

79 Das Buch erschien 1957 bei Harper in New York unter dem Titel *Nuclar Weapons and Foreign Policy* in der Reihe *Harper for the Council on Foreign Relations* (auf Deutsch 1959 im Verlag Oldenbourg: *Kernwaffen und auswärtige Politik*). Kissinger macht darin sehr deutlich, dass er die deutschen Alliierten und sogar Adenauer, auf den er eigentlich baute, für militärisch naiv hielt. Auch wenn er das hässliche Wort vermeidet, so meint er genau das. Sie würden die Wiederbewaffnung, schreibt Kissinger, ausschließlich im Rahmen einer möglichen Verteidigung ihrer Landesgrenzen sehen. Wohingegen er die unkalkulierbare Sowjetunion und ihr Potential, mit einem Atomschlag ganz Europa auslöschen zu können, als bedrohliche gegnerische Macht erkennt. Dieser Macht müssten die USA und damit die NATO-Staaten, einschließlich des geographisch zentral gelegenen Westdeutschlands, dieselbe Bedrohung entgegensetzen. Eine Aufrüstung für ausschließlich »lokale Kriege« reiche nicht aus. Für seelische Spätfolgen des Zweiten Weltkriegs, die selbst bei hochrangigen deutschen Offizieren zu militärischer Zurückhaltung führten, legt Kissinger kein Verständnis an den Tag. Vgl. das Kapitel *German reactions to the nuclear age*, S. 286 ff. – Mein besonderer Dank an Michael Gordin für den Hinweis.

80 Pietro Quaroni: *Europa in der Weltpolitik*, in: ders., *Politische Probleme der Gegenwart. Vier Reden*, Bonn 1960, S. 76–92. Quaroni verstand es, sich klar und gewandt auszudrücken. Über den

Holocaust spricht er in seiner Rede, wie damals üblich, mit keinem Wort; dafür spricht er mit größter Selbstverständlichkeit vom »Eisernen Vorhang«, vom »Weltkommunismus«, von der »weißen Rasse« – allerdings kritisch –, und Lenins Charisma lässt den altgedienten italienischen Diplomaten immer noch vor Angst und Respekt erzittern.

81 *Kritische Schriften*, S.371.

82 Ingeborg Bachmann / Hans Werner Henze: *Briefe einer Freundschaft.* Herausgegeben von Hans Höller, München 2004, S.266–67. Zur Erläuterung: »Onore« – auf Deutsch Ehre.

83 Vgl. Holger Klitzing: *The Nemesis of Stability. Henry A. Kissinger's Ambivalent Relationship with Germany,* Trier 2007, S.163.

84 Vgl. Klitzing, S.479–481.

85 Nach dem persönlichen Gespräch mit Henry Kissinger im Sommer 2016 in Berlin halte ich einen romantischen Inhalt des Briefs für wahrscheinlich. Siehe das Gesprächsprotokoll in diesem Buch.

86 Frank Hertweck, damals beim SWR redaktionell verantwortlich für *Lauter schwierige Patienten,* teilte auf Anfrage mit: »Das war damals eine turbulente Reihe. Meine Aufgabe bestand darin, in den Pausen die Klagen des einen über den anderen anzuhören.« (Mail vom 19. August 2015)

87 Vgl. Ina Hartwig: *»Engagement der Schriftsteller? Bringt wenig.« Ein Gespräch mit Marcel Reich-Ranicki über die Tricks der Bachmann, die Soldaten der Gruppe 47, den neuen Inhaltismus der Literaturkritik und die Tücken der Beschneidung«,* in: *Frankfurter Rundschau,* 6.9.2006.

88 Marcel Reich-Ranicki: *Der doppelte Boden. Ein Gespräch mit Peter von Matt,* Zürich 1992, S.154.

89 Fürth, wo Kissinger am 27. Mai 1923 zur Welt gekommen ist, war lange eine judenfreundliche Stadt gewesen und ging als »fränkisches Jerusalem« in die Geschichte ein. Es lebten dort viele Juden in Wohlstand und in Freiheit. Auch der junge Heinz Kissinger verlebte zunächst, obwohl der Antisemitismus in den zwanziger Jahren bereits anschwoll, eine vergleichsweise normale süddeutsche Kindheit; er spielte gern Fußball und besuchte morgens vor der Schule die Synagoge. Die Kissingers packten ihre Koffer im Jahr 1938, drei Monate vor der Reichspogromnacht, und fuhren

zunächst zu Verwandten nach London, wo sie ein paar Wochen blieben, bis es dann mit dem Schiff weiterging in die Vereinigten Staaten. Eine Cousine hatte dort für die Flüchtlingsfamilie gebürgt. Heinz, der bald Henry genannt werden würde, war bei der Auswanderung fünfzehn Jahre alt. Seinen fränkischen Akzent hat er in Amerika nie abgelegt, er wurde geradezu sein Markenzeichen. Mehrfach ist er nach Fürth zurückgekehrt: als Soldat, als Staatsmann, als patriotischer Amerikaner. Vgl. Walter Isaacson: *Kissinger. A Biography*, New York 1992.

90 Vgl. Marcel Reich-Ranicki: *Mein Leben*, München 1999.

91 *Frankfurter Rundschau*, 6.9.2006, Hervorhebung von mir.

92 Ingeborg Bachmann: *Werke*, Bd. 4, S. 327.

93 Arno Scholz: *Insel Berlin*, Berlin 1955, 4. erweiterte Auflage 1959; der Bildteil, dem das Zitat entnommen ist, hat keine Paginierung.

94 Der Theatermann Klaus Völker, der mit Walter Höllerer aus Frankfurt nach Berlin gekommen war, hat Bachmann und Gombrowicz in Berlin erlebt und stellte fest: »Er war eitler als sie.« Sie war, meint Völker, die Einzige gewesen, die der komplizierte Pole wirklich mochte. Außerdem habe Gombrowicz mit ihr über Heidegger sprechen können, wobei moralische Fragen, etwa Heideggers Freiburger Rektoratsrede betreffend, ihm gleichgültig gewesen seien: »Das interessierte Gombrowicz nicht.« Gespräch mit Klaus Völker am 25. Januar 2015 in Berlin.

95 Bachmann: *Werke*, Bd. 4, S. 326.

96 Witold Gombrowicz: *Berliner Notizen*. Aus dem Polnischen von Olaf Kühl, Berlin 2013, S. 75.

97 Bachmann: *Werke*, Bd. 4, S. 330.

98 Ebd. S. 328.

99 Vgl. Witold Gombrowicz: *Kronos. Intimes Tagebuch*. Aus dem Polnischen von Olaf Kühl, München 2015, S. 211–230. Und Gombrowicz: *Berliner Notizen*, S. 68–76.

100 Archiv Ford Foundation. Ford Foundation grant file 06300351 (PA63-351), »German Academic Exchange Service, PROVIDE OPPORTUNITIES FOR YOUNG AND RENOWNED CULTURAL AND INTELLECTUAL LEADERS TO WORK AND TO VISIT BERLIN« (Reel 3075)

101 Vorlass Enzensberger, Deutsches Literaturarchiv Marbach.

102 Am 21. Juli 1963 schreibt Uwe Johnson aus Berlin an Siegfried Unseld: »Wirklich besorgt sind wir über die Lage von Ingeborg Bachmann. Am vorigen Sonntag musste sie in ein Krankenhaus gebracht werden. Ich besuche sie täglich, es sind aber kaum Besserungen in ihrem Befinden zu merken. [...] Sie ist öfter nicht bei Bewusstsein, muss bei Krämpfen im Bett festgehalten werden, wird auch unablässig unter Betäubungsmitteln gehalten. Sie ist auf einer Station für Internmedizin, die erst einmal eine Gesamtuntersuchung anstellt, aber bisher noch keine neurologische, auf die es wohl ankäme. Zu den Ärzten hat sie nicht das nötige Vertrauen [...].« Uwe Johnson / Siegfried Unseld: *Der Briefwechsel.* Herausgegeben von Eberhard Fahlke und Raimund Fellinger, Frankfurt am Main 1999, S. 289.

103 Peter Nestler: *The Berlin Cultural Program »Artists in Residence« 1963–1966. A report on experience gained,* Berlin 1970. (Archiv der Ford Foundation.)

104 *Ford Foundation – Berlin Confrontation.* Herausgegeben vom Presse- und Informationsamt des Landes Berlin, Berlin 1965, S. V.

105 Ingeborg Bachmann: *Ich weiß keine bessere Welt. Unveröffentlichte Gedichte.* Herausgegeben von Isolde Moser, Heinz Bachmann und Christian Moser, München 2000.

106 E-Mail von Isolde Moser vom 28.10.2015.

107 Polyglott: *Reiseführer Berlin,* Köln und München 1967, S. 23.

108 Ingeborg Bachmann: *Ein Ort für Zufälle.* Mit dreizehn Zeichnungen von Günter Grass, Berlin 1965.

109 Hervorhebung von mir.

110 Es handelt sich um eine Bronzetafel auf einem Gedenkstein. Der Text lautet: »Die Liberal-Demokratische Partei Deutschlands / Dem Andenken an / WALTHER RATHENAU / Reichsaußenminister der deutschen Republik / Er fiel an dieser Stelle durch Mörderhand / am 24. Juni 1922 / Die Gesundheit eines Volkes / kommt nur aus seinem inneren Leben / Aus dem Leben seiner Seele und seines Geistes / Oktober 1946.«

111 *Werke,* Bd. 4, S. 94.

112 Das Gefängnis Berlin-Plötzensee, heute Gedenkstätte, war die zentrale Hinrichtungsstätte der NS-Justiz. Etliche Widerstandskämpfer kamen dort ums Leben.

113 In einem Vorläufer-Textfragment, *Sterben für Berlin*, das vermutlich bereits Ende 1961, nach einer Berlinreise anlässlich einer Lesung in der Kongresshalle, entstanden ist, wird klar, wie sehr die Kamele im Zoo sie schon vorher faszinierten. Aber offenbar erst nach der Ägyptenreise von 1964 kommt es zum utopischen Turn. Vgl. *Sterben für Berlin*, in: Ingeborg Bachmann: *Todesarten-Projekt*. Kritische Ausgabe. Unter Leitung von Robert Pichl herausgegeben von Monika Albrecht und Dirk Göttsche, München 1995, Bd. 1, S. 70–80.

114 Jacob Taubes' Brief an Aharon Agus datiert vom 11. November 1981. Damals war Taubes Ordinarius für Hermeneutik an der Freien Universität Berlin, sein gelehrter Freund lebte in Jerusalem. In einem an die Erben übergebenen Aktenordner mit Taubes' Universitätskorrespondenz wurde der besagte Brief zufällig entdeckt und in der Zeitschrift *Trajekte* des Berliner Zentrums für Literaturforschung faksimiliert, übersetzt und gründlich kommentiert. (Vgl. *Trajekte*, Nr. 10, 5. Jahrgang, April 2005, S. 8–16.) Auf Englisch, aber mit hebräischen Einsprengseln voller Anspielungen auf die kabbalistische Tradition ist der zweiseitige, handschriftliche Brief verfasst. Dem »Dear Ronny« beschreibt Taubes sich, konfliktuös-genüsslich, in einem Geflecht von drei Frauen. Die eine ist seine gegenwärtige Geliebte in Jerusalem, der er den Laufpass gegeben hat, weil sie seinen Ansprüchen offenbar nicht mehr genügte; sein Tonfall kann nicht gerade als empathisch bezeichnet werden. Die beiden anderen Frauen nennt er seine »two female symbols«, und das sind zum einen seine Exfrau Margherita von Brentano und zum anderen die acht Jahre zuvor gestorbene Ingeborg Bachmann. Über Letztere verkündet er mit lautem Stolz: »I was in a liaison with the most powerful German poetress [sic] of our generation and we went down to hells and up to heavens in Berlin, in Klagenfurt, in Prague and three months in Rome.« Einmal abgesehen davon, dass Bachmann keine deutsche, sondern eine österreichische Dichterin war, muss man stutzen. Denn von dieser »Liaison«, die angeblich in den Himmel und die Hölle geführt hat, gibt es weiter keine Spuren, wie auch Sigrid Weigel zugibt, die den erstaunlichen Archivfund erläutert. Taubes schreibt, nichts sei »light weight« (»leichtgewichtig«) gewesen

»about Ingeborg«. Aufs Hebräische weicht er aus, um mitzuteilen, sie hätten ein Verhältnis gehabt. Da ging es wohl, wie das *Trajekte*-Team anmerkt, um so etwas wie das »Aufdecken der Geschlechtsteile«, was »in der rabbinischen Literatur den Inzest, aber auch die geschlechtlichen Übertretungen allgemein bezeichnet«. Für Sigrid Weigel erweist sich die an kabbalistischen Stoffen interessierte Bachmann als »ideale Partnerin«, »wenn nicht Komplizin« für Jacob Taubes' »Liebesmystik«. Hier nur so viel: Taubes' Behauptungen, betreffend Verhältnis, Reisen und Zusammenwohnen mit Bachmann, sind in den Augen von Zeitzeugen, mit denen ich gesprochen habe, weitgehend erfunden beziehungsweise der Angeberei eines notorischen Womanizers geschuldet. Doch einmal angenommen, die rauschhafte Begegnung zwischen Taubes und Bachmann habe wirklich stattgefunden, so könnte die übersteigerte Dimension einer zwischen religiöser und säkularer Offenbarung schwankenden Affäre das Produkt einer auch sonst überbordenden Phantasie sein. Unterstrichen sei das Briefdetail, dass Taubes die Bachmann-Affäre, wie er selbst auf Hebräisch schreibt, in seiner »manischen« Phase gehabt habe. Er kannte auch depressive Zustände, wie Zeitzeugen versichern. Dank an Heidrun Hankammer für ihre persönliche Erinnerung an Taubes. Und Dank an Daniel Boyarin für die fachkundige Erläuterung der hebräischen Passagen.

115 Siehe das Kapitel *Radfahren im Grunewald*, in: Hans Werner Richter: *Im Etablissement der Schmetterlinge*, München 1986.

116 Helmut Böttiger: *Elefant und Bär. Die Beziehung zu Ingeborg Bachmann*, in: Ders., *Elefantenrunden – Walter Höllerer und die Erfindung des Literaturbetriebs*, Berlin 2005.

117 Am 9. August 1962 erkundigt sie sich im Brief an Klaus Völker nach Peter Huchel und zeigt sich vertraut mit dem gesamten Bekanntenkreis. Freundlicherweise hat Klaus Völker eine Kopie des Briefs zur Verfügung gestellt. (Archiv Klaus Völker)

118 Auch Bobrowski hatte sie zu Hause in Friedrichshagen besucht, wie ein Brief des Dichters belegt: »Ingeborg Bachmann, die neulich bei uns draußen war, möchte Sie besuchen, wenn sie von einer Reise zurück ist«, schreibt Bobrowski am 4.6.1963 an Peter Huchel. »Sie bleibt ein Jahr in Westberlin. Beim Schrift-

stellerverband hat man mir gesagt, das ginge immer, brauche allerdings sechs Tage Vorbereitung.« Vgl. Johannes Bobrowski / Peter Huchel: *Briefwechsel.* Mit einem Nachwort und Anmerkungen herausgegeben von Eberhard Haufe. *Marbacher Schriften* 37, Marbach am Neckar 1993, S. 30.

119 Klaus Völker: *Johannes Bobrowski in Friedrichshagen 1949–1965.* Kleist-Museum, Frankfurt (Oder) 2008.

120 In Sebastian Haffners Film über die Tagung der Gruppe 47 im Jahr 1963 in Saulgau hat Bachmann zwar einen kurzen Interview-Auftritt, der sehr aufschlussreich ist, aber das Interview muss außerhalb der Tagung gedreht worden sein.

121 *Kritische Schriften*, S. 378.

122 Vgl. David Murphy, Sergei A. Kondrashev, and George Bailey: *Battleground Berlin. CIA vs. KGB in the Cold War,* New Haven 1997.

123 Der genaue Wortlaut der Redepassage Kennedys lautete: »Two thousand years – two thousand years ago the proudest boast was ›civis Romanus sum‹. Today, in the world of freedom, the proudest boast is ›Ich bin ein Berliner‹.« In der Übersetzung von Heinz Weber: »Vor zweitausend Jahren war der stolzeste Satz, den ein Mensch sagen konnte, der: ›Ich bin ein Bürger Roms!‹ Heute ist der stolzeste Satz, den jemand in der freien Welt sagen kann: ›Ich bin ein Berliner!‹.« Vgl. Andreas W. Daum: *Kennedy in Berlin. Politik, Kultur und Emotionen im Kalten Krieg*, Paderborn 2003.

124 Deutsches Literaturarchiv (Marbach), Vorlass Enzensberger.

125 Shakespeares *Wintermärchen* erfindet die Geographie freizügig neu, indem, wie Bachmann dichtet, durch den großen Engländer »Böhmen ans Meer begnadigt wurde«. In dem 1610 entstandenen *The Winter's Tale* lautet die Bühnenanweisung für die 3. Szene des 3. Aktes: »Bohemia. A desert country by the sea«. Bachmanns Behauptung, der Satz »Böhmen liegt am Meer« stamme von Shakespeare, stimmt so also nicht; die Behauptung selbst ist vielmehr bereits ein (selbstverständlich erlaubter) Akt künstlerischer Freiheit. Wie einfallsreich sie mit Shakespeare-Motiven arbeitet, wie ausdauernd sie an dem Gedicht *Böhmen liegt am Meer* gefeilt hat, lässt sich anhand mehrerer Blätter aus dem Nachlass studieren. Vgl. Ingeborg Bachmann: *Letzte, un-*

veröffentlichte Gedichte. Edition und Kommentar von Hans Höller, Frankfurt am Main 1998. Dass die Pragreise im Winter 1964 als Traum einer »Heimkehr« zu verstehen sei, unterstreicht der Herausgeber verschiedentlich; und wir fügen hinzu: als Heimkehr auch in die Literatur. Ende 2016 erschien dann ein weiterer Band über »Ingeborg Bachmanns Winterreise nach Prag«, in dem Hans Höller zusammen mit Arturo Larcati die Entstehungsgeschichte der insgesamt »sieben Böhmischen Gedichte« vor dem Hintergrund der schweren Medikamentenabhängigkeit Bachmanns einordnet. Man erkennt darin Höllers gewachsenes Interesse an biographischen Überlegungen und meint eine Versöhnung mit der Person Adolf Opels herauszuhören, der schließlich die literarisch überaus fruchtbare Reise zu verantworten hatte.

126 Gespräch mit Hans Höller in Salzburg am 18. Mai 2015.

127 Adolf Opel: *»Wo mir das Lachen zurückgekommen ist ...« Auf Reisen mit Ingeborg Bachmann.* Mit 33 Abbildungen und Dokumenten, München 2001, S. 214.

128 Opel, ebd., S. 28.

129 Opel, ebd., S. 30–32.

130 Stonewall Inn ist der Name einer New Yorker Schwulenkneipe in der Christopher Street im Stadtteil Greenwich Village. Als dort in der Nacht vom 27. auf den 28. Juni 1969 die Polizei eine Razzia durchführte, kam es zum Aufstand. Die Gäste wehrten sich, zum Teil mit Gewalt, gegen die Verhaftungen. Der Widerstand ist seitdem zum Symbol für die Schwulenbefreiung geworden und wird jährlich als »Christopher Street Day« gefeiert.

131 Vgl. das Protokoll des Gesprächs mit Opel in diesem Buch.

132 Neben Hans Werner Henze seien genannt: Herbert List, der Bachmann in Rom für den *Spiegel* porträtierte (List mag kein Freund gewesen sein, aber dass die Chemie zwischen ihnen stimmte, belegen die Porträtaufnahmen; s. das Kapitel *Bildermaschine*); Witold Gombrowicz (s. das Kapitel *Berlin, Germany*); Fausto Moroni, Henzes Lebensgefährte; Martin Mumme, eine römische Bekanntschaft der letzten Lebensphase (s. das Kapitel *Gespräche mit Zeitzeugen*); schließlich Alfred »Freddy« Grisel, Hotelmanager auf Malta, wo Bachmann sich mehrfach, zuletzt

im Sommer vor ihrem Tod, zu erholen versuchte (s. das Kapitel *Krieg am Sterbebett*).

133 Vgl. Bachmanns Brief an Henze vom 4. Januar 1963, in dem sie das Scheitern der Beziehung mit Frisch als »die größte Niederlage meines Lebens« bezeichnet. Im Brief vom 18. April 1965 macht Henze seiner Ungeduld hinsichtlich der Frisch-Krise endlich Luft, indem er ihr zuruft: »Wir sind da, um kreativ zu sein, das ist die heilige Wahrheit, alles andere ist unwichtig. Deine eigentliche Schmach ist die, glaub mir, viele Jahre lang nicht gearbeitet zu haben. […] Frisch hätte Dir nie irgendeine Schmach antun können, wenn Du ihn zu Gunsten Deines eigenen Künstlerseins ignoriert hättest. Im Übrigen ist es nie eine Schmach, von einem Schwein beleidigt worden zu sein. Und ein Schwein geliebt zu haben, auch das ist keine Schmach.« Bachmann / Henze: *Briefe einer Freundschaft*, München 2004, S. 244–255 und S. 257.

134 Auden nahm 1964 ebenfalls ein Stipendium der Ford Foundation in Berlin an. Auf diese Konstellation weist Henze in seiner Autobiographie hin. Bachmann sei bereits mit einem Ford-Stipendium in Berlin gewesen: »Später bekam auch Auden dieses Stipendium und ich auch, so dass wir uns zufällig alle drei im Winter 1964/65 in Berlin befanden und alle drei im Grunewald wohnten: er in der Hagenstraße, sie am Hasensprung und ich nur ein paar Minuten von der Inge entfernt, in der Trabener Straße, wo ich bis Frühsommer 1964 den ganzen ersten Akt des ›Jungen Lord‹ zu Papier bringen konnte.« Hans Werner Henze: *Reiselieder mit böhmischen Quinten. Autobiographische Mitteilungen 1926–1995*, Frankfurt am Main 1996, S. 236.

135 Opel, *Wo mir das Lachen …*, S. 116.

136 Ingeborg Bachmann: *Todesarten-Projekt*, München 1995.

137 *Wüstenbuch*, *Todesarten-Projekt*, Bd. 1, S. 243.

138 Ebd., S. 245

139 Ebd., S. 244.

140 Ebd., S. 247.

141 Ebd., S. 249.

142 »Was suchst [du] in dieser Wüste, in dieser einzigen Landschaft, die nichts zu sagen versucht. Heilung.« Ebd., S. 266

143 Ebd., S.257.

144 Bachmanns Essay über den Arzt und Schriftsteller Georg
Groddeck (1866–1934) entstand 1967 und war für den *Spiegel*
vorgesehen, ist dort jedoch nie erschienen. Der Text gehört zu
den wenig bekannten ihres essayistischen Werks, ist aber insofern wichtig, als darin ihr Arztideal, angewandt auf Groddeck,
kenntlich wird. Sie lobt beispielsweise Groddecks Bereitschaft
zum Dialog mit dem Patienten, »denn man kann ja niemand
heilen, man kann nur gemeinsam weiterkommen«. Und: »Miteinander jedenfalls, denn es gibt nicht da den Arzt und dort den
Patienten, den Leidenden, es gibt nur diese abstruse Symbiose,
über die Freud und nebenbei auch Groddeck genug gesagt haben.« *Werke*, Bd.4, S.349.

145 Frantz Fanon: *Die Verdammten dieser Erde*. Mit einem Vorwort
von Jean-Paul Sartre. Aus dem Französischen von Traugott König, Frankfurt am Main 1966, S.28.

146 Gustave Flaubert: *Voyage en Égypte*. Edition intégrale du ma-
nuscrit original établie et présentée par Pierre-Marc de Biasi,
Paris 1991, S.196–198 (meine Übersetzung). In der zensierten
Übersetzung von 1918 lautet die Passage: »Auf der Matte: Festes
Fleisch … von Bronze … Rasiert, trocken, obschon fett. Das
Ganze war ein Eindruck von Pest und Aussatz. Sie hat mir beim
Ankleiden geholfen. Ihr Arabisch verstand ich nicht. Es waren
Fragen von drei bis vier Worten und sie wartete auf Antwort;
die Augen durchdringen einander, die Intensität des Blickes ver-
doppelt sich […].« Flauberts *Die Reise nach Ägypten*, zitiert nach
der 1918 bei Kiepenheuer in Potsdam erschienenen Übersetzung
von Eduard Wilhelm Fischer; Neuauflage im Parthas Verlag,
Berlin 2011, S.49.

147 Vgl. Peter Meyer-Ranke: *Der rote Pharao. Ägypten und die arabi-
sche Wirklichkeit*, Hamburg 1964.

148 Dank an Barbara Vinken für den »inneren Orient«.

149 Opel, *Wo mir das Lachen ...*, S.95.

150 *Todesarten-Projekt*, S.247.

151 *Werke*, Bd.4, S.156–180.

152 Opel, *Wo mir das Lachen ...*, S.116–117.

153 Die eigentliche Demütigung besteht für Rosamunde in der Ge-
wöhnlichkeit ihres Liebhabers, eines gewissen Sigurd Wawra,

der zu Schmutzrändern unter den Fingernägeln neigt. Dessen »normale« Männlichkeit genügt ihr nicht, kommt ihr lächerlich vor. Als hätte sie sich im Jahrhundert geirrt, sehnt sich die mit psychoanalytischen Theorien übrigens bestens vertraute junge Wienerin nach dem »großen Räuber«. Vgl. *Todesarten-Projekt*, Bd. 4, S. 24–41.

154 Gespräch mit Dieter Schnebel am 6. Januar 2016 in seiner Berliner Wohnung. Seine Schwiegermutter Marie Luise Kaschnitz kannte er ursprünglich aus dem Umfeld Adornos, dessen musiktheoretischen Ansätzen gegenüber er recht distanziert wirkt. Mit Kaschnitz' einziger Tochter Iris hat er lange in Rom gelebt. Seine Frau, berichtete mir Schnebel, die »auch gerne getrunken und geraucht hat« (also wie Bachmann), »hat die ganze Frisch-Sache intensiv mitgekriegt«. Max Frisch habe sich manchmal bei Iris ausgeweint; Ingeborg Bachmann habe sich »durch die Männerschuhe in ihrer Wohnung« gestört gefühlt. Die Männerschuhe kommen ebenfalls in Kaschnitz' Gedicht *Via Bocca di Leone* vor.

155 Marie Luise Kaschnitz: *Via Bocca di Leone. Ingeborg Bachmann zum Gedächtnis*, in: *Süddeutsche Zeitung*, 12. Oktober 1974.

156 Abgebildet in: Andreas Hapkemeyer (Herausgeber): *Ingeborg Bachmann – Bilder aus ihrem Leben*, München 1983, S. 17.

157 Sigrid Weigel verweist auf den Briefwechsel zwischen Hannah Arendt und Klaus Piper zwischen September und November 1962; ferner zitiert sie aus einem schwärmerischen Brief Bachmanns an Arendt vom 16. August 1962, in dem jene sich erkundigt, wann denn mit dem Erscheinen der »Arbeit über den Eichmann-Prozess« zu rechnen sei. Siehe Sigrid Weigel: *Ingeborg Bachmann. Hinterlassenschaften unter Wahrung des Briefgeheimnisses*, Wien 1999, S. 463.

158 Vgl. Elke Schlinsog: *Berliner Zufälle. Ingeborg Bachmanns »Todesarten«-Projekt*, Würzburg 2005, S. 208–2016. Die Autorin konnte im Deutschen Literaturarchiv die Piper-Verlagskorrespondenz einsehen; demnach hat sich der Verlag sehr bemüht, Bachmann mit den gewünschten Materialien zu versorgen.

159 *Werke*, Bd. 3, S. 175–176.

160 Judith Le Soldat: *Der Strich des Apelles*. Vortrag auf dem Wis-

senschaftlichen Abend der Psychoanalytischen Arbeitsgemeinschaft Hamburg der DPV am 27.11.1988. Das Manuskript liegt mir vor.

161 So habe es die Biographin Andrea Stoll von Isolde Moser persönlich erfahren. Vgl. Andrea Stoll: *Ingeborg Bachmann. Der dunkle Glanz der Freiheit*, München 2013, S. 306.

162 Heinz Bachmanns Redemanuskript vom 17. Juni 2010 anlässlich einer Veranstaltung zur Edition von Bachmanns *Kriegstagebuch* (Berlin 2010) liegt mir vor.

163 *Werke*, Bd. 1, S. 100.

164 Vgl. Regina Schaunig: »... *wie auf wunden Füßen«*. *Ingeborg Bachmanns frühe Jahre*, Klagenfurt 2014, S. 211–216.

165 Vgl. Sabina Kienlechner: *Dichter in der deutschen Wüste. Was Ingeborg Bachmann in Berlin sah und hörte*, in: *Sinn und Form*, Heft 2/2000, S. 195–212.

166 Ingeborg Bachmann: *Wir müssen wahre Sätze finden. Gespräche und Interviews.* Herausgegeben von Christine Koschel und Inge von Weidenbaum, München 1983, S. 111.

167 *Werke*, Bd. 3, S. 226–228.

168 *Kritische Schriften*, S. 404.

169 »Über die Klagenfurt-Bachmann hätte ich gerne mit Ihnen gesprochen. [...] Gerade weil Sie mit so bewundernswerter Präzision in die Herkunft gehen, fällt dann auf, dass alles persönliche Geschehen ausgeklammert ist. Aus Diskretion? Ich habe zufällig hier Simultan von ihr aufgestöbert. Was für eine reine Erzählbegabung! Wie schön die letzte Novelle mit der ›großen Liebe‹! Wäre es in ihrem Sinne gewesen, die Männer einfach aus ihrem Leben zu streichen?« Anlass des Briefs war Uwe Johnsons Büchlein *Eine Reise nach Klagenfurt*, erschienen 1974. Vgl. Hannah Arendt: *Wahrheit gibt es nur zu zweien. Briefe an Freunde.* Herausgegeben von Ingeborg Nordmann, München 2013, S. 373.

170 *Werke*, Bd. 2, S. 442.

171 Ebd., S. 442–443.

172 Die toten Kinder dieser Gedichte und Gedichtfragmente, die zwischen 1962 und 1965 entstanden, gehören ins Umfeld der Abtreibung beziehungsweise Operation am Ende der Beziehung mit Max Frisch, der strukturell an die Stelle des Vaters tritt. Bachmanns Kinderwunsch war offenbar drängend und zugleich

schambesetzt. In Frischs *Gantenbein*-Roman ist einiges darüber zu erfahren. Doch solange der Briefwechsel mit Max Frisch unter Verschluss ist, lässt sich über diesen wichtigen biographischen Komplex seriös nicht urteilen. Immerhin, der Gedichtband aus dem Nachlass *Ich weiß keine bessere Welt* liegt vor, und die Trauer um nicht gehabte, ungeborene, »ermordete« und verkrüppelte Kinder ist darin zum Greifen. Diese Trauer ist ein schreiendes Leitmotiv, dem bisher erstaunlich wenig Aufmerksamkeit gewidmet wurde. Dabei könnte man geradezu von Bachmanns »Kindertotenliedern« sprechen als einem kleinen Gedichtzyklus. Ich denke insbesondere an die Gedichte *Tessiner Gräuel* (»auf / der Durchreise ein totes Kind, / rasch beerdigt«), *Julikinder* (»meine Kinder im Juli, die Ungeheuer die zappeln mit dem verstümmelten Bein«), *Das Kind* (»Gewiss hätte es noch ärmere Kinder / gegeben, da ist immer noch eines, / um das es ärger steht noch stiller ist. / Krüppelkind, es ist an der Zeit, / dich zu begraben«) oder *An jedem Dritten des Monats* (»da könnte geschlachtet werden, oder ein Kind gezeugt werden, / das auch geschlachtet wird«). Siehe Ingeborg Bachmann: »*Ich weiß keine bessere Welt.*« *Unveröffentlichte Gedichte.* Herausgegeben von Isolde Moser, Heinz Bachmann und Christian Moser, München 2000. – Die Gedichte dieses Bands, auch weil sie nahezu ohne sprachliche Stilisierung auskommen, zeigen Bachmann als radikal Beschädigte, ohne Schutzschicht, in provozierender Selbstentblößung. Zum Erscheinungstermin ist es zu heftigen Polemiken zwischen Befürwortern und Gegnern der Ausgabe gekommen. Die Gegner meinten, so ungeschützt dürfe man Bachmann nicht zeigen, außerdem seien die Texte einfach zu schlecht: Ein Urteil, das ich natürlich nicht teile.

173 *Werke*, Bd. 2, S. 453–454.

174 Ebd., S. 465.

175 *Werke*, Bd. 3, S. 336.

176 Das Interview mit Johann Marte führte Gesine Bey. Es erschien unter dem Titel *Sie hat Polen geliebt* in der Wochenzeitung *Der Freitag*, Nr. 42, an Bachmanns 40. Todestag, dem 17. Oktober 2013. Die Filmkassette, erzählt Marte in dem Interview, sei lange »einfach weg« gewesen. Aber er habe sie wiedergefunden. Ich danke Ruth Beckermann dafür, dass sie sich in Wien auf den

Weg zu Johann Marte gemacht hat, der großzügigerweise mit
einer Kopie aushalf, so dass uns die außergewöhnlichen Aufnahmen nicht unbekannt blieben.

177 Ingeborg Bachmann: *Wir müssen wahre Sätze finden. Gespräche
und Interviews*, München 1983, S. 142. Vollständig lautet der Satz:
»Es ist wirklich, es macht einen sprachlos.«

178 Der Brief befindet sich im Suhrkamp-Archiv, Deutsches Literaturarchiv, Marbach.

179 *Todesarten-Projekt*, Bd. 1, S. 339–340.

180 Aus dem gesperrten Nachlass Bachmanns ist inzwischen der
Entwurf einer Rede an die Ärzteschaft bekannt geworden, in dem
die Dichterin von einer Gebärmutterentfernung berichtet. Die
Rede entstand vermutlich 1966, vier Jahre nach den Ereignissen,
und ist erschienen im ersten Band der »Salzburger Bachmann
Edition« (Ingeborg Bachmann: *Male oscuro. Aufzeichnungen aus
der Zeit der Krankheit*. Herausgegeben von Isolde Schiffermüller
und Gabriella Pelloni, Berlin 2017.) Offenbar ist die in Zürich
durchgeführte Operation von den Ärzten für indiziert gehalten worden, nachdem die Patientin einen Selbstmordversuch
mit vierzig Nembutal-Tabletten unternommen hatte. Auch ihr
Alkoholismus könnte eine Rolle gespielt haben, wie Bachmann
andeutet. Die (nie gehaltene) Rede an die Ärzteschaft ist von
einer erschütternden, gnadenlosen, analytischen Klarheit und
Selbstkritik. Es wird hier deutlich, dass sich die Patientin von
den teuer bezahlten und zudem aus dem weiteren Bekanntenkreis stammenden Ärzten betrogen fühlt. »Eines Tags heißt es,
der Patient, der sich ein Kind wünscht, könne keines bekommen,
die, verzeihen Sie, dass ich Ihre Sprache noch immer nicht ganz
spreche, medizinische Indikation sei nicht nur erlaubt, sondern
geboten, die Operation aber nicht durchführbar, weil ein plötzlich erhöhter Konsum an Alkohol und Tabletten […] keine
günstige Voraussetzung bietet.« (Ebd., S. 88) Die Patientin wird
also aufgepäppelt in der Klinik. Schließlich: »Die Operation
wird gemacht, Gebärmutterentfernung, es gibt einige Tage mit
Morphium, das nach dem ersten Tag keinen Eindruck auf mich
macht, auch nicht mehr wirkt. Die Operation ist vorbildlich,
alles gelungen, der Patient zwar nicht tot, aber in einer irrsin-
nigen Aufregung, Weinkrämpfe, Schreie Verzweiflung.« (Ebd.,

S. 83–84) In der Folge »lügt« die Patientin, sie spricht nicht über das, was ursächlich für ihre Verzweiflung verantwortlich ist, aus Scham, und damit gräbt sie sich ihre eigene »Grube«, wie es heißt. Die Patientin lügt, weil sie »jemand decken oder schützen möchte«, den sie »liebt und nicht verurteilt wissen möchte, nicht einmal in den Augen eines Psychiaters« (ebd., S. 84). Man wird sich mit dem Rätsel dieser Operation noch befassen müssen. Fest steht aber schon jetzt, dass Krebs ausgeschlossen werden kann. Bleibt die Frage, warum operiert wurde: Eine Fehlgeburt? Eine problematische Schwangerschaft? Eine Schwangerschaft bei einer als problematisch geltenden Patientin? Unterstreichen wir, dass der Kinderwunsch, den Bachmann hier selbst ausspricht, durch die Operation endgültig in die Unerfüllbarkeit gerückt wurde. Heute, versicherten Ärzte, würde eine solche radikale Entfernung derart bedenkenlos nicht mehr durchgeführt.

181 1959 eröffnete Fred Auer seine Praxis für Allgemein- und Sportmedizin in St. Moritz, wie dem Nachruf der *Engadiner Post* auf Fred Auer vom 26. Juli 1997 zu entnehmen ist. Verfasst hat den Nachruf der Präsident der St. Moritzer Ärztegesellschaft Dr. med. K. Appenzeller.

182 Nachtrag: Am 24. April 2015 treffe ich meine frühere Kollegin Christine Pries bei einer Frankfurter Abendeinladung. Ich erzähle ihr von meinen Recherchen. Sie hatte in Berlin den alten Jacob Taubes gekannt und erinnert sich, wie er erzählte, dass Ingeborg Bachmann in Hafenkneipen Matrosen aufgerissen habe. Axel Honneth ist ebenfalls dabei und kommentiert: »Ziehen Sie die Hälfte ab, und der Rest ist wahr.«

183 Opel, *Wo mir das Lachen ...*, S. 43–46.

184 Adolf Opel: *Bachmann und kein Ende ... oder: ... Was hat Ingeborg Bachmann selber gelesen?*, in: Magdalena Tzaneva (Hrsg.): *Hände voll Lilien: 80 Stimmen zum Werk von Ingeborg Bachmann. Gedenkbuch zum 80. Geburtstag von Ingeborg Bachmann*, Berlin 2006, S. 89–92 (hier S. 92).

185 In: Peter Härtling, *Gesammelte Werke*, Bd. 8 (*Gedichte*), Köln 1999, S. 429–431.

186 Anlass ist die Verleihung des Kissinger Prize an die amerikanische Autorin und Diplomatin Samantha Power.

187 Dank an Anna Maria Busse Berger und an Dieter Grimm für

ihren diplomatischen Einsatz im Hintergrund: Ohne sie wäre das Gespräch mit Kissinger niemals zustande gekommen.

188 Da verschiedentlich behauptet wurde, Bachmann kenne Pierre Evrard seit der Summer School in Harvard, lasse ich mir die Gelegenheit nicht entgehen und frage Kissinger nach diesem mysteriösen Franzosen. Seine Antwort: »Nie gehört.« Dieser Monsieur Evrard, den Bachmann in Paris oft besuchte und der in der Sterbesituation in Rom anwesend gewesen sein soll, erweist sich als die härteste Nuss meiner Recherchen. Das Einzige, was ich über ihn herausfinde, ist, dass er bei dem Nachrichtenmagazin *Le Point* angestellt war. Das Pariser Archiv von *Le Point* wollte, trotz mehrfacher Bitten, partout nicht helfen bei der Suche nach Texten aus der Feder des früheren Redakteurs. Der Einzige, der etwas über Pierre Evrard anzudeuten bereit war, ist der italienische Verleger und Autor Roberto Calasso. Er schrieb mir eine Mail des Inhalts, dass er zu diesem Mann »nichts sagen möchte«.

189 Henry A. Kissinger papers, part II. Series I. (Early Career and Harvard University.) Title: Bachman (sic), Ingeborg. Box 7, Folder 4. Manuscripts and Archives, Yale University Library. Hervorhebung von mir.

190 »Munic« (statt Munich) ist in ihrem Brief konsequent falsch geschrieben. Ich vermute, dass der Verschreiber sich vom italienischen »Monaco di Bavaria« herleitet: Das Italienische war Bachmann vertrauter als das Englische, das unter den Nationalsozialisten in Österreich offenbar nicht zum schulischen Curriculum gehörte. Bachmann hatte in Klagenfurt, zusammen mit Freundinnen, privaten Englischunterricht erhalten.

Chronik

1926   Geburt in Klagenfurt am 25. Juni. Die Eltern: Matthias Bachmann (1895–1973) und Olga Bachmann, geb. Haas (1901–1998). Ingeborg ist das erste Kind des Ehepaars. Zwei weitere werden folgen. Der Vater, bäuerlichen Verhältnissen an der slowenischen Grenze entwachsen, spricht fließend Italienisch, die Mutter ist musisch orientiert. Die Familie wohnt in Klagenfurt, wo der Vater als Lehrer, später als Schuldirektor arbeitet. Die Ferien werden in Kärnten auf dem Land verbracht, im Gailtal, woher der Vater stammt; die Mutter ist Niederösterreicherin. Väterlicherseits gehört die Familie der protestantischen Minderheit an.

1928   Geburt der Schwester Isolde.

1932   Einschulung in die Volksschule. Eintritt des Vaters in die NSDAP.

1933   Ein eigenes Reihenhaus in der Klagenfurter Henselstraße 26 wird bezogen. Es bleibt bis zu ihrem Lebensende ein Zufluchtsort für Ingeborg Bachmann.

1936   Wechsel aufs Bundesrealgymnasium. Zwei Jahre
        später Eintritt ins Ursulinen-Gymnasium, das von
        den Nationalsozialisten in Oberschule für Mäd-
        chen umbenannt wird. Ingeborg Bachmann nimmt
        gemeinsam mit Freundinnen privaten Englischun-
        terricht, weil Englisch als Schulfach nicht vorge-
        sehen ist. Sie ist stark kurzsichtig, mag aber keine
        Brille tragen.

1938   Am 12. März Einmarsch der deutschen Wehrmacht
        in Österreich. Der sogenannte Anschluss Öster-
        reichs ans Deutsche Reich erfolgt kurz darauf. Die
        jüdischen Klassenkameradinnen werden bald vom
        Unterricht ausgeschlossen. Die Familie Bachmann
        profitiert vom neuen Regime; vom Reichsarbeits-
        dienst bekommt sie für schwere Haushaltsarbeiten
        eine Magd zugewiesen.

1939   Geburt des Bruders Heinz, ein Nachzügler. Inge-
        borg, bereits dreizehn Jahre alt, liebt ihn nach eige-
        ner Auskunft abgöttisch. Der Vater, der schon im
        Ersten Weltkrieg im Einsatz war, wird als Ober-
        leutnant in den Zweiten Weltkrieg eingezogen.
        Er wird an der Ostfront gegen die Sowjetunion
        kämpfen und von der Familie bis Kriegsende weit-
        gehend abwesend sein.

1944   Matura (entspricht dem deutschen Abitur) und
        Besuch der NS-Lehrerbildungsanstalt in Klagen-
        furt. Dort hat sie Unterricht bei dem Kärntner

Heimatdichter Josef Friedrich Perkonig, der zeitweise Nationalsozialist war. Er war mit dem Vater Ingeborg Bachmanns bekannt und wird ihr erster literarischer Mentor. Es ist spekuliert worden, Bachmanns schmachtende, in jener Zeit entstandene *Briefe an Felician* (posthum erschienen) richteten sich an ihn.

1945 Das Kriegsende erlebt Ingeborg Bachmann euphorisch in Obervellach/Kärnten. Dort lernt sie den britischen Besatzungsoffizier Jack Hamesh kennen, einen Wiener Juden, der vor den Nationalsozialisten nach England entkommen konnte und nun als Soldat der Britischen Armee in das besiegte Österreich zurückkehrt. Die »Entnazifizierung« der Bevölkerung beginnt. Jack Hamesh wird sich in Ingeborg Bachmann verlieben, wie seine Briefe an sie belegen. Sie fühlt sich von ihm ernst genommen und ist geschmeichelt, wie wiederum ihr *Kriegstagebuch* nahelegt. Hamesh regt an, sie möge Marx lesen. Der letzte erhaltene Brief von ihm erreicht Ingeborg Bachmann im Juli 1946 aus Tel Aviv. Ein halbes Jahr nach Kriegsende, im August, wird Matthias Bachmann aus amerikanischer Kriegsgefangenschaft entlassen. Äußerlich wandelt er sich zum Demokraten. Über seine Mitgliedschaft in der NSDAP gilt in der Familie ein Schweigegebot, das von Ingeborg Bachmann mitgetragen wird. Im September beginnt sie ein Studium der Philosophie in Innsbruck.

1946 Ab April setzt sie in Graz das Studium der Philosophie fort, im Nebenfach hört sie Jura. Ab September studiert sie in Wien Philosophie, im Nebenfach Germanistik und Psychologie. Sie wohnt in der Beatrixgasse 26, im 3. Bezirk, wo Jahrzehnte später ihr Roman *Malina* spielen wird.

1947 Im September Praktikum in der Nervenheilanstalt »Am Steinhof«. Kurz darauf lernt sie den Schriftsteller Hans Weigel kennen, einen jüdischen Remigranten und glühenden Antikommunisten. Sie stößt zu dessen Kreis im Café Raimund, wird seine Geliebte, freundet sich mit Ilse Aichinger an und beginnt ihren Roman *Stadt ohne Namen* zu schreiben, der nie fertig wird. Jedoch ist hiermit belegt, dass die Absicht, Prosa zu schreiben, zu den frühesten Werkschichten gehört. Eine erste Erzählung *Das Honditschkreuz* war bereits 1943 entstanden.

1948 Im Mai lernt sie in Wien im Atelier des Malers Edgar Jené den aus Rumänien geflohenen Paul Celan kennen, mit dem sie, trotz ihrer Bindung an Hans Weigel, eine intensive Liebesbeziehung beginnt. Die Beziehung zu dem sechs Jahre älteren Dichter, dessen Eltern im Holocaust umgekommen waren, wird prägend für ihr Leben wie auch für ihr Werk. Erste Gedichte von ihr erscheinen in der Zeitschrift *Lynkeus*.

1949   Ende des Jahres reicht sie ihre Dissertation mit
        dem Titel *Die kritische Aufnahme der Existential-
        philosophie Martin Heideggers* ein. Ihr Doktorvater
        ist Victor Kraft.

1950   Im März wird sie zur Doktorin der Philosophie
        (Dr. phil.) promoviert. Im Sommersemester Ver-
        tretung für das Seminar »Philosophie der Gegen-
        wart« an der Universität Wien. Ab Oktober bei
        Paul Celan in Paris. Im Dezember Weiterreise
        nach London, wo sie Erich Fried, Elias Canetti
        und Hilde Spiel kennenlernt.

1951   Rückkehr nach Wien. Dort arbeitet sie zunächst
        als Sekretärin der amerikanischen Besatzungsbe-
        hörde, dann beim Alliierten-Radiosender Rot-
        Weiß-Rot als Textredakteurin.

1952   Die erfolgreiche humoristische Serie *Die Radio-
        familie*, an der sie mitarbeitet, geht auf Sendung. Ein
        erstaunliches Volksunterhaltungstalent wird hier
        kenntlich, das dem Image als elegischer Dichte-
        rin auffällig entgegensteht. Ihr erstes Hörspiel *Ein
        Geschäft mit Träumen* wird ebenfalls bei Rot-Weiß-
        Rot gesendet. Im Mai erstmals Teilnahme bei der
        Gruppe 47, die diesmal in Niendorf an der Ostsee
        tagt. Paul Celan und Hans Weigel sind ebenfalls
        zugegen. Im Anschluss an die Tagung werden im
        Studio des NWDR in Hamburg Gedichtlesun-
        gen aufgenommen. Im September des Jahres reist

Bachmann erstmals, gemeinsam mit ihrer Schwester Isolde, nach Italien, das ihre Wahlheimat werden wird. Im Oktober tagt die Gruppe 47 auf Burg Berlepsch bei Göttingen. Dort lernt sie Hans Werner Henze kennen. Zwischen der österreichischen Dichterin und dem deutschen Komponisten entsteht eine zwillinghaft anmutende Freundschaft von enormer künstlerischer Produktivität. Seit den Tagungen des Jahres 1952 ist Ingeborg Bachmann ebenfalls mit Heinrich Böll bekannt.

1953   Im Mai Preis der Gruppe 47. Im Juli Kündigung beim Besatzungssender Rot-Weiß-Rot. August: Reise nach Ischia. Im Dezember erste Buchveröffentlichung. Der Gedichtband *Die gestundete Zeit* erscheint in der Frankfurter Verlagsanstalt.

1954   Zum ersten Mal wohnhaft in Rom. Sie mietet zunächst ein Zimmer in der Via di Ripetta 226, ab April Wohnung an der Piazza della Quercia 1. Arbeitet als Romkorrespondentin für Radio Bremen und die *Westdeutsche Allgemeine Zeitung*, teilweise unter dem Pseudonym Ruth Keller. Am 18. August erscheint *Der Spiegel* mit Ingeborg Bachmanns Gesicht auf dem Cover, fotografiert von Herbert List.

1955   Im März wird ihr Radioessay über Simone Weil *Das Unglück und die Gottesliebe* im Bayerischen Rundfunk gesendet. Im Juli und August Stipendiatin der Harvard Summer School an der Harvard University in Cambridge, USA. Auch Siegfried Unseld, ihr späterer Verleger, befindet sich unter den Fellows. Mit Henry Kissinger, dem Programmdirektor der Harvard Summer School, entsteht eine Freundschaft. Die Harvard Summer School, die die junge internationale Elite für die amerikanische Demokratie begeistern soll, ist ein Mix aus Seminar, Vorlesungen und Vergnügungen. Am 5. August steht ein Ausflug nach New York auf dem Programm. Im Spätherbst reist sie nach Paris.

1956   Von Januar bis August bei Hans Werner Henze in Neapel. Zwischendurch Reisen nach Ischia und nach Venedig. Danach Aufenthalte in Klagenfurt, Berlin, München und Paris. Der zweite Gedichtband *Anrufung des Großen Bären* erscheint im Piper Verlag.

1957   Im Januar Umzug in die Via Vecchiarelli 38 in Rom. Ebenfalls im Januar erhält Ingeborg Bachmann den Literaturpreis der Freien Hansestadt Bremen (den sie sich teilt mit Gerd Oelschlegel). Im Oktober Teilnahme an einem von Hans Mayer organisierten Seminar über Literaturkritik in Wuppertal; dort begegnet sie Paul Celan wieder. Ab November arbeitet sie als freie Dramaturgin beim Bayerischen Rundfunk in München, im Dezember zieht sie in die bayerische Landeshauptstadt und nimmt dort eine Wohnung in der Franz-Joseph-Straße 9a. Im selben Monat Wiedertreffen mit Henry Kissinger in München.

1958   Im April tritt sie dem »Komitee gegen Atomrüstung« bei, dessen Vorsitz Hans Werner Richter innehat. Ihr Radioessay über Marcel Proust wird gesendet. Das Hörspiel *Der gute Gott von Manhattan* wird gesendet. Anfang Juli begegnet sie Max Frisch in Paris. Eine Liebesgeschichte beginnt, deren Geheimnis bis auf weiteres im gesperrten Nachlass ruht. (Der Briefwechsel zwischen Bachmann und Frisch ist von der Erbengemeinschaft noch nicht zur Veröffentlichung freigegeben worden.) Im August 1958 noch einmal Aufenthalt bei Hans Werner Henze in Neapel, gemeinsame Arbeit an der Oper *Der Prinz von Homburg*. Im November zieht Ingeborg Bachmann schließlich zu Max Frisch nach Zürich, Adresse: Feldeggstraße 21.

1959   Sie wird Mitglied im PEN-Club. Umzug nach Uetikon am See, Haus am Langenbaum. Sie behält aber eine Arbeitswohnung in Zürich in der Kirchgasse 33. Sie wird mit dem Hörspielpreis der Kriegsblinden ausgezeichnet. Bei der Tagung der Gruppe 47 auf Schloss Elmau lernt sie Uwe Johnson kennen. Berufung auf die soeben eingerichtete Poetikdozentur an der Goethe-Universität Frankfurt. Erste Vorlesung im November; sie lernt Theodor W. Adorno kennen. Der Bremer Senat verweigert Günter Grass den Bremer Literaturpreis für seinen Roman *Die Blechtrommel*; Ingeborg Bachmann protestiert dagegen.

1960 Im Februar hält sie die fünfte und letzte ihrer Frankfurter Poetikvorlesungen. Ende März Reise nach Leipzig (DDR) zu einem von Hans Mayer organisierten Lyrik-Symposium. Im Mai Uraufführung von Henzes Oper *Der Prinz von Homburg* nach einem Libretto von Ingeborg Bachmann in der Staatsoper Hamburg. Ebenfalls im Mai Treffen mit Nelly Sachs, Paul Celan und Max Frisch in Zürich. Im August Reise mit Frisch nach Spanien.

1961 Umzug mit Max Frisch nach Rom. Zunächst wohnen sie in der Via Giulia 102, ab Juni in der Via de Notaris 1F. Ihr erster Erzählungsband *Das dreißigste Jahr* erscheint bei Piper. Giuseppe Ungarettis Gedichte in der Übertragung von Ingeborg Bachmann erscheinen bei Suhrkamp. Im November Lesung Ingeborg Bachmanns in Berlin. Sie erhält den Berliner Kritikerpreis und wird als korrespondierendes Mitglied in die Westberliner Akademie der Künste aufgenommen.

1962 Im Juni Reise nach New York, wo sie Hannah Arendt kennenlernt. In der zweiten Jahreshälfte zerbricht die Beziehung mit Max Frisch. Ingeborg Bachmann zieht sich in ihre Arbeitswohnung in der Zürcher Kirchgasse 33 zurück. Von Mitte Dezember bis Mitte Januar Aufenthalt in der Bir-

cher-Benner-Klinik in Zürich; dort Gebärmutterentfernung mit traumatischen Folgen.

1963 Ende Januar erneut Krankenhausaufenthalt in
Zürich. Sie liest das Manuskript von Max Frischs
Roman *Mein Name sei Gantenbein* und gibt sich
zunächst angetan, wie ein Brief Bachmanns an
Frisch vom 3. Mai belegt. Später wird sie in der
Romanfigur der Schauspielerin Lila nur noch ein
demütigendes Porträt ihrer selbst sehen und dagegen in einem Brief an Frisch vom 24. November protestieren. Es ist der Beginn der jahrelangen
schweren körperlichen wie seelischen Krise. Die
beiden Bachmann-Briefe an Max Frisch sind in
dem Band *Male oscuro* (2017), dem ersten Band der
Salzburger Bachmann Edition, zitiert.
Bachmann erhält ein sehr gut dotiertes einjähriges
Aufenthaltsstipendium der amerikanischen Ford
Foundation für Westberlin. Im April bewohnt
sie zunächst eine Atelierwohnung in der Akademie der Künste am Hanseatenweg, im Juni be-
zieht sie für zweieinhalb Jahre eine Wohnung in
der Koenigsallee 35 im Stadtteil Grunewald. Sie
freundet sich mit dem polnischen Schriftsteller
Witold Gombrowicz an, der ebenfalls als Stipen-
diat in der Akademie der Künste weilt. Zu ihrem
Berliner Freundeskreis zählen weiterhin Günter
Grass, Uwe Johnson, Hans Werner Richter, Klaus
Wagenbach, Jacob Taubes, Peter Szondi, Walter
Höllerer und Johannes Bobrowski. Im April Teil-

nahme an einer Tagung in Paris zur Gründung der europäisch-intellektuellen Zeitschrift *Gulliver*, die jedoch nie zustande kommt. Bachmanns Alkohol- und Tablettenkonsum führt zu Verhaltensauffälligkeiten. Im Sommer wird sie für einige Wochen ins Martin-Luther-Krankenhaus eingewiesen. Erste Erwähnung des Romanprojekts *Todesarten*.

1964   Januar: Der junge kunstsinnige Österreicher Adolf Opel, zu Besuch in Westberlin, meldet sich bei Bachmann zum Tee an. Opel schafft es, sie aus der Lethargie herauszureißen. Noch im Januar reisen sie gemeinsam ins sozialistische Prag; in der Folge entsteht unter anderem das Gedicht *Böhmen liegt am Meer*, das von der poetischen Rückgewinnung ihrer verloren geglaubten Sprachheimat zeugt. Ende April bis Mitte Juni geht es, via Athen, nach Ägypten und in den Sudan. Nach ihrer Rückkehr nach Berlin erfährt sie, dass ihr der Georg-Büchner-Preis zugesprochen wurde. Im September Aufenthalt in St. Moritz bei Dr. Fred Auer und seiner Frau Heidi, die als Medikamentenlieferanten unverzichtbar geworden sind. Büchner-Preisverleihung am 17. Oktober in Darmstadt. Im Dezember lernt sie auf Sizilien bei der Verleihung des Premio Etna-Taormina die russische Dichterin Anna Achmatowa kennen, sie widmet ihr das Gedicht *Wahrlich*.

1965 *Ein Ort für Zufälle*, eine Überarbeitung der Darmstädter Büchner-Preis-Dankesrede, erscheint im Verlag Klaus Wagenbach mit Illustrationen von Günter Grass. Arbeit am *Wüstenbuch*, das in das Romanfragment *Der Fall Franza* übergehen wird. Im Februar Sanatoriumsaufenthalt in Baden-Baden. Im April Uraufführung der Oper *Der junge Lord* von Hans Werner Henze an der Deutschen Oper Berlin nach dem Libretto von Ingeborg Bachmann. September: Teilnahme an einer Wahlkampfveranstaltung der SPD mit Willy Brandt in Bayreuth. Im November Umzug in die Via Bocca di Leone 60 in Rom. Im Dezember unterzeichnet sie eine Erklärung gegen den Vietnamkrieg.

1966 Arbeit am *Todesarten*-Zyklus, erste Lesungen aus *Der Fall Franza* unter anderem in Zürich und Hamburg. Erneut Klinikaufenthalt in Baden-Baden, wo sie dem Arzt und Therapeuten Dr. Helmut Schulze vertraut. Wechsel des Schreibwerkzeugs: Von nun an benutzt Ingeborg Bachmann eine elektrische Schreibmaschine. Der Konflikt mit dem Piper Verlag bahnt sich an. Anlass ist ein Band mit Gedichten von Anna Achmatowa in der Übersetzung des nationalsozialistisch belasteten Hans Baumann, was Bachmann als Affront empfindet.

1967 Trennung vom Piper Verlag, Wechsel zum Suhrkamp Verlag. Konkret bedeutet das: Ihre Erzählungen erscheinen weiterhin bei Piper, der Roman *Malina* wird jedoch bei Suhrkamp herauskommen. Heute kooperieren beide Verlage bezüglich der kritischen Werkausgabe, die als Salzburger Bachmann Edition im Frühjahr 2017 gestartet ist und insgesamt dreißig Bände umfassen soll.

1968   Im Mai Studentenunruhen in Paris. Im Juni Lesung im Goethe House in New York. Im November erscheinen vier Gedichte in dem von Hans Magnus Enzensberger herausgegebenen *Kursbuch*. Verleihung des Großen Österreichischen Staatspreises für Literatur. Begegnung mit Thomas Bernhard.

1969   Im März Aufenthalt bei dem Ehepaar Auer in St. Moritz. Dort Lesung der Erzählung *Simultan*. Im Mai in St. Tropez. Am 6. August Tod Adornos.

1970   Im Januar Aufenthalt in St. Moritz. Während des Sommers Aufenthalt in Klagenfurt bei der Familie. Am 20. April Tod Paul Celans. Gegen Jahresende Schlüsselbeinbruch und Abschluss des Romans *Malina*.

1971   Im März erscheint *Malina* bei Suhrkamp. Als Lektoren firmieren Martin Walser und Uwe Johnson. Verleger Siegfried Unseld schaltet erstmals überhaupt eine Anzeige im *Spiegel*. Im März und April auf Lesereise durch Deutschland. Es folgen

Urlaube in Süditalien (mit Fleur Jaeggy) und auf Malta (bei Alfred Grisel). Im Oktober Umzug von der Via Bocca di Leone in den Palazzo Sacchetti in der Via Giulia 66, ihren letzten Wohnsitz. Im November erneut Lesereise durch Deutschland.

1972   Im Mai Verleihung des Anton-Wildgans-Preises in Wien. Im Herbst erscheint der Erzählungsband *Simultan* im Piper Verlag. Im Oktober Ferien auf Malta.

1973   Am 18. März Tod des Vaters. Im Mai Lesereise durch Polen, mit Stationen in Warschau, Breslau, Posen, Thorn und Krakau. Besuch des ehemaligen Konzentrationslagers Auschwitz-Birkenau. Ingeborg Bachmann plant eine Entziehungskur in Bad Gastein. In der Nacht vor der Abreise erleidet sie in ihrer römischen Wohnung einen nie aufgeklärten Unfall, bei dem sie schwere Brandverletzungen davonträgt. Sie wird in das Ospedale Sant'Eugenio eingeliefert. Die Ärzte sind ratlos. Am 17. Oktober stirbt Ingeborg Bachmann. Am 25. Oktober wird sie auf dem Friedhof Annabichl in Klagenfurt beigesetzt.

Dank

Allen, die mich bei der Entstehung dieses Buchs unterstützt haben, bin ich zu großem Dank verpflichtet. Da sind zunächst jene Zeitzeugen, die bereit waren, mich an ihren persönlichen Erinnerungen an Ingeborg Bachmann (und deren Umfeld) teilhaben zu lassen. Mein herzlicher Dank gilt, in alphabetischer Reihenfolge, Hildegard Baumgart, Hans Magnus Enzensberger, Marianne Frisch, Peter Handke, Peter Härtling (†), Günter Herburger, Henry Kissinger, Christine Koschel, Renate von Mangoldt, Martin Mumme, Adolf Opel, Klaus Reichert, Dieter Schnebel, Eva Stocker-Auer, Hans-Ulrich Treichel, Joachim Unseld, Klaus Völker, Klaus Wagenbach und Inge von Weidenbaum.

Für fachlichen Rat, Hinweise und Inspiration bedanke ich mich herzlich bei Ruth Beckermann, Daniel Boyarin, Jan Bürger, Anna Maria Busse Berger, Stephanie Castendyk, Raimund Fellinger, Svenja Flaßpöhler, Friedrich Flemming, Michael D. Gordin, Hansjörg Graf, Dieter Grimm, Ulrich Haltern, Heidrun Hankammer, Hans Höller, Ulrike Kolb, Reinhart Meyer-Kalkus, Holger Klitzing, Christoph Möllers, Isolde Moser, Claudia Schmölders, Ingo Schulze, Jonathan Sheehan, Thomas Sparr, Falk Stakelbeck, Barbara Stollberg-Rilinger und Barbara Vinken.

Bei Ulrich Raulff, dem Direktor des Deutschen Literaturarchivs, möchte ich mich für die großzügige Einladung nach Marbach ganz herzlich bedanken.

Einen herzlichen Dank auch an Hauke Janssen, den Leiter des Ressorts Dokumentation beim *Spiegel*, für seine Recherchen in den historischen (Un)Tiefen des Magazins.

Großes Glück bedeutete der Forschungsaufenthalt am Wissenschaftskolleg zu Berlin im akademischen Jahr 2015/16, wofür ich mich bei dem Rektor des Kollegs, Luca Giuliani, sehr herzlich bedanken möchte. Dankbar erwähnt seien auch Katharina Wiedemann und Thorsten Wilhelmy, auf deren Hilfe jederzeit Verlass war. Dem Austausch mit den Fellows und dem unermüdlichen Einsatz des Bibliothekteams unter Leitung von Sonja Grund hat dieses Buch viel zu verdanken. Kirsten Graupners Aufmerksamkeit war ein besonderes Geschenk.

Schließlich bin ich dem S. Fischer Verlag in großer Dankbarkeit verbunden, insbesondere Jörg Bong, Oliver Vogel und Roland Spahr. Letzterer hat in bewährter Weise, klug und taktvoll, das Lektorat betreut. Es war wieder ein Vergnügen, mit ihm zu arbeiten. Das Namensregister zu erstellen hat Norma Schneider übernommen, auch dafür herzlichen Dank.

Bildnachweis

Abb. 1:   Spiegel Archiv, Hamburg
Abb. 2–7:   © Herbert List / Magnum Fotos / Agentur Focus
Abb. 8:   Badische Zeitung
Abb. 9:   Ullstein Bild – Photo 12
Abb. 10:   Heinz Köster
Abb. 11:   J. H. Darchinger / Friedrich-Ebert-Stiftung
Abb. 12:   Heinz Köster
Abb. 13:   Privatarchiv Familie Bachmann
Abb. 14:   Barbara Klemm, Frankfurt a. M.
Abb. 15–16: Renate von Mangoldt, Berlin
Abb. 17:   Heinz Köster

Die Autorin und der S. Fischer Verlag danken allen Rechteinhabern
für die Abdruckgenehmigung.
Da in einigen Fällen die Rechteinhaber nicht festzustellen oder
nicht erreichbar waren, verpflichtet sich der Verlag, rechtmäßige
Ansprüche nach den üblichen Honorarsätzen nachträglich zu
vergüten.

Namensregister

Abosch, Heinz 276

Achmatowa, Anna 75, 305 f.

Adenauer, Konrad 64, 88, 96 ff., 282

Adorno, Theodor W. 188, 288, 302, 307

Agamben, Giorgio 278

Agus, Aharon 286

Aichinger, Ilse 38, 109, 223, 273, 298

Albrecht, Monika 81, 276 f., 282

Allende, Salvador 84

Anonymus
  Stenogramm der Zeit 24 f., 30–34, 275 f.
  Suche nach Seresta 269

Anouilh, Jean 68

Antschel, Friederike 39, 45, 47 f., 50, 270, 273, 298

Antschel, Leo 39, 45, 270, 273, 298

Apollinaire, Guillaume 61

Appenzeller, K. 292

Arendt, Hannah 75, 163, 173, 257, 277, 288, 303
  Denktagebuch 1950 bis 1973 277
  Eichmann in Jerusalem 163, 288

Arndt, Adolf 115

Auden, W.H. 147, 286

Auer, Fred 10, 14, 16 f., 213, 224 f., 236, 292, 305, 307

Auer, Heidi 10, 11, 14–17, 213, 224 f., 236, 269, 305, 307

Augstein, Rudolf 23

Baader, Andreas 230

Bachmann, Dieter 214

Bachmann, Heinz 11, 21, 166, 171 f., 174, 224, 228, 281, 289 f., 296

Bachmann, Ingeborg
  Abschied von England 58
  Alles 102, 195
  An jedem Dritten des Monats 290
  Anrufung des großen Bären 61, 262, 301
  Böhmen liegt am Meer 123, 137, 204, 276, 284, 305
  Briefe an Felician 297
  Curriculum Vitae 166
  Das dreißigste Jahr 103, 303
  Drei Wege zum See 172–176, 276
  Dunkles zu sagen 58
  Entwürfe zur politischen Sprachkritik 81, 83, 87–90, 277
  Erklär mir, Liebe! Ingeborg Bachmann liest Ingeborg Bachmann 274
  Der Fall Franza 121, 149, 152, 231, 306
  Frankfurter Poetikvorlesungen 61 f.
  Fürst Myschkin (Libretto) 221
  Georg Groddeck 287
  Ein Geschäft mit Träumen 66, 299

Die gestundete Zeit 25, 61, 300

Der gute Gott von Manhattan 212, 302

Das Honditschkreuz 298

Ich weiß keine bessere Welt. Unveröffentlichte Gedichte 175, 281, 290

Im Gewitter der Rosen 62, 221

Ihr glücklichen Augen 230

Ihr Worte 105, 136

Julikinder 290

Der junge Lord (Libretto) 120, 218, 306

Das Kind 290

Kriegstagebuch 279, 289, 297

Die kritische Aufnahme der Existenzialphilosophie Martin Heideggers (Dissertation) 37, 299

Kritische Schriften 81, 89, 276 f.

Male oscuro. Aufzeichnungen aus der Zeit der Krankheit 291, 304

Malina 15, 35, 38, 103, 116, 121, 152, 162–173, 175, 177, 189 f., 227 f., 242, 253, 271, 298, 307

Der Mann ohne Eigenschaften 131

Menschenlos 58

Nachtstücke und Arien. Lieder von einer Insel 218

Ein Ort für Zufälle 124, 128–131, 133, 281, 306

Paris 58

Prag Jänner 64 141

Der Prinz von Homburg (Libretto) 218, 302 f.

Requiem für Fanny Goldmann 152

Rosamunde 159 f., 288

Sagbares und Unsagbares 76

Simultan 105, 172 f., 276, 307 f.

Stadt ohne Namen 298

Sterben für Berlin 282

Tessiner Gräuel 290

Todesarten 123 f., 142, 149, 151, 159,

163, 173, 177, 200, 219, 286, 291, 305 f.

Undine geht 116, 242

Das Unglück und die Gottesliebe – Der Weg der Simone Weil 73 f., 76 ff., 80 f., 276 f., 300

Unter Mördern und Irren 166

Versuch einer Autobiographie 172

Vision 58

Wahrlich 305

Die Welt Marcel Prousts – Einblicke in ein Pandämonium 157, 302

Wie soll ich mich nennen? 58

Wir müssen wahre Sätze finden. Gespräche und Interviews 289, 291

Wüstenbuch 142 f., 149 ff., 153, 158 f., 306

Die Zikaden 218

Bachmann, Ingeborg – Celan, Paul
   Herzzeit. Briefwechsel 17, 33, 36 f., 40 ff., 48, 222, 271 f., 274 f.

Bachmann, Ingeborg – Henze, Hans Werner
   Briefe einer Freundschaft 279, 286

Bachmann, Ingeborg – Mauthe, Jörg – Weiser, Peter
   Die Radiofamilie 66 ff., 275, 299

Bachmann, Matthias 38 ff., 48, 96, 146, 163–168, 171 f., 175, 178, 198, 237, 258, 289, 295 ff., 308

Bachmann, Olga (geb. Haas) 38 ff., 48, 172, 198, 228, 237, 295

Bachmann, Sheila (geb. Peskett) 10 f.

Badiou, Bertrand 271 f.

Barnes, Djuna 191
   Antiphon 191

Barthes, Roland 59 f.

Baudelaire, Charles 207

Baum, Vicki 125
Baumann, Hans 224, 306
Baumgart, Reinhard 210
Beckermann, Ruth 17–20, 221, 227,
   229, 290
Beicken, Peter
   Ingeborg Bachmann 220
Belmondo, Jean-Paul 28
Bernhard, Thomas 193, 307
Bey, Gesine 290
Bieberstein, Michael Freiherr
   Marschall von 202 f.
Bisinger, Gerald 244
Bloch, Ernst 17, 224
Bloch, Karola 17
Bobrowski, Johannes 136, 283 f., 304
Bödefeld, Gerda 169
Böll, Heinrich 300
Böschenstein, Bernhard 271
Böttiger, Helmut 135
   Die Gruppe 47 273
   Elefant und Bär. Die Beziehung
   zu Ingeborg Bachmann 283
Bomhard, Professor von 115
Bosch, Hieronymus 163
Boveri, Margret 185
Boyarin, Daniel 283
Brandt, Rut 95
Brandt, Willy 64, 91–99, 115, 121 f.,
   138, 306
   Vorwort zu *Ford Foundation –*
   Berlin Confrontation 121 f.
Brecht, Bertolt 129
   Dreigroschenoper 129
Brentano, Margherita von 134, 241,
   282
Briegleb, Klaus
   Ingeborg Bachmann, Paul Celan.
   Ihr (Nicht-)Ort in der Gruppe 47
   (1952–1964/65) 273
Büchner, Georg 130
   Lenz 128, 130

Busse Berger, Anna Maria 292
Butor, Michel 119 f.

Cabaud, Jacques 73
Calasso, Roberto 11, 293
Canetti, Elias 188, 299
Castendyk, Stephanie 201
Celan, Eric 35, 50, 63, 222, 272
Celan, François 271
Celan, Paul 33, 35–63, 68, 104, 113,
   133, 136, 177, 195 f., 219 f., 222, 224,
   228, 235, 271–274, 298 f., 301, 303,
   307
   Corona 40 ff.
   In Ägypten 43, 45 f., 55 f., 152
   Köln, Am Hof 62
   Mohn und Gedächtnis 40, 58
   Sprachgitter 62
   Todesfuge 39, 51, 62, 235
   Wirklichkeitswund und Wirklich-
   keit suchend 274
Celan, Paul – Bachmann, Ingeborg
   Herzzeit. Briefwechsel 17, 33,
   36 f., 40 ff., 48, 222, 271 f.,
   274 f.
Celan, Paul – Celan-Lestrange,
   Gisèle
   Briefwechsel 272 f.
Celan, Paul – Demus, Klaus und
   Nani
   Briefwechsel 273 f.
Cézanne, Paul 43
Chalfen, Israel 44 f.
Chesterton, G.K. 43
Chiesa, Signora 206
Chruschtschow, Nikita Sergeje-
   witsch 88
Ciarpella, Prof. 9
Cofalla, Sabine 275
Cocteau, Jean 28
Colette 28

314

Dante Alighieri
Göttliche Komödie 163
Darchinger, Josef Heinrich 93 f.
Wahlkampfparty mit Willy Brandt,
Bayreuth 1965 94 f.
Davy, Walter 66
De Biasi, Pierre-Marc 287
de Gaulle, Charles 75, 88
Degischer, Vilma 275
Demus, Klaus 54–57, 274
Demus, Klaus und Nani –
Celan, Paul
Briefwechsel 273 f.
Demus, Nani 11, 47, 56
Döblin, Alfred 28, 129
Berlin Alexanderplatz 129
Döring, Karl 86
Dor, Milo 51 f., 273
Auf dem falschen Dampfer 273
Dorst, Tankred 205–212
Drach, Erich 53 f.
Die Schallplatte im deutsch-
kundlichen Unterricht 53 f.
Du Camp, Maxime 154
Düttmann, Werner 113
Dutschke, Rudi 253

Eco, Umberto 195
Eden, Rolf 127
Egert, Viktor 66
Eliot, T. S. 68, 74, 276
Elliott, William Y. 85
Enzensberger, Dagrun 138
Enzensberger, Hans Magnus 87,
101, 104, 118 f., 134, 138, 180,
183–188, 215, 230, 251, 270, 280,
284, 307
Die Sprache des Spiegel 24, 32, 270
Wiedersehen mit den Fünfzigern.
Ein Gespräch mit Jan Bürger 278
Erhard, Ludwig 95, 97
Evrard, Pierre 213, 224, 270, 278, 293

Fahlke, Eberhard 281
Fanon, Frantz 153
Die Verdammten dieser Erde 153,
287
Fellinger, Raimund 281
Ferguson, Niall 86
Fischer, Eduard Wilhelm 287
Fischer, Samuel 134
Flaubert, Gustave 154 ff.
Voyage en Égypte (Reise nach
Ägypten) 154 f., 287
Flemming, Friedrich 269
Forestier, George 33
Freud, Sigmund 177
Fried, Erich 109, 299
Friedrich II. (Preußen) 112
Frisch, Karolina Bettina 209
Frisch, Marianne 186, 205–214
Frisch, Max 11, 16, 35 f., 81, 99, 104,
116, 124, 143, 146, 178, 185 f., 197,
205–214, 219, 222 f., 228, 234 ff.,
239 f., 253, 286, 288 ff., 290, 302 ff.
Andorra 186, 210
Biedermann und die Brandstifter
210
Mein Name sei Gantenbein 235,
290, 304
Montauk 207, 210, 212, 254
Fühmann, Franz 136
Böhmen am Meer 136 f.

Gasser, Manuel 270
Genet, Jean 115 f.
Geppert, Dominik 272
Gide, André 28
Godard, Jean-Luc
À bout de souffle (Außer Atem) 28
Goebbels, Joseph 52, 272 f.
Goethe, Johann Wolfgang von 31
An den Mond 53
Prometheus 53
Göttsche, Dirk 81, 276 f., 282

315

Goetz, Rainald 201
Gombrowicz, Witold 112–117, 120,
  280, 285, 304
  Berliner Notizen 280
  Ferdydurke 114
  Kronos. Intimes Tagebuch
  114 f.
  Pornographie 114
Gordin, Michael 278
Graf, Ferdinand 71
Grass, Günther 93–96, 115, 121, 128,
  135 f., 180, 231, 240 ff., 244, 251 ff.,
  281, 302, 304, 306
  Die Blechtrommel 303
Grimm, Dieter 292
Grisel, Alfred (Freddy) 9, 269, 285,
  308
Groddeck, Georg 153, 287
Gropius, Walter 113
Grünbein, Durs 199
Guida, Dr. 9

Härtling, Peter 125, 134, 240–243,
  292
  Bildnis einer Schlafwandlerin
  242
Haffner, Sebastian 284
Hamesh, Jack 276, 297
Handke, Peter 199 ff.
Hankammer, Heidrun 283
Hanser, Carl 95
Hapkemeyer, Andreas
  (Hg.) *Ingeborg Bachmann – Bilder
  aus ihrem Leben* 228, 288
Hatch, James 156
Heidegger, Martin 37, 76, 280
Heißenbüttel, Helmut 242
Henze, Franz 146
Henze, Hans Werner 12 ff., 92 f.,
  95 f., 120 f., 145 ff., 177, 185, 194, 197,
  213–220, 224 ff., 229 ff, 235, 237, 257,
  269, 285 f., 300 ff.

Die Bassariden 147
The English Cat 217
Fürst Myschkin 218
Im Gewitter der Rosen (Ver-
  tonung) 218
Der junge Lord 120, 218, 286, 306
Der Prinz von Homburg 218,
  302 f.
*Reiselieder mit böhmischen
  Quinten. Autobiographische
  Mitteilungen 1926–1995* 269, 286
Die Zikaden (Musik zum Hör-
  spiel) 218
Henze, Hans Werner – Bachmann,
  Ingeborg
  Briefe einer Freundschaft 279,
  286
Hepburn, Audrey 24
Herburger, Günter 135, 250–254
  Birne macht Reklame 250
Hertweck, Frank 279
Hessen und bei Rhein, Margaret
  Prinzessin von 217
Hildesheimer, Wolfgang 109
Hitler, Adolf 54, 67, 77, 84, 165, 169
Hohoff, Curt 33
Höller, Hans 142, 271, 277, 279, 285
  Ingeborg Bachmann 14 f., 270,
  275, 277
Höllerer, Florian 248
Höllerer, Walter 26, 115, 135, 243 f.,
  246 ff., 252 f., 251 f., 280, 304
Honneth, Axel 292
Huchel, Peter 136, 283 f.

Isherwood, Christopher 147
  Goodbye To Berlin 147

Jaeggy, Fleur 11, 308
Jené, Edgar 37 f., 298
Johnson, Elisabeth 206
Johnson, Uwe 115, 135 f., 173, 185 f.,

206, 209, 228, 251, 281, 289, 302, 304, 307
Eine Reise nach Klagenfurt 289
Johnson, Uwe – Unseld, Siegfried
Der Briefwechsel 281
Joyce, James 191, 193, 239
Ulysses 239 f.
Juhnke, Harald 125

Kafka, Franz 137, 141
Kafka, Vladimir 191, 193
Kainz, Josef 53 f.
Kallman, Chester 147 f.
Kaschnitz, Marie Luise 188, 202, 223 f., 288
Via Bocca di Leone 160 f., 224, 288
Kaschnitz von Weinberg, Guido Freiherr 202
Kemp, Friedhelm 73, 276
Kennedy, John F. 88, 138, 284
Kerr, Alfred 125
Keun, Irmgard 129
Das kunstseidene Mädchen 129
Kienlechner, Toni 11
Kienlechner, Sabina 169 f.
Kissinger, Henry 84–89, 91, 96–100, 104 ff., 108 f., 180, 184, 220, 254–259, 261–265, 278 ff., 293, 301 f.
Nuclear Weapons and Foreign Policy (Kernwaffen und auswärtige Politik) 88, 278
Kissinger, Paula 97, 263
Klemm, Barbara
Ingeborg Bachmann 1971 in der Villa Bonn in Frankfurt 192
Klitzing, Holger 97, 278
König, Traugott 287
Koenigs, Felix 126
Kolb, Ulrike 16
Kortner, Fritz 95 f.

Koschel, Christine 7–10, 12, 14 f., 191, 221–230, 232, 269, 271, 274, 289
Tagebuchaufzeichnungen zum Sterben von Ingeborg Bachmann. September – Oktober 1973 7, 12, 269
Koschel, Christine – Weidenbaum, Inge von
Ingeborg Bachmanns Tod: ein Unfall 8, 15, 269
(Übers.) Djuna Barnes: *Antiphon* 191
Kraft, Victor 299
Kühl, Olaf 280

Lacan, Jacques 59
Lackner, Ruth (geb. Kraft) 44 f.
Larcati, Arturo 285
le Fort, Gertrud von 71
Le Soldat, Judith 164
Der Strich des Apelles 288
Leary, Timothy 252
Lenin, Wladimir Iljitsch 279
Lenz, Jakob Michael Reinhold 130
Lessing, Gotthold Ephraim 48
Nathan der Weise 48
l'Estrange, Comte de 49
l'Estrange, Gisèle de 35, 49 ff., 54 f., 57 f., 63, 271 f.
l'Estrange, Gisèle de – Celan, Paul
Briefwechsel 272 f.
Lettau, Reinhard 135
Lind, Jakov 109
List, Herbert 22, 25 f., 28, 30, 270, 285, 300
Ingeborg Bachmann, Berlin 1960 31
Ingeborg Bachmann, Rom 1954 23
Ingeborg Bachmann auf dem Campo de' Fiori, Rom 1954 29
Portraits. Kunst und Geist um die Jahrhundertmitte 28, 270

Selbstporträt im Spiegel,
Rom 1955 27
Unter dem Poseidontempel,
Sounion 1937 27
Löcker, Elisabeth 65, 274
Löcker, Otto 38
Lombardi, Dr. 10
Ludz, Ursula 277
Lungova, Anne 233

Malerba, Luigi 195
Mallarmé, Stéphane 61
Mangoldt, Renate von 243–250
Ingeborg Bachmann 1969 vor
der Spanischen Treppe in Rom 247
Mann, Erika 25, 147
Mann, Klaus 25
Mann, Thomas 147, 217
Markus, Elisabeth 275
Marte, Johann 179, 290 f.
Marx, Karl 72 f., 80, 83, 255, 275,
277, 297
Das Kapital 275
Matisse, Henri 43
Matt, Peter von 104
Mauthe, Jörg 66, 68
Mauthe, Jörg – Bachmann, Inge-
borg – Weiser, Peter
Die Radiofamilie 66 ff., 275, 299
Mayer, Hans 61, 109, 136, 301, 303
McCarthy, Joseph 66
McVeigh, Joseph 65, 271, 275
Metternich, Klemens Wenzel
Lothar von 84
Meyer-Kalkus, Reinhart 53 f., 59 f.
Das Gedicht läuft beim Sprechen
durch den ganzen Körper 53, 273
Micocci, A. A. 279
Minelli, Liza 147
Miró, Joan 120
Mitscherlich, Alexander
Medizin ohne Menschlichkeit 164

Moissi, Alexander 53 f.
Moore, Henry 120
Moroni, Fausto 13 f., 216 f., 219 f.,
269 f., 285
Moser, Christian 281, 290
Moser, Franz 11
Moser, Isolde 11 f., 126 f., 163, 166 f.,
180, 226 ff., 281, 289 f. 295, 300
Münster, Clemens 271
Mumme, Martin 201–205, 285
Musil, Robert 131, 141
Der Mann ohne Eigenschaften
129
Mussolini, Benito 17, 20

Nasser, Gamal Abdel 156
Nestler, Peter 119 ff.
The Berlin Cultural Program
»Artists in Residence« 1963–1966.
A report on experience gained
281
Niemeyer, Oscar 113
Nixon, Richard 108, 264
Nordmann, Ingeborg 277

Oehlenschläger, Eckart 191
Oelschlegel, Gerd 270, 301
Opel, Adolf 68, 125, 140–149, 154 ff.,
158, 184, 231–238, 269, 275, 285, 305
Bachmann und kein Ende …
oder: … Was hat Ingeborg Bach-
mann selber gelesen? 292
»Wo mir das Lachen zurück-
gekommen ist …«. Auf Reisen mit
Ingeborg Bachmann 141 f., 231 ff.,
285 ff., 292

Pasternak, Boris 136
Paulsen, Ernst 86
Pelloni, Gabriella 291
Perkonig, Josef Friedrich 297
Peymann, Claus 199

Pfabigan, Magdalena 167
Picasso, Pablo 28, 120
Pichl, Robert 282
Piontek, Heinz 26, 33
Piper, Klaus 163 f., 224, 288
Plath, Sylvia 75
Power, Samantha 292
Pries, Christine 292
Proust, Marcel 49, 93, 157 f., 219,
  237, 302
  Auf der Suche nach der verlorenen
  Zeit 157

Quaroni, Pietro 89 f., 278 f.
  Europa in der Weltpolitik 90,
  278

Raddatz, Fritz J. 70
Rathenau, Walter 130 f., 281
Reed, Carol
  Der dritte Mann 165
Reichert, Klaus 190–194
Reichert, Monika 190, 193
Reichhold, Henry H. 113
Reich-Ranicki, Marcel 91, 101–110
  Der doppelte Boden. Ein Gespräch
  mit Peter von Matt 279
Reich-Ranicki, Teofila 108
Reinhardt, Max 125
Richter, Hans Werner 51 f., 56, 58,
  69 f., 89, 95, 105 f., 121, 134 f., 244,
  247, 272, 275, 302, 304
  Briefe 275
  Im Etablissement der Schmetter-
  linge. 21 Porträts aus der
  Gruppe 47 275, 283
  Mittendrin. Die Tagebücher
  1966–1972 272
Rimbaud, Arthur 61
Rinser, Luise 71, 218
Roth, Joseph 141
Rühmkorf, Peter 209

Sachs, Nelly 75, 105, 303
Sartre, Jean-Paul 116, 153, 287
  Saint Genet, Komödiant und
  Märtyrer 116
Sauerland, Karol 179
Schaunig, Regina 167
Scheler, Max 270
Schiffermüller, Isolde 291
Schiller, Karl 95
Schily, Otto 115
Schnabel, Ernst 58
Schnebel, Dieter 160, 288
Schnebel-Kaschnitz, Iris 160,
  288
Schnutz, Nina 272
Scholz, Arno
  Insel Berlin 280
Schon, Jenny 233
Schulze, Helmut 306
Seberg, Jean 28
Semin, Sophie 199
Shakespeare, William 137, 284
  The Winter's Tale (Das Winter-
  märchen) 284
Sheehan, Jonathan 272
Shmueli, Ilana 222
Silbermann, Edith 50 f., 53, 225
  Begegnung mit Paul Celan.
  Erinnerung und Interpretation
  272 f.
Sombart, Nicolaus 86
Spiel, Hilde 299
Stakelbeck, Falk 269
Stejnbarg, Eljeser 53
Stocker-Auer, Eva 16 f.,
  270
Stoll, Andrea 271, 289
Strotzka, Hans 236
Suri, Jeremi 84
  Henry Kissinger and the American
  Century 277 f.
Szondi, Peter 134, 241 f., 304

319

Taubes, Jacob 134, 233, 241 ff., 282 f., 292, 304
Teofili, Maria 204 f., 228 f.
Thibon, Gustave 76, 78
Thimig, Hans 275
Treichel, Hans-Ulrich 180, 214–221
Twiggy 24
Tzaneva, Magdalena 292

Unseld, Hildegard 243
Unseld, Joachim 239 f.
Unseld, Siegfried 10 ff., 86 f., 98 ff., 106 f., 184, 190, 199 f., 202, 213, 223 f., 239 f., 281, 301, 307
Unseld, Siegfried – Johnson, Uwe
   Der Briefwechsel 281
Unseld-Berkéwicz, Ulla 199 f.

Vinken, Barbara 287
Völker, Klaus 136, 280, 283
   Johannes Bobrowski in Friedrichs-hagen 1949–1965 284
Voltaire 112
Voß, Peter 101 f., 104, 106

Wagenbach, Klaus 128, 195–198, 242, 253, 304
Wagner, Klaus 32, 270 f.
   Der einäugige Autor ist König 270
Wagner, Richard
   Tristan und Isolde (Liebestod) 225
Walser, Martin 101, 104, 185, 188 ff., 307
   Die Inszenierung 189
Warhol, Andy 129
Weber, Heinz 284
Wehner, Herbert 97
Weidenbaum, Inge von 7–10, 191, 221–230, 232, 271, 274, 289

Weidenbaum, Inge von – Koschel, Christine
   Ingeborg Bachmanns Tod: ein Unfall 8, 15, 269
   (Übers.) Djuna Barnes: *Antiphon* 191
Weigel, Hans 38, 42, 48, 56, 65, 70 ff., 89, 271, 298 f.
   Offener Brief in Sachen Unter-schrift 70 ff., 275
   Unvollendete Symphonie 56, 274
Weigel, Sigrid 271, 282 f., 288
Weil, Simone 73–81, 83, 91, 276 f., 300
   Cahiers (Hefte) 73
   La condition ouvrière 277
   Die erste Voraussetzung für eine Arbeit, die frei von Sklaverei ist 80
   Journal d'usine (Fabriktagebuch) 73, 78, 276 f.
   Schwerkraft und Gnade 73
   Das Unglück und die Gottesliebe 73, 276
Weiser, Peter 66, 68, 275
Weiser, Peter – Bachmann, Inge-borg – Mauthe, Jörg
   Die Radiofamilie 66 ff., 275, 299
Weiss, Peter 109, 136, 230
   Die Verfolgung und Ermordung Jean Paul Marats dargestellt durch die Schauspielgruppe des Hospizes zu Charenton unter Anleitung des Herrn de Sade 109
Welles, Orson 165
Wiedemann, Barbara 271 f.
Wieland, Guido 275
Wittgenstein, Ludwig 76